JN312834

最新保育講座
5

保育課程・
教育課程総論

柴崎正行・戸田雅美・増田まゆみ 編

ミネルヴァ書房

はじめに

「保育課程・教育課程総論」を学ぶ人のために

　このテキストを使うことで，どのようなことを学ぶことができるのでしょう。ここでは，このテキストを使うみなさんへのメッセージをお伝えしたいと思います。

　保育について学んできたみなさんは，保育には計画があるということは知っているでしょう。このテキストでは，保育における計画について詳しく学べるようになっています。このテキストを実際に使うのは，「教育課程総論」や「保育課程総論」といった保育の計画について学ぶための授業になることでしょう。けれども，保育の基本について広く学ぶ授業である「保育原理」や「保育内容」にかかわる授業，それから，幼稚園や保育所の実習のための授業にも役立つように編集してあります。保育原理が，実際にどのような保育実践として展開されるのかが表現されるひとつの形として保育の計画があります。また，さまざまな保育内容も，保育のなかでは決してばらばらに存在するわけではなく，子どもの遊びや生活のなかに含まれています。それは，そのような保育内容が子どもの発達する姿に合わせて，自然に含まれていくように，保育者が計画しているからなのです。さらに，実習に行くと，そこには，当然のことながら，その園の保育の計画があって保育が展開しているわけですから，保育の計画の基本を知ることは，実習での学びには不可欠です。それらのことを考慮して，このテキストは，「教育課程総論」や「保育課程総論」という授業だけではなく，その他の場面においても，保育についての学びを深め，自己学習を助けていくテキストとしてつくられています。

　ところで，そもそも，何のために保育の計画を立てる必要があるのでしょうか。また，具体的にはどのような計画を立てるのでしょうか。

　すでに，保育の現場にいる保育者にとっては，「実践は楽しいけれども，記録や計画は好きではない」という声をよく耳にします。「記録の振り返りや計

画などなくても，経験を積めば保育はできるようになるのか」と，学生から質問を受けることもあります。つまり，保育は子どもとかかわることは楽しいけれども，記録や振り返り，計画，評価などは，「決められているからやらなければならないこと」のように思われがちなのです。

　子ども一人ひとりは，大きく見れば，どの子も同じように見えるかもしれませんが，子どもといえども人間であり，一人ひとり個性があって，その時々にもつ思いも違います。また，保育も大きく見れば，そう変わりがないように見えるかもしれませんが，保育者の捉え方一つ，環境の工夫一つで大きく変わるものです。そのことを知ると，保育における計画の意味が大きく見えてくるはずです。一人ひとりの子どもにぴったり合った，その時々に工夫された保育をしていくこと，そして，それが本当に適切であったかを確かめながら進めていくことは，単に「面倒なこと，決まっていること」ではなく，保育という営みの本質であることがわかるでしょう。

　このテキストは，単に記録や計画の立て方を教えるものにはなっていません。このテキストにある多くの事例は，それぞれの保育者が保育を工夫し創造する実際を見せてくれることでしょう。あなたが保育者になったとき，そのとき出会った子どもたちと一緒に，真にあなたらしい保育をつくり出していくイメージをもって，このテキストを学んでいってください。

　　2010年8月

戸田雅美

もくじ

はじめに

I 保育にかかわる計画についての理論

第1章 保育の基本と計画　3

1 保育とは ——————————————————————— 5
　① 乳幼児期とは　5
　② 保育という用語の意味　6

2 保育の基本とは —————————————————— 6
　① 信頼関係を基盤にする　6
　② 乳幼児期にふさわしい生活の展開　7
　③ 健康・安全で発達に適した保育環境　8
　④ 遊びを通しての総合的な指導　8
　⑤ 一人ひとりの発達の個人差に配慮する　9

3 保育内容とは —————————————————— 10
　① 保育内容とは　10
　② 領域とは　11
　③ 「ねらい」と「内容」とは　12

4 保育を計画するとは ————————————— 12
　① 保育における計画の必要性　13
　② 保育の過程と実践の展開　14

5 保育の計画の種類とは ———————————— 16
　① 保育課程と教育課程　16
　② 指導計画の種類　18
　③ 保育課程・教育課程と指導計画の関係　18

6 保育の計画を立てるときに基本となること —— 18
　① 子どもたちが充実した園生活を送れるように　19

- ❷ 集団としての楽しさのある生活　19
- ❸ 発達に即した計画になっているか　19
- ❹ 家庭や地域のニーズを把握し応えているか　20

第2章

指導計画の種類と役割　23

1. 保育所保育指針・幼稚園教育要領における指導計画―――― 25
2. 指導計画の必要性―――――――――――――――――――― 27
3. 保育における指導計画の種類と役割――――――――――― 32
   - ❶ 長期の計画　32
   - ❷ 短期の計画　34
4. 長期の計画と短期の計画の関係―――――――――――――― 35

第3章

保育における計画の考え方
――0, 1, 2歳児を中心に――　39

1. 一人ひとりの育ちを尊重する保育――個別の指導計画の作成――― 41
   - ❶ 0歳児の保育の事例から　41
   - ❷ 0, 1, 2歳児の主体性を尊重する保育と指導計画　44
   - ❸ 0, 1, 2歳児の指導計画の特徴――個別の指導計画の作成　46
   - ❹ デイリープログラムに基づいた安定した生活を
     ――養護と教育が一体となって行われる保育　49
   - ❺ 発達や生活の連続性に配慮した保育の計画と保育の過程　51
2. 保育の計画と評価――「保育の過程」における質の向上に向けた循環―― 53
   - ❶ 保育の根幹となる保育課程と保育の全体構造　53
   - ❷ 記録を評価につなげる
     ――「計画・実践・評価・改善」の循環による保育の質の向上　60

第4章

保育における計画の考え方
──3,4,5歳児を中心に── 67

1 遊びの場面で ─────────────────────── 69
　❶ 友達とかかわって　70
　❷ 一人ひとりの思いを生かす　72
　❸ 遊びの連続性　73
2 園生活や行事の主体として ─────────────── 75
3 協同性の育ちと小学校との連携 ──────────── 78

第5章

小学校における計画との関係　81

1 「接続期」をめぐって課題となっていること ─────── 83
　❶ 小学校入学期の子どもの生活　83
　❷ 小学校1年生の授業風景　84
　❸ 学習指導要領などで示された「接続期」について　86
2 「計画」をめぐって,交流・連携の場で実際に起きていること ── 89
　❶ 「指導案」の形式をめぐって　89
　❷ 交流活動における「子どもたちの出会い方」　92
3 「発達の連続性」をともに考えるための工夫 ─────── 94
　❶ 保育所と小学校との交流から　94
　❷ 幼稚園と小学校との交流から　95

第6章

保育における計画の変遷　97

1 明治から大正期の保育内容の変遷と計画 ──────── 99
　❶ 日本で初めて幼稚園が開設された頃──恩物中心の保育内容と計画　99

- ❷ 明治期に求められた早期教育　100
- ❸ 恩物中心保育からの脱却──「幼稚園保育及設備規程」と保育項目　100
- ❹ 柔軟な保育の計画の模索──「幼稚園令」と倉橋惣三の「誘導保育論」　102

2 小学校以上の教育との連続性と独自性の模索
　　──戦後から1989（平成元）年改訂前────────── 103
- ❶ 幼稚園教育の独自性の模索──「保育要領」の刊行　103
- ❷ 小学校教育との連続性の重視──「幼稚園教育要領」の刊行　104
- ❸ 幼小の連続性と幼稚園教育の独自性を求めて
　　──「幼稚園教育要領」の改訂　105

3 子どもの主体的活動を生かす──1989（平成元）年の改訂以降──── 108
- ❶ 自発的な活動としての遊びの重視
　　──「幼稚園教育要領」25年ぶりの改訂　108
- ❷ 幼稚園教育要領の趣旨をより明確に──1998（平成10）年の改訂　109

II 計画の作成の実際

第7章 日案から週案の作成
──幼稚園4歳児の場合── 115

1 ある日の子どもの姿から日案の作成へ──────────── 117
- ❶ 記録から子どもの姿を捉える──実態を把握する　118
- ❷ 記録のなかで自分の援助を振り返る　119
- ❸ 記録から翌日の日案へ　119

2 週の子どもの姿の捉えから週案の作成へ──────────── 120
- ❶ 日々の遊びを捉える──実態を把握する　121
- ❷ 1週間の評価・反省から学級全体の育ちを読み取る　124
- ❸ 翌週の週案作成へ　124

3 長期の指導計画の参照と修正の実際──────────── 125

第8章 日案から週案の作成 ——保育所3歳児の場合—— 129

1. 1日をコーディネイトする —————————————————— 131
   ① 実態を読み取る 131
   ② ねらいを決める 132
   ③ 援助と環境構成 133
   ④ 日案を作成する 135
2. 保育と反省 ————————————————————————— 136
   ① 実践する 136
   ② 反省をする 136
3. 週を通して子どもを捉える ————————————————— 138
   ① 前週の育ちを捉える 138
   ② 週日案の作成 139
4. 長期の指導計画との関係 —————————————————— 139

第9章 教育課程の見直し 145

1. 「私たちの幼稚園ってどんなところ？」を捉える ——————— 147
2. 教育課程を見直す手がかり ————————————————— 148
   ① 日々の保育の反省から 148
   ② 外部評価から 149
3. 教育課程の見直しの実際 —————————————————— 150
   ① 教育目標の見直し 151
   ② 幼稚園の特色にかかわる見直し 155
4. 生きた教育課程をつくるために ——————————————— 157

第10章 保育課程の見直し　161

1 保育課程を見直すきっかけ────163
- ❶ 保育所保育の多様化　163
- ❷ 保育課程の射程　164

2 保育課程の見直しのプロセスの実際────166
- ❶ 思考プロセスとしての保育カリキュラム　166
- ❷ ウェブ方式との出会い　168
- ❸ ウェブ方式の特徴　168
- ❹ 他の計画への応用　172

3 実際の保育に生きる保育課程のポイント────173
- ❶ 保育実践のあり方を示す保育課程　173
- ❷ 定型の保育実践と特別保育の実践を一つにする保育課程　175

Ⅲ 指導計画の実際

第11章 0,1歳児の指導計画の実際　179

1 記録・指導計画────181
- ❶ 記　録　181
- ❷ 指導計画　182

2 0歳児の事例記録────182
- ❶ 哺乳瓶に慣れない　ゆうき（7か月）　182
- ❷ 豊かな感性を大切に　まゆみ（9か月）　183
- ❸ 思いの伝え方　あや（1歳4か月）　184

3 1歳児の事例記録────188
- ❶ こだわりをもつ　りお（1歳3か月）　188
- ❷ イライラした気持ち　りょうすけ（1歳8か月）　189
- ❸ 気持ちをまっすぐに表現する　ちひろ（2歳）　190

第12章

2歳児の指導計画の実際　195

1　2歳児の保育 ————————————————————————— 197
　① 生活への意欲と達成感　197
　② コミュニケーションとしての言語表現　197
　③ イメージと生活の再現　198
2　子どもの発達を見通して，保育のねらいや内容を考えていく
　　——長期の計画（発達別），短期の計画（週日案）————————— 199

第13章

3歳児の指導計画の実際（幼稚園）　209

1　前週までの子どもたちの姿 ————————————————————— 211
2　子どもたちの姿から大切にしたかったこと——計画を立てた意図— 213
3　指導計画作成時の工夫のポイント ————————————————— 214
4　保育の実際 ———————————————————————————— 218
　① ねらいに基づいた援助　218
　② 計画に基づいて柔軟に対応する　219

第14章

4歳児の指導計画の実際（保育所）　225

1　クラスの実態を把握しよう ————————————————————— 227
　① 今年のクラスは　227
　② 大切にしたいものは何か　227
2　24人の子どもたちの育ちを捉えて ————————————————— 228
　① 散歩に行こう！　その1——6月のある日　228
　② 散歩に行こう！　その2——保護者の保育参加　230
　③ 子どもたちの興味・関心を計画に　231

第15章

5歳児の指導計画の実際（幼稚園） 235

1 5歳児Ⅱ期の期の計画 ——————————————— 237
2 週日案の作成 ——————————————————— 239
　❶ 学級の実態から考える　239
　❷ 保育者が提示した"やまのぼり"を中心としたこの週の保育の様子　240
3 今週の幼児の姿と反省から次の週に向けて ————————— 245

各章扉裏イラスト：大枝桂子

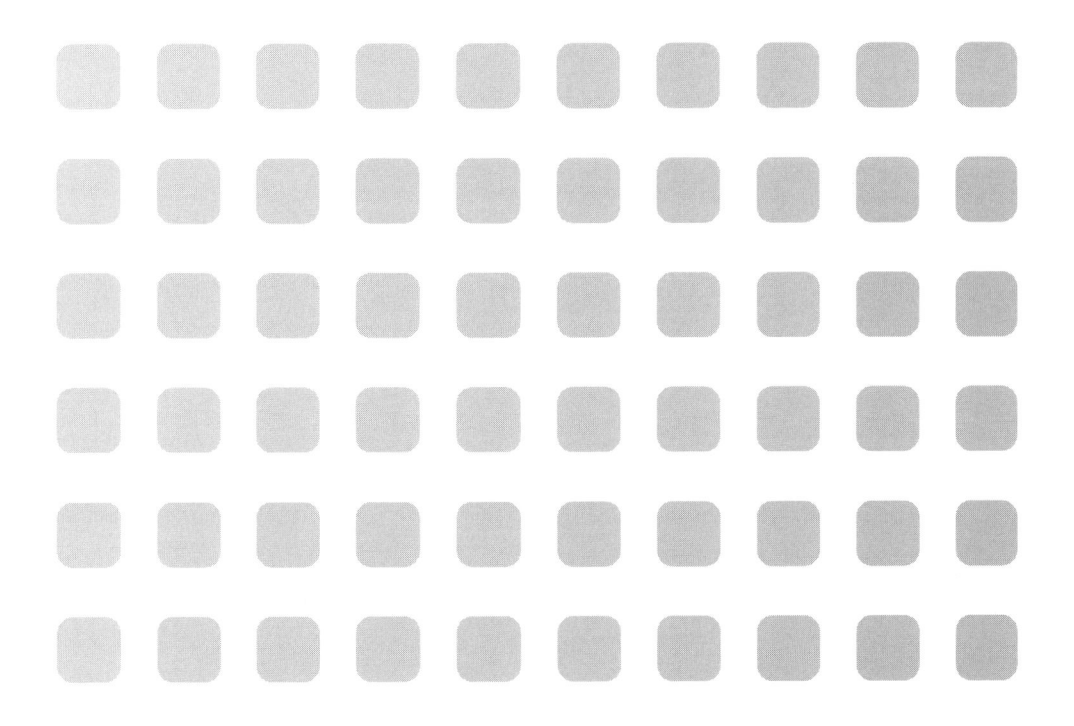

I 保育にかかわる計画についての理論

第1章

保育の基本と計画

　改定された保育所保育指針や幼稚園教育要領においては，保育の基本的な考え方はこれまでと変わってはいません。子どもたちの主体性を大事にして生活や遊びを展開していくことや，そうした過程を通して一人ひとりの発達を援助し総合的に保育を展開していくことなど，これまでの保育の進め方と同じです。

　しかし，今回大きく変わった点もあります。保育所においては保育課程に基づいて指導計画を作成し，日々の保育を展開することや，保育所も幼稚園も小学校との連続性を意識した生活や保育内容にしていくことなどは，今回特に強調されている特徴であるともいえます。

　そこで本章では，こうした保育の基本的な考え方について確認し，計画のあり方や保育を展開するための見通しのもち方などについても，その基本的な考え方を整理しておくことにします。

保育の基本は
この5つ
サ・シ・セ・セ・ソと
覚えましょう
サ
❶個人差に配慮
シ
❷保育者への信頼感
セ
❸子どもに適した生活
セ
❹適切な保育セッティング
（環境）
ソ
❺遊びを通しての総合的指導

先生！
むしろサは
「保育者の3度の
食事」じゃない
ですか？
スとして
「保育者のぐっすり
睡眠」を入れる
べきかとっ
…じゃあ
それも
入れておいて
ください

第1節 保育とは

　保育所や幼稚園などで行っている保育とは，どのような意義や意味をもっているものなのでしょうか。まずこのことから理解していきましょう。

❶乳幼児期とは

　乳幼児はまだ自分の力で生きていくことはできません。乳児では食事にしても自分で食べることはできませんし，移動にしてもまだ自立的にはできないのです。それゆえに乳幼児は，安心して生きていくためには頼りにできる大人の存在を必要としています。それが家庭においては親であり保護者ですし，保育施設では担当の保育者になるのです。

　このようにして乳幼児期は，まだ自分では生きていくことができませんが，こうした信頼できる大人を頼りにしながら，人間として生きていく力の基礎を培っていく大事な時期でもあるのです。この大事な時期を，すべての子どもたちが安全で健康に生活していけるようになるためには，家庭はもちろんのこと，家庭以外の保育施設でも，適切な環境と愛情に包まれた大人との関係が保障されなければなりません。もし劣悪な環境の下で育てられたり，虐待のように愛情の乏しい関係のなかで育てられたりするならば，その後の発達に悪影響を及ぼすことさえ生じます。

　子どもたちは自分で環境や関係を選んで誕生してくるわけではありません。そのためにいろいろな条件にもかかわらず，すべての乳幼児に安心できる環境の下で充実した生活を実現し，それぞれが最善の利益を受けられるように保障することが，その権利として求められているのです。それを家庭とともに保障するのが，保育所や児童養護施設などの児童福祉施設でもあります。そこでは親に代わって専門的に保育を行う大人，すなわち保育者の存在があります。

Ⅰ　保育にかかわる計画についての理論

❷保育という用語の意味

　保育所や保育士など，現在は当たり前のように使われているこの保育という用語は，わが国においていつ頃からどのような意味で使われるようになったのでしょうか。『保育用語辞典』によれば，1876（明治9）年にわが国で最初に設立された幼稚園である東京女子師範学校附属幼稚園（現在のお茶の水女子大学附属幼稚園）の園規則において，この「保育」という言葉が使用されています。このことから明治時代の初めの頃から，保育という用語は使用されるようになったと考えられています。

　1947（昭和22）年に公布された学校教育法では，その第77条において幼稚園の目的を定めていましたが，そこには「幼稚園は幼児を保育し」というように保育という用語が使用されています。その草案を作成した坂元彦太朗氏は，「保育とは，保護・教育の略」として用いたと述べています。

　このように保育という言葉は，乳幼児の生命を保障する「養護」と，乳幼児の成長を助長する「教育」とが一体となった言葉であるといえます。

→1　森上史朗・柏女霊峰（編）『保育用語辞典（第6版）』ミネルヴァ書房，2010年。

→2　2006年の学校教育法改正により，幼稚園の目的は第77条から第22条に移行されました。

第2節　保育の基本とは

　保育所や幼稚園などにおいて実施されている保育では，どのようなことを基本にして実践しているのでしょうか。次に，そのことについて明確にしておくことにしましょう。

❶信頼関係を基盤にする

　乳幼児期の子どもたちは，まだ大人を頼って生きている段階です。そのために保育士や幼稚園教諭などのように子どもたちの保育を担当する人（以下では保育者と呼ぶことにします）は，子どもたちの信頼感を得られている人であることが求められています。

保育所や幼稚園の保育において，乳幼児は親に代わる担当保育者の援助を受けながら集団生活を展開していきます。でも園生活は家庭生活と違ってたくさんの子どもたちのなかの一人として存在することになります。そのために子どもたちは，自分がうまくできないときや行き詰まったときなどに，親に代わる担当保育者が適切に対応してくれるかどうか不安になります。そんなときに，担当保育者から温かい励ましの言葉をかけてもらえることは，何よりも安心感を得られることになるでしょう。こうした安心感の得られる生活が保障されていくことにより，担当保育者を信頼することができるようになっていくのです。

保育所や幼稚園などでは，担当する保育者が子どもたちとの間にこうした信頼関係を築きながら，保育を展開していくことが基本となります。

❷乳幼児期にふさわしい生活の展開

乳幼児期にふさわしい生活とは，いったいどのようなものなのでしょうか。保育所や幼稚園に通ってくるのは，まだ乳幼児期の子どもたちなので，生活習慣の大部分を大人に依存する生活をしています。また自分の思いをうまく言葉で伝えることのできない子どもたちもいますし，まだ友達とうまく遊べない子どもたちもたくさんいます。こうした発達状態の子どもたちが，園で保育者や友達と集団生活を共にしながらお互いにかかわり合い，次第に成長していくのが保育所や幼稚園の園生活なのです。

したがって保育所や幼稚園などでの乳幼児期にふさわしい生活とは，大人に依存していた基本的な生活習慣が次第に自立へと向かっていくことや，集団生活や遊びを通して友達と言葉を用いてのコミュニケーションがだんだんと成立するようになっていくこと，さらには周囲の子どもたちとも次第に親しくなり一緒に遊べるようになっていくことなどが，十分に保障されている生活であるといえるでしょう。

乳幼児期にふさわしい生活とは，小学校以上の学習を先取りするようなものではなく，このように一人の人間として自立して生きていくための基盤となる生活習慣や言葉，友達関係などをしっかりと培っていける生活のことなのです。

❸健康・安全で発達に適した保育環境

　保育所や幼稚園が，こうした安心して過ごせて成長していける場となるためには，安全で健康な環境で園生活を展開していくことが保障されることが必要です。また子どもたちが情緒的に安定した生活を送れるようにしていくことも大事になります。遊ぼうとしても適切な環境がないと，子どもたちは心理的に落ち着かない状態となり，トラブルが生じやすくなります。それを少なくするためにも，子どもたちが保育者との間に信頼関係を築き，情緒的に安定していける保育環境がとても大事になるのです。

　幼稚園教育要領の「総則」には，幼稚園教育は環境を通して行うものであるということが書かれています。この意味は，幼稚園では子どもたちが身近な環境とかかわり，自主的・自発的に展開していく活動を通して，総合的に指導していくことを基本としていることを指しています。そのために，子どもたちが安心して自発的にかかわりたくなるような環境の豊かさや，自主的に活動を展開していけるような発達に即した環境であることも求められています。また環境が子どもたちの発達に即しているとは，子どもたちが自分たちの力を発揮して活動を展開していけるようになることを意味しています。

❹遊びを通しての総合的な指導

　乳幼児はまだ興味や関心もさまざまであり，集団で話を聞くこともそう長い時間できるわけではありません。ましてや，個々のもっている力の差が大きくて，効率的に一斉に教えようと思っても難しいといえます。

　では，乳幼児は集団的な指導が不可能なのでしょうか。それを可能にするのが育ち合いという学び方です。その意味は，集団で生活していると個人差があるために，ある子ができることを他の子ができないということが生じます。そのためにできない子は，できる子の活動する姿を見て関心や憧れを抱くことになります。その気持ちが，自分もその活動ができるようになりたいという成長への意欲を生み出すことになるのです。こうして，集団で生活することにより，ある子が関心をもちできるようになった活動が，周りの子どもたちのなかに広がっ

ていき，ある期間を通してほとんどの子どもたちがその活動を楽しめるようになっていくという育ち合いが生じるのです。

このような育ち合いの多くは，子どもたちの遊びのなかで生じ展開されていきます。その過程で保育者は，その活動が展開しやすいような環境を構成して，個々の子どもたちのその活動に対する関心や取り組み方に応じて，自分からその活動に取り組めるように援助していくのです。こうした援助の仕方が結果的には，どの子も無理なく自発的にその活動に親しめるようになることにつながり，集団としての成長を生み出していくことになります。こうした遊びのなかでの子どもたちの育ち合いを通して，個々の成長を総合的に生み出していく指導のあり方を総合的な指導と呼びます。

❺一人ひとりの発達の個人差に配慮する

乳幼児期の子どもたちの発達は，まだ個人差が大きく一人ひとり異なっています。その違いがありながらも，保育所や幼稚園で集団生活をしていくわけですから，そこでの生活や活動の仕方には配慮しなければならないことがあります。

まず第一は，個々の発達の進み方が違っていることです。たとえば歩行は，平均的にみると1歳前後でひとり歩きを始めますが，早い子では8か月頃から，遅い子では2歳頃に歩くようになります。このように乳幼児の発達のペースは，それぞれの子どもにより異なっているのです。そのために年や月数が同じであっても，乳幼児期の発達の様相は，まだまだ個人差が大きく多様な状態であるといえます。

第二は，個々の発達の様相を見ると，すべての側面が遅いとかすべての側面が早いというわけではないということです。それぞれの側面の発達がどのように進んでいくかは，個々の子どもにより個人差があります。言葉の発達の早い子がいれば，運動面での発達が早い子もいます。また，歩き始めは早かったのに言葉の発達は遅いということもあります。このようにそれぞれの側面の発達の過程は，個々の子どもたちによって異なっているのです。

また第三に，こうした発達のペースの違いや発達しやすい側面の違いを生み出す要因として，個々の子どもたちの興味や関心の違いがあります。早くから動く玩具に関心を示す子どももいれば，絵本に関心を示す子どももいます。さらには言葉に関心を示す子どももいれば，

I 保育にかかわる計画についての理論

虫に関心を示す子もいます。こうした個々の関心の違いを大事にしていくことも，乳幼児期の保育を展開していくときの基本となります。

第3節 保育内容とは

　保育所や幼稚園などでは，保育を通して子どもたちはさまざまな体験をしていきます。そして園生活での保育を通して体験していく事柄が，子どもたちの発達を促していくことにもなります。すべての子どもたちの健全な発達を保障していくためには，どのような保育内容が求められてくるのでしょうか。またその保育内容の基準はどこにどのように示されており，どのように活用しているのでしょうか。次に保育内容の全体像を概観していきます。

❶保育内容とは

　保育所や幼稚園などの保育施設において，人間形成の基礎として乳幼児期にぜひとも育てておきたい大事な事項を示したものが，保育所保育指針や幼稚園教育要領における保育内容なのです。

　保育所保育指針には，0歳から小学校就学までの子どもたちの保育内容が基準として示されています。その保育内容は「養護」と「教育」という2つの側面に分けて捉えられています。ここでいう「養護」とは生命や情緒の安定に関する側面であり，「教育」的な側面は生涯にわたり人間として生きていく力の基礎を培うものです。またこの教育的な側面は，「健康」「人間関係」「環境」「言葉」「表現」という5つの領域によってその内容が示されています。

　もう一方の幼稚園教育要領には，満3歳から小学校就学に至るまでの幼稚園に在園している子どもたちの教育内容が基準として示されています。その具体的な内容としては，生涯にわたる人格形成の基礎を培う事項はもちろんのこと，小学校以降の義務教育の基礎を培い生涯にわたり学び続けていくための学びの基礎を培うことも含まれています。こうした人格形成の基礎や学びの基礎となる教育的な内容が，「健康」「人間関係」「環境」「言葉」「表現」という5つの領域に区分

されて示されています。

　就学前保育としての保育所と幼稚園の保育内容の基準に違いや矛盾があるといけないので，保育指針と教育要領における3歳以上の保育内容については，その基準が共通するように配慮されています。

❷領域とは

　保育所や幼稚園等における保育では，子どもたちが園生活を展開するなかで，生涯にわたる人間形成の基礎となる事項を体験していけることを大切にしています。そしてわが国で乳幼児期を過ごす子どもたちにとって，こうした人間形成の基礎として欠かすことのできない重要な事項を，保育所保育指針や幼稚園教育要領では保育内容の基準として示しているのです。

　しかし保育内容として重要な事項はたくさんあるので，そのまま羅列したのでは理解しにくく，使いにくいことにもなります。そこでそれらの保育内容を発達の側面から区分して理解しやすくしたのが，領域という区分なのです。したがって領域は，子どもたちの発達を見る側面ともいわれています。

　2008年に改訂された現在の幼稚園教育要領では，心身の健康に関する領域「健康」，人とのかかわりに関する領域「人間関係」，身近な環境とのかかわりに関する領域「環境」，言葉の獲得に関する領域「言葉」，感性と表現に関する領域「表現」の5つの領域が設定されています。この5つの領域区分は1988年の改訂以来変わってはいません。

　2008年に改定された保育所保育指針では，保育内容は「養護」と「教育」という2つに大別され，「教育」については「健康」「人間関係」「環境」「言葉」「表現」という5つの領域に区分されています。「養護」の内容には，乳幼児に必要な「生命の保持」及び「情緒の安定」に関する事項が示されており，それが家庭の補完をするという保育所保育の特性に伴った保育内容でもあります。

　このように領域は，子どもたちの発達を見る側面ではあるのですが，たとえば，友達関係が広がると言葉も豊かになるというように，子どもたちの発達はいくつもの領域が相互に関連しあって総合的に成し遂げられていくものです。決して領域別に発達していくものではありません。そのために保育所や幼稚園では，小学校以上の教科指導のような領域別の指導は行わないのです。

❸「ねらい」と「内容」とは

それでは各領域に保育内容として示された事項である,「ねらい」と「内容」とはいったいどのようなものなのでしょうか。

子どもたちは園生活を通して,周囲の環境と積極的・主体的にかかわりながら,いろいろな体験を積み重ねていきます。そうした体験のなかで,生きる力の基礎となるような豊かな体験を積み重ねていかなくてはなりません。その体験すべき事項を具体的に示したものが,保育所保育指針や幼稚園教育要領に示されている「ねらい」及び「内容」なのです。

2008年に改訂された幼稚園教育要領の解説書では,次のように説明されています。

> 幼児が生活を通して発達していく姿を踏まえ,幼稚園教育全体を通して幼児に育つことが期待される心情,意欲,態度などを「ねらい」とし,それを達成するために教師が指導し,幼児が身につけていくことが望まれるものを「内容」としたものである。

これによれば,「ねらい」は心情,意欲,態度というような心理的な側面を示しています。それらは幼稚園生活の全体を通して,子どもたちがさまざまな体験を積み重ねるなかで,相互に関連性をもちながらだんだんと達成の方向に向かっていくものであると書かれています。また「内容」は,幼児が環境にかかわって展開する具体的な活動を通して総合的に指導していくものであると書かれています。

各保育所や幼稚園では,保育指針や教育要領に示されている「ねらい」及び「内容」を基準として参考にしながら,各園の実態に応じて具体的な「ねらい」や「内容」を設定して保育課程や教育課程を編成していくことが求められているのです。

第4節 保育を計画するとは

保育所や幼稚園における保育は,自由気ままに展開されているわけではありません。そこには子どもたちの実態に合わせながらも,子ど

もたちの成長を見通して計画的に生活を進めていく保育者の専門的なかかわりがあります。それでは保育者の専門性とはどのようなものなのでしょうか。保育者の専門性を、保育の実践を展開していく過程から見ていくことにします。

❶保育における計画の必要性

保育は計画性をもって展開されていくのですが、なぜそうした計画性が必要になるのでしょうか。その理由については、次のようなメリットがあるといえます。

①子どもたちの関心と生活リズムを大事にするため

子どもたちは生活や遊びのなかで、いくつもの関心事に取り組みながら生活を展開していきます。そうした子どもたちに関心のある活動のなかで、これから何を大事にするかを担任が計画的に見通しておくことが必要になります。それによって子どもたちの興味や関心が大事にされて育ち合いを生みだしていくことになります。

またこのようにある期間において、子どもたちが楽しみにできるような行事や活動があれば、それを楽しみに生活できるようになります。そうした行事がいつあるかわからなければ期待感がもてなくて、つまらない生活になってしまいます。こうして園生活に期待感とリズムを生み出していくことも、計画が必要なことの大きな意義となります。

②保育者自身が見通しをもてるようになるため

毎日どんな保育が展開されるのかわからないままに仕事に取りかかるのでは、保育者も不安になってきます。担任の保育者としては、ある程度はその日の保育に対する見通しをもっていたいものです。計画はあくまでも予想した見通しであり、その通りにするものではありません。でも何かしらそうした見通しがあることにより、安心して保育に取り組むことができます。

③園全体の保育者同士で相互理解するため

それぞれのクラスで今どんなことを大事にして保育を展開しているのかをお互いに理解していれば、クラス間の場所の取り合いや物の取り合いなどがなくなります。たとえば、人形劇が盛り上がっているので観客として来てほしいとか、お互いにボールゲームが流行っているので一緒にしようとか、保育者間でクラスを越えて協力するということもできます。

発達に遅れや障がいがある子どもがいる場合にも，保育をどう展開し何を大事にしていくかの見通しを共有していくことが求められてきます。また遊びを中心にした保育ではクラスを越えてお互いに協力していくことが求められていますので，保育所はもちろんのこと，幼稚園でもチームで保育を展開することが求められるようになってきました。このように保育者間でも計画を共有して保育を進めていくことが必要なのです。

④保護者の信頼を得るため

　保護者は子どもたちの成長を期待しています。そのためになかなか成長が見えないと，不安や不満が強くなってくる場合もあります。そのようなときに，計画を示してどのように成長を見通しているのか，また今どのような過程を歩んでいるのかを説明することにより，保護者の理解と信頼を得やすくなります。

　このように，子ども，担任，園の保育者間そして保護者など，さまざまな人たちが保育に対して安心したり，信頼したり，協力するためにも，計画性をもつことが大事になるのです。

❷保育の過程と実践の展開

　それでは実際の保育はどのように展開されているのでしょうか。保育所保育指針解説書では，保育の展開されていく過程のことを「保育の過程」と名づけて，詳しく説明しています。それを図にしたものが図1-1です。

①子どもたちの姿から実態を理解すること

　保育実践は，子どもたちの姿を理解することから始まります。クラスの子どもたちがどのようなことに関心をもっているのか，生活習慣はそれぞれどこまで自立しているのか，遊びのなかで取り組んでいる活動をどこまで自分たちで展開することができるのか，また友達関係はどうなっているのかなど，子どもたちの見せてくれる姿について，さまざまな側面から読み取りその実態を理解していきます。

②指導計画を作成すること

　こうした子ども理解を基にして，今自分の保育で何をどのように大事にしていけばよいのかという，具体的な方向性を見通すことができます。こうした子どもたちとの生活の方向性をプランニングしていく

```
子ども理解
  ↓
指導計画の作成
  ↓
保育実践の展開 → 環境の構成
              直接的な援助
  ↓
反省・評価
```

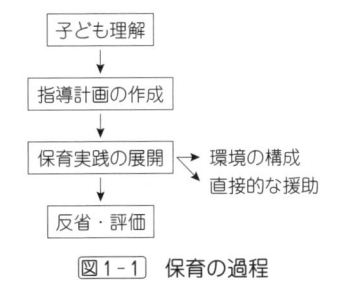

図1-1　保育の過程

ものが，指導計画です。その意味で，指導計画は子どもたちとともに描いていく生活のデザインであるともいえるでしょう。

　また子どもたちの生活は計画通りに進んでいくとは限りません。天候などのちょっとした違いによって，大きく変化することもあります。その場合には，子どもたちの実際の生活を優先させていきます。その意味では指導計画は，計画通りになるとは限らないのです。そのために指導計画はあくまでも計画であるので，柔軟に対応していくことや，場合によっては修正していくことが求められています。

③保育実践を展開すること

　こうした指導計画を基にして，実際の保育実践が展開されていきますが，その実践の内容としては大きく2つのことがあります。

　1つは，子どもたちの活動への取り組みを環境という間接面から援助していくことです。これを環境構成と呼んでいます。保育実践における環境としては，具体的には場や空間，遊具や教材といったモノ，さらには保育者や友達といった人，さらには活動をどのくらい継続できるかという時間や，その活動の雰囲気など，さまざまな要素があります。こうした保育環境の要素をどのように構成したり，再構成していくかによって，活動の展開のあり方は変わっていきます。

　もう1つは保育者が直接的にかかわっていくことです。これを直接的な援助と呼んでいます。この保育者の直接的な援助の内容としては，子どもたちの不安な気持ちや失敗した悲しさなどを温かく受容していくことや，行き詰まったときに手伝ってあげること，わからないことやできないことに直面したときには，ヒントを出したり仕方を教えてあげることなど，さまざまな内容があります。

④保育を評価し改善すること

　保育が終わった後には，保育者は個人や関係者でその日の保育実践を振り返り反省します。これを保育の自己評価といいます。保育の自己評価には，その日の保育実践の振り返りはもちろんのこと，その週

やその月というような単位での保育実践についても振り返ります。そうした振り返りによる自己評価は，担任が一人でする場合もありますが，多くは学年の他の担当者や関係者なども含めて複数で行います。

保育の自己評価は，こうした保育の過程に沿って遂行することができます。まずは保育実践を通して見た子どもたちの姿から，子どもたちの実態の理解が適切であったかどうかを評価します。もし不適切であれば，子どもたちの実態の読み取りを見直すことになります。

次に，指導計画の適切性を評価します。それは保育実践の終了後に，その期間の指導計画で設定した「ねらい」や「内容」が適切であったか否かを評価します。この評価の結果は，次の期間の計画を作成するときに修正していきます。

最後に保育実践の評価をします。環境構成は適切であったか，直接的な援助は適切であったかを，具体的に見直します。このような評価をした後に，その評価を基にしながら次の保育実践を再び見通して，改善や修正をしていきます。

このように，保育者は，子どもを理解し，その興味や関心の実現を通して発達していけるように，先の生活を見通した指導計画を作成し，それに基づいて環境を構成したり，個々の子どもたちの発達に必要と思われる援助をするなどの保育実践を展開していきます。こうした保育実践を終えたあとには，この保育の過程を振り返って見直して評価し，改善が必要なときには修正していくのです。

第5節 保育の計画の種類とは

保育の計画といっても，その計画の意義によっていくつもの種類があります。そこでまずはその種類について整理し，理解することから始めましょう。

❶保育課程と教育課程

保育の計画の最も基本となるものは，その園の保育の全体像を見通しておくことです。すなわち保育所では0歳から6歳までの6年間，

幼稚園では3歳児から5歳児までの3年間を見通した生活の全体像が必要になります。これを保育課程や教育課程と呼んでいます。

①保育課程

　保育所保育指針は，これまでは厚生労働省雇用均等・児童家庭局長の通知文でしたが，2008年度の改定からは厚生労働大臣の告示文となりました。そのために保育内容の基準も，これまでは発達過程ごとに細やかに「ねらい」や「内容」を示していましたが，告示文となったことでそうした示し方はできなくなりました。もしそうした細かい保育内容の示し方をすると，それを基準とするために全国一律の発達像を目指す保育が展開されてしまうためです。

　告示化された保育指針の保育内容は，発達過程別ではなく小学校就学までに体験しておくことが望まれる事柄を，養護と教育の側面から大まかに示すという形をとっています。そのために各保育所では，幼稚園と同じように，子どもたちの発達の実情に合わせて各保育所ごとに発達過程を明らかにし，保育目標の実現に向かって保育所生活をどう展開していくかその全体像を編成しておくことが必要となりました。この保育所生活の全体像のことを保育課程といいます。

②教育課程

　幼稚園教育要領は，幼児が幼稚園で生活しながら，幼児期に生きる力の基礎を育んでいくために必要な教育内容を，文部科学大臣が基準として告示したものです。そこでの教育内容としては，年齢などの発達的指標は示されていません。入園から修了までの3年間のなかで体験していけばよいのであり，そこに示した内容をどの年齢やどの時期に体験するかは，それぞれの幼稚園に任されています。そのために各幼稚園においては，園の教育目標の実現に向かって，どのような年齢や時期にどのような教育内容を体験していくかを見通して，園生活の全体像を編成しておく必要があります。指導計画の基礎ともなるこの幼稚園生活の全体像のことを教育課程といいます。公立・私立を問わずすべての幼稚園がこの教育課程を編成しておくことが義務づけられています。

　このように保育所も幼稚園も，これからは指導計画の基礎となる発達を見通した園生活の全体像である保育課程や教育課程を編成することが基本となっているのです。

I 保育にかかわる計画についての理論

❷指導計画の種類

　保育所や幼稚園では，保育課程や教育課程に基づいて，長期の指導計画と短期の指導計画の2本立てで，保育を見通していきます。

①長期の指導計画

　長期の指導計画とは，1年間の保育の全体像を見通しておく年間指導計画や，2・3か月先を見通しておく期の指導計画（期案），1か月間を見通しておく月の指導計画（月案）などがあります。

②短期の指導計画

　短期の指導計画とは週や日を単位として保育を見通しておく週の指導計画（週案），日の保育を見通しておく日の指導計画（日案），さらには週案と日案とを合わせて作成した週日案などがあります。

　こうした指導計画の種類と具体的な説明は他の章で説明していきます。

❸保育課程・教育課程と指導計画の関係

　こうした指導計画を実際に作成する場合には，領域別に「ねらい」や「内容」を設定するわけではありません。その園の保育課程や教育課程には保育目標や教育目標が掲げられており，その実現を目指していく過程を総合的，具体的に示したものが保育課程や教育課程であるといえます。そして長期の指導計画を作成するときには，その課程に基づいてその期間の「ねらい」を設定していきます。したがってそこで設定される「ねらい」や「内容」も目標の具現化に向かって総合的な視点から設定されていきます。

第6節 保育の計画を立てるときに基本となること

　指導計画などを作成するときに，どのような観点を大事にすればよいのでしょうか。その基本となることをあげておきます。

❶子どもたちが充実した園生活を送れるように

　指導計画というと，集団としての保育を計画的・意図的にどのように進めていくかという，保育者主導の計画であると思われがちです。しかしいくら保育者が意図的に進めようとしても，子どもたちが主体的に参加してくれなければ，実際には進めていくことはできません。そのために指導計画は，保育者と子どもたちとが共同して次の生活を創造していく生活のデザインであるという考え方が大事になります。実際には，子どもたちが計画の作成に参加することはありませんが，保育者が子どもたちの立場に立って作成していきます。

　また指導計画はクラス全体を視野に入れて作成していきますが，年齢が小さい子どもたちの場合には，そうした集団的な活動がまだできないので，個々の子どもごとに「ねらい」や「内容」を設定しています。すなわち乳児や1歳児においては，いわゆる個別の指導計画を作成していくことの必要性が保育指針でも求められています。

❷集団としての楽しさのある生活

　園生活は行事のような楽しいことと，日常的で当たり前のこととの両面があることにより，変化に富んで楽しい生活になります。こうして生活にリズムと変化を生み出していくことも，計画を作成するときに大事になっていきます。集団の楽しさは，もう一つあります。それは集団にもかかわらず，気持ちが一つになることの充実感です。私たちの生活では，スポーツやコンサートなどで，こうした一体感を感じることがあります。園生活においても，みんなで気持ちを合わせられるようになると，歌うときやゲームをするとき，そして物語を聞いたりするときに，こうした一体感を得られるようになります。その過程を計画的に見通しながら，集団生活の楽しさを生み出していくことも求められています。

❸発達に即した計画になっているか

　園の計画を立てるときに，その計画が在園する子どもたちの実態に合ったものでなければなりません。あまりに理念先行の計画であった

I 保育にかかわる計画についての理論

り，実態にそぐわない計画であれば，子どもたちは実際の興味や関心，発達の実情に合わない生活を強いられることになります。そうした生活では，生き生きと主体的に取り組むことができません。そして結果的に，子どもたちは発達していくなかで困難に直面することになります。

その意味で指導計画は，子どもたちの発達に即したものでなくてはなりません。ここで発達に即しているとは，2つの意味があります。1つは，今子どもたちが発達しようとしている側面を適切に捉えるということです。それは発達心理学者のヴィゴツキーのいう発達の最近接領域が捉えられているともいうことができます。もう1つは，この時期に発達しそうな側面が捉えられていることです。まだ子どもたちは関心をもっていないけれども，この時期に関心をもつことによりその側面の発達が可能となるという見通しです。その時期におけるこうした発達の見通しも，指導計画を作成する上では大切になります。

> ➡ 3 ヴィゴツキー(1896-1934)
> ソビエトの心理学者。人間の高次精神機能の発達には言語機能が影響していることを明らかにしました。また子どもの発達は，大人の援助により解決できる段階から自分の力で解決できる段階へと移行していくことを明らかにし，こうした移行の可能な発達の領域のことを「発達の最近接領域」と呼んでいます。

❹家庭や地域のニーズを把握し応えているか

園に子どもたちを通わせている保護者や，これからその園に子どもを入れたいと願っている地域の人々は，その園の保育方針と自分たちの子どもの成長する姿とを重ねて期待しています。その意味では，園の計画は家庭や地域の子どもたちの成長の方向性に対する期待に応えるものでなければなりません。

特に保育課程や教育課程，さらにはそれを反映している長期の指導計画などは，こうした家庭や地域のニーズを把握し，それに応える内容となっていることが求められてきます。そうした期待に応えているかを，年度末などに計画を評価して見直していくことが求められています。

さらに学びたい人のために

・厚生労働省（編）『保育所保育指針解説書』フレーベル館，2008年
　本書は，2008年に改定された保育所保育指針について，その検討委員が中心になって執筆され厚生労働省が編集して発行したものです。保育指針の改定内容の詳細な説明だけでなく，その基本理念や指針に関連して出された通知なども収録されています。保育所関係者なら必ずもっていなければいけない一冊とも

いえるでしょう。
・文部科学省（編）『幼稚園教育要領解説』フレーベル館，2008年
　本書は2008年に改訂された幼稚園教育要領について，その検討委員が中心となって書かれ文部科学省が編集して発行したものです。幼稚園教育要領の改訂内容を詳細に解説しているだけでなく，関係する教育基本法や学校教育法などの改正についても資料として載せてあります。幼稚園関係者であれば，必ず手元に置いておく必要があるといえるでしょう。

演 習 問 題

1. 保育の基本として大事なことを3つあげて，それらがなぜ大事なのかを具体的に説明してみましょう。
2. 保育所において今回より編成することになった保育課程とは，その保育所にとって具体的にはどのような役割を果たすものなのでしょうか。
3. 保育指針でいう保育の過程とはどのようなことを意味しているのでしょうか。具体的に説明してみましょう。

第2章

指導計画の種類と役割

　第1章では，保育の基本的な考え方や保育の計画の概要について学びました。保育課程や教育課程が，その園の全体的な計画であるのに対して，指導計画は，部分的な計画ではありますが，より子どもの姿に即した具体的，実践的な計画です。一人ひとりの保育者が，自らの実践を支えるために立案するものです。この章では，保育における指導計画について，その考え方，種類とそれぞれの役割といった基本的なことを学んでいくことにしましょう。

　また，そのなかで，指導計画には，さまざまな種類があること，また，それぞれの特徴をどのように生かしていくことが，よりよい保育につながっていくかを考えていきましょう。

コマ1:
キャッおいしそーっ…でも今ダイエット計画遂行中…エ〜ンル
でも「保育者は状況に応じて計画変更できないとダメ」って
ああ 先生言ってたね

コマ2:
いらっしゃいませ〜
そ、そっかー 柔軟な保育者になるためにはしょーがないのねっ
そう
でもスィーツと子どもは違うよね〜

第1節 保育所保育指針・幼稚園教育要領における指導計画

　保育における指導計画とは，どのようなものなのでしょうか。また，指導計画というと，とてもかたいイメージがするのではないでしょうか。それは，「指導」というと「保育者が子どもに何かを教える」という印象になるかもしれませんし，「計画」という言葉には，「計画」の達成，「計画」倒れ，「計画」ばかり立派など，「計画したことはどうしてもそうしなければならない」という気持ちを起こさせるからかもしれません。

　でも，保育における指導計画という言葉は，そのようなものとは違います。では，どのように違うのでしょうか。

　保育所保育指針では，保育所は総則に示されている目標を達成するため，全体的な計画である「保育課程」を編成し，それを具体化した「指導計画」を作成するものとされています。そして，この「保育課程」と「指導計画」を合わせたものを，「保育の計画」と呼びます。

　さらに，「保育の計画」は，「柔軟で発展的」かつ「一貫性のあるもの」であることが重要とされています。また，保育所保育指針解説書では，「子どもの主体性の尊重と計画性のある保育」という項目がわざわざ立てられています。ここでは，「子どもの主体性を尊重し，子ども自らが環境と関わり，環境との相互作用を通して多様な体験をすることで，子どもが心身共に健やかに育つ」と述べられています。つまり，計画とはいえ，計画通りに進めることが大切なのではなく，「子どもの主体性を尊重」し，「柔軟」に対応することが重視されているのです。

　さらに，保育所保育指針では，「保育の計画に基づいて保育し，保育の内容の評価及びこれに基づく改善に努め，保育の質の向上を図る」とされています。「保育課程」を編成し，「指導計画」を作成して保育をすることで，計画を一つの重要な手がかりとして保育を振り返り，それによって保育の質を高めるようにすることが示されているのです。

　幼稚園においてはどうでしょう。幼稚園教育要領では，「保育課程」ではなく，「教育課程」という言葉を使うということと，幼稚園の場

➡1　保育所は，第1章（総則）に示された保育の目標を達成するために，保育の基本となる「保育課程」を編成するとともに，これを具体化した「指導計画」を作成しなければならない。
　保育課程及び指導計画（以下「保育の計画」という。）は，すべての子どもが，入所している間，安定した生活を送り，充実した活動ができるように，柔軟で発展的なものとし，また，一貫性のあるものとなるよう配慮することが重要である（保育所保育指針「第4章　保育の計画及び評価」より）。

I 保育にかかわる計画についての理論

合には，保育所における「保育の計画」にあたる言葉は特に使っていないという点では違いがありますが，保育における計画の考え方の基本は同じです。

「教育課程」は，幼稚園の教育目標に向かって子どもがたどっていく筋道を，教育期間の全体を見通した全体的な計画であるのに対し，「指導計画」は，「教育課程」に即して実際に保育をしていくにあたって必要となる，目の前の一人ひとりの子どもの生活する姿に応じた具体的で実践的な計画ということになります。「指導計画」という言葉とその意味は保育所も幼稚園も変わりません。

保育課程や教育課程のなかでは，その保育所や幼稚園における，基本的で全体的な計画を立てます。しかし，それだけでは，明日どのような準備をしてどのような保育をしたらよいか，あるいは，ある年齢の子どもたちに今月はどのような保育をしていったらよいのかを，具体的にイメージすることは難しいのです。大きな目安としてのその園の計画は，保育課程や教育課程に示され，その園の子どもたちの育つ方向性を大きく指し示してくれますが，保育室の環境をどのようにしたら来週の保育において子どもたちの生活が充実するか，明日Aちゃんのままごと遊びの援助をどのようにしたらよいかというようなことは，指導計画のもち場ということになるのです。

さらに，保育所においては，「子どもの主体性の尊重」が大切にされ，「子どもの主体性を尊重し，子ども自らが環境と関わり，環境との相互作用を通して多様な体験をすることで，子どもが心身共に健やかに育つ」という点が強調されていました。実はこの点は，幼稚園でも同じです。幼稚園においては，幼稚園教育要領の第1章第1に「幼稚園教育の基本」として「環境を通して行う教育」があげられています。また，幼稚園教育の基本として特に重視する事項として，「幼児期にふさわしい生活の展開」「遊びを通しての総合的な指導」「一人一人の発達の特性に応じた指導」の3つがあげられていますが，「指導計画」は，これらが生かされるようなものであることが求められています。

具体的には，環境の構成を計画的に行ったり，子どもの姿を見ながら新たな環境を用意したり，保育者がモデルとなって動くことで，子どもにとっての人的な環境をつくりだすこともあります。また，子どもの生活は遊びが中心であり，ねらいも遊びを通した指導を中心として達成されていくようにということですから，子どもが「自ら意欲を

→2 教育課程は，幼稚園における教育期間の全体を見通したものであり，幼稚園の教育目標に向かってどのような筋道をたどっていくかを明らかにした全体的な計画である。その実施に当たっては幼児の生活する姿を考慮して，それぞれの発達の時期にふさわしい生活が展開されるように，具体的な指導計画を作成して適切な指導が行われるようにする必要がある（幼稚園教育要領解説 p. 163.）。

→3 幼稚園教育は，幼児が自ら意欲をもって環境とかかわることによりつくり出される具体的な活動を通して，その目標の達成を図るものである。
幼稚園においてはこのことを踏まえ，幼児期にふさわしい生活が展開され，適切な指導が行われるよう，次の事項に留意して調和のとれた組織的，発展的な指導計画を作成し，幼児の活動に沿った柔軟な指導を行わなければならない（幼稚園教育要領第3章第1より）。

もって」環境や友達とかかわって遊びを展開していけるような柔軟で，発展性があり，しかし，そこには一貫性があるような「計画」の作成をしなければならないことになります。

　ここで，最初の問題に戻って考えておきましょう。これまで見てきた「指導計画」の考え方からは，保育者が計画を立てたら，それを実行することが最も大切だというのではないことは明らかです。遊びは子どもが主体ですから，日によって新たな思いをもつということもあっていいはずですし，天気の変化や昨日一緒に遊んでいた友達が急に休んでしまったこと，あるいは，その日の朝家庭であった出来事によっても，子どもの姿が変わることは当然です。それでもなお，保育者が計画した通りに進められるのがよい保育であったり，よい計画であったりするのではないということなのです。

　幼稚園教育要領解説には，繰り返し「指導計画は一つの仮説である」ことが書かれています。これは，上に述べたような子どもの姿に応じることの大切さを言っているものなのです。指導計画は仮説ですから実際の子どもの姿に合わせて柔軟に変化させるということなのです。さらに，指導計画を子どもに応じて変更することによって，教育課程の改善につながるとも書かれています。これは，計画はあくまでもその園で生活する子どもの実態に即して立案されるものなので，園の全体的な計画である「教育課程」や保育所の場合であれば「保育課程」であっても実際の姿に合わない点があれば子どもを計画に合わせるのではなく，計画を子どもに合わせるということになるのです。

→ 4　指導計画は一つの仮説であって，実際に展開される生活に応じて常に改善されるものであるから，そのような実践の積み重ねの中で，教育課程も改善されていく必要がある（幼稚園教育要領解説 p. 164.）。

第2節　指導計画の必要性

　では，そのように柔軟なものであるならば，なぜ保育において計画は必要なのでしょう。

　計画というものは，誰かが作成したものを借りてくるのではなく，自分が保育する子どもたちに合わせて立案をしなければなりません。ですから，その手間だけでも大変です。実際，実習生にとっても，保育者にとっても，「子どもの保育をするだけなら楽しいけれど，計画や記録は大変」と言われることもあります。それだけに，指導計画を

立てる意味はどのようなものかを確認しておきたいものです。

　1つは，保育所においても幼稚園においても，責任ある保育を展開しなければならないということです。責任あるということは，決して計画の実行ということではなく，「どのような目標をもってどのような計画を立て，実践したが，そのプロセスでこのような子どもの姿があったので，それに応じてこのように計画を変更した」というような，筋の通った説明ができるということです。新しい保育所保育指針では，保育所の社会的責任として，説明責任をあげていますが，今後は保育の計画はそのための大きな力になります。

　2つめとしては，計画は保育を常によりよいものにするためにあるということです。計画は，「計画⇒実践⇒評価⇒（改善）⇒計画……」というサイクルを伴っているものです。このプロセスのなかで，一人ひとりの保育者がよりよい保育をつくる手がかりを得ることができますし，園全体の保育の質の向上につながるヒントがたくさんあるのです。これについても，保育所保育指針では，保育の計画がその機能を果たすと述べられています。

　3つめとしては，子どもがより安心感をもち，自己を十分に発揮しながら生活し，遊びを展開し，多様な体験を積むことができるためです。これまで繰り返し述べてきた「子どもの主体性の尊重」のためにこそ，計画が必要なのです。このようにいうと，保育者が計画を立てれば立てるほど，子どもの主体性は尊重されなくなってしまうのではないかという疑問をもつかもしれません。けれども，実際には，その時期に応じて，ある子どもの姿に応じて，臨機応変に環境を用意したり，柔軟に援助の方法を工夫していくためには，行き当たりばったりではだめで，必ず計画が必要だということなのです。

　この点については，例をあげて考えてみましょう。

Episode 1

都会の霜柱

　東京にある園で，冬のある日，決して大きくない花壇に，5歳児の子どもたちが水をやっていました。水やりをしている子どもたちは，チューリップの球根が，カラカラに乾いてしまうというのです。それにしても熱心だなと思って見ていたのですが，保育後保育者から，「明日は，都心でも珍しく冷え込むという予報が出ていることを知って，今日は花壇の水やりを少し意識して私も一生懸命やっていたら，子どもたちも熱心にやりだした。明日，霜柱ができると

よいのだが……」とのことでした。「子どもたちが、霜柱ができることと自分たちがまいた水との関係にも気づくかしら……」とも話してくれました。その後、この保育者が、霜柱を取るのにふさわしい容器として、透明のカップを園で集めてある廃材のなかから人数分に足りるだけのものを保育室にさりげなく用意しているのがわかりました。ビニール袋だと、霜柱の形を見る前につぶしてしまうことが考えられるからだそうです。

近年温暖化の影響か都心で霜柱ができる日はとても少なくなってしまいました。子どもたちに主体的に「冬の自然」を多様に体験して欲しいと願っていても、園庭も土ではなく、また、花壇には土があるとしてもカラカラに乾いたままだと、気温が十分に下がったとしても、また子どもがいくら主体性を発揮したとしても、霜柱には出会うことができないというわけだったのです。月の計画（月案）や週の計画（週案）のレベルで、子ども自身が生活のなかで主体的に「冬の自然に親しむ」ことができるようにするにはどうするか、そのための保育者の環境への配慮や具体的な援助としてイメージし、書いておくことによって、このようなめったにないチャンスであっても上手に生かすことができるのでしょう。

Episode 2

アンズジュース

ある幼稚園では、園庭は決して広くないのですが、さまざまな実のなる樹木を植え、栽培のできるスペースを確保し、教育課程のなかで、「子どもが自ら園内のさまざまな自然に触れること」が、1つの目標になっていました。一方で、具体的にどうしたら、子どもが自ら自然に触れようとするかを考えました。そして、それぞれの学年の年間の指導計画などがうまくかみ合うように話し合いました。

たとえば、この園ではアンズの実がなったら、5歳児が収穫するのですが、その収穫の日には、4歳児の子どもが自由に遊んでいる時間にすることにしました。そのアンズでジュースをつくるのですが、それも、5歳児がやるのを、4歳児が遊んでいて見える場所でやることにしました。そして、おいしいジュースができたら、3歳児にも4歳児にもご馳走します。そのようなプロセスを大事にすることによって、5歳児になったとき、アンズが色づいてくると、1年前に5歳児が収穫してジュースにしていたことを思い出して、今度は年長児としてジュースをつくってあげたいと子どもたちの方から言い始めるというのです。そして、この園では、他の植物や野菜も、そんなふうに、思わず目が向

くようになったり，育ててみたくなるように，それぞれの指導計画を話し合いながら作成しているのです。

このエピソードも，同じ自然のことですが，工夫のポイントは少し違います。この園では，自然とのかかわり方が，子ども同士の間で主体的に伝承されていくように，保育者同士がチームになって指導計画を進めています。

Episode 3 　一人ひとり違う子ども

　ある幼稚園の3歳児。若い担任の保育者が，みんなでやるリズム遊びに入ってこない子どもがいることに悩んでいました。秋の運動会も近いし，園の大きな計画では，みんなでやる活動の楽しさがわかって参加できることが示されていました。これは，この子どもの今の姿として受け止めるべきなのか，それとも，本当は，みんなで楽しめるのに，保育の工夫が足りずにそのような姿になっているのか迷っていました。

　そこで，他の保育者たちにも相談すると，それぞれの立場から子どもたちの様子を見てアイデアを教えてくれました。「もしかしたら，リズムを間違えると目立って恥ずかしい。自信がないのではないかしら」という意見がでました。それに対して，もしそうだとしたら，動きが決まっているリズム遊びではなく，それぞれがリズムにのって自由に動けるようなものを選んでやってみてはどうかということになりました。

　そこで担任は，そのようなリズム遊びを選んで子どもたちと一緒にやる計画を立てました。そしてやってみると，いつの間にか今までリズム遊びに入らなかった子どもたちも入って，実にのびのびとみんなと一緒にやるようになりました。

　ところが，しばらくすると，また別の子どもたちがリズム遊びに入らずに見ているようになりました。そこでまた，担任の保育者が相談をすると，今度は，「この子どもたちは，リズム遊びの前にとても楽しそうに一緒に遊んでいた子どもたちじゃないかしら。きっと，入園してからはじめて，一緒にいて心から楽しいと思える友達関係ができてきたのではないかしら。だから，リズムが苦手とかやりたくないというよりも，今日は，『ぼくたち，友達だものねえ！』ってみんなと離れて仲間だけで一緒にいることが楽しくなってしまったのではないかしら」と話してくれたのでした。そこで担任は，しばらく様子を見ながら，このメンバーが友達になれたことに共感しながら，友達みんなで一緒にやろうかと誘っていくと，しばらくして参加し，「ぼくたち一緒にやるんだ」という感じで，その子どもたちが必ず同じところに固まって踊るようになったのでした。

ここにあるのも，大切な指導計画です。3歳児としての大きな計画は，教育課程に示されているとしても，明日，その子どもたちにどのようにかかわることが，教育課程の示す方向性にも合い，また何よりも，その子どもたちに最もふさわしい指導になるのかを，具体的に考え工夫することが，指導計画の意味なのです。

以上の3つのエピソードを読んで，みなさんはどのように思いましたか。無理をして霜柱に出会う必要はない，そこで自然に出会えるものだけでも子どもは楽しく暮らせるものだという考えもあるかもしれません。アンズジュースにしても，5歳児になっていきなり「さあ，つくりましょう」と言っても，子どもたちは喜んでやるかもしれません。リズム遊びも，無理にやらせれば仕方なくどの子もやるに違いありません。しかし，子どもにとって身近な環境に存在しなければ，雪や霜柱，氷を「きれい」と感じることも，「冷たい」と感じることもできません。アンズジュースはつくったとしても，アンズの実の成長を楽しみにする気持ちをもつことは難しいでしょう。リズム遊びも，やることそのものよりも，子どもが保育者に理解されているということが大切であり，それがなければ，保育者との信頼関係にもかかわってくるでしょう。このように，子ども一人ひとりの日々が少しでも豊かになるように，そして，少しでも子どもの主体性が発揮されるようにと考えると，どうしても行きあたりばったりの保育ではなく，丁寧に考え抜かれた指導計画が必要になることがわかるでしょう。

筆者は，以前から，保育における指導計画は，保育のデザインだと考えていたのですが[5]，今回の保育所保育指針解説書には，指導計画は「日々の生活をデザインすることを意味する」と述べられました。これは，もちろん保育所に限りません。幼稚園においても，保育は一人ひとりの子どもに合わせて，デザインするものだといえます。

デザインは，それを使う人のことが理解できてはじめて，その人が使いやすいデザインとなります。デザイナーが，自分の願いや趣味だけでつくったのでは，実際にそれを使う人から見ると使いにくいものになってしまうことがあります。とはいうものの，デザインをする人のセンスと工夫は，使う人の希望や予想を超えて，よりよいデザインを生むことも多いものです。よいデザイナーとは，使おうとする人を理解し，その人だけでは考えられなかった何かを一緒に工夫してつくり出すことができる人ではないでしょうか。

[5] 戸田雅美『保育をデザインする——保育における「計画」を考える』フレーベル館，2004年。

I 保育にかかわる計画についての理論

　　　保育の主体は言うまでもなく子どもです。保育者がどんなに願いをもち，すばらしいデザインだと自信をもってつくった計画だとしても，肝心の主体である，子どもにとってうれしいデザインになっているかが問われるのが，デザインの考え方であり，実は保育における指導計画の特徴なのです。

第3節　保育における指導計画の種類と役割

　　指導計画には，どのような種類があるのでしょう。また，それぞれにどのような役割があるのでしょう。
　　指導計画は，大きく長期と短期の2つに分けることができます。[→6]
　　長期の指導計画には，年，期（幼稚園教育要領では「発達時期などの計画」），月，学期（学期は幼稚園のみ）の計画があります。それぞれ，年間指導計画，期の計画，月案，学期の計画などと呼ばれています。
　　短期の計画は，幼稚園，保育所ともに，週と日の2種類です。それぞれ，週案，日案と呼ばれます。週案と日案を合わせて書く，週日案という形式をとっている場合もあります。

[→6　幼稚園教育要領解説 p.164., 保育所保育指針解説書 p.124.]

❶長期の計画

　　はじめに，長期の計画についてみてみましょう。
　　年間指導計画，月案，学期の計画は，それぞれ，年，月，学期という期間を見通した計画になります。つまり，これらは，カレンダーに従った区分で区切った計画ということになります。年間指導計画の一年の区切りは，ちょうど園全体も新しい年度に変わる時期に対応していますし，学期は，夏休みや冬休み，春休みという区切りがありますので，子どもにとっても，気持ちの上で変化を感じられます。しかし，月案については，子どもたちの姿を見ていると，カレンダーをめくる時にちょうど発達の節目を迎えるということはあまりありません。むしろ，運動会のような大きな行事を乗り越えたときなどに，大きな変化を感じることが多いものです。このように，その園で生活する子どもたちの発達の節目を捉えて計画を作成したものが，期の計画です。

期の計画は，ある年齢の子どもたちの毎年の記録から，1年のなかにある子どもたちの発達の節目を捉え，そこで区切ったものを期と捉え，それぞれの期ごとの計画を作成したものです。これは，カレンダーによる区切りではありませんので，一つの期の長さはまちまちですし，同じ園でも年齢によって区切りの時期が違うということになります。

　たとえば，4月の月案ならば，どの年齢でも4月という1か月間の月案として作成されるわけですが，期の計画では，ある園の4歳児の第1期が5月の連休明けまでで，同じ園の5歳児の第1期は4月の3週目まで，という区切りになったりします。これは，その園の5歳児の姿を見ていると，大体4月の3週目くらいに大きく変わるが，同じ園の4歳児の姿は大体5月の連休明けから大きく変わるということを表しています。また，運動会という行事の後は，どの年齢の子どもたちも発達の節目を迎えるという場合には，運動会の後に，どの年齢も，期が変わるということもあるわけです。

　たとえば，ある園の保育者は，5歳児は「一番大きなクラスになったという喜びで張り切って背伸びして生活するのだけれども，4月の3週目くらいになるとちょっと息切れして，4歳児のときのような姿に戻るのよね。そこが，うちの園の5歳児の子どもたちの発達の1つの節目と捉えたの」と話してくれました。このように，これまでの経験や記録から，その園での発達の節目と捉えられる区切りで，計画の期を区切るのです。

　この期の区切りの時期や区切り方は，もちろん園によって違うことになりますので，どのような時期にどのような発達の節目を捉えるのかは，各園の保育者がみんなで検討しながら決めるということになります。これは，単純にカレンダーに従う計画よりも手間がかかることになりますが，子どもの発達する姿を捉えた計画という点では，きわめて実態を反映しやすいものといえるでしょう。

　どの園でも，年間指導計画は作成しますが，月案か期の計画かについては，どちらか一方を作成するということが多いようです。また，すでに述べたように学期の計画は幼稚園でのみ作成します。また，年間指導計画は，年度の初めに前の年までの記録を基に作成し，保育のなかで子どもの姿に合わせて修正をしていきます。月案や期の計画，学期の計画についても，その区切りごとに振り返りながら，次の区切りの計画を立てていきます。その際，年間指導計画を参照して立案し

I 保育にかかわる計画についての理論

ますが，必要に応じて，年間指導計画を修正していきます。

❷短期の計画

次に，短期の計画です。

短期の計画は，幼稚園，保育所ともに2種類です。週，日の両方を，あるいは週日案として両方を合わせたものを必ず作成しています。1週間も1日も，カレンダーに従ったものではありますが，日曜日や夜という「休み」をはさむことで，子どもにとっても，1週間や1日というのは生活に1つの区切り感がもてるので，計画の区切りとしても無理のないものといえるでしょう。

短期の計画は，子どもにとっても保育者にとっても一番身近な計画といえます。1日あるいは1週間の保育を終えて子どもの姿を振り返ると，さまざまなことを考えることができます。保育の最中には，その時々に一生懸命に対応していきますが，振り返ってみるとよりよい対応があったと思うこともあります。子どもの思いを十分に読み取っていなかったと反省することもあります。楽しく過ごせたという思いからは，その楽しさが明日へ，来週へとつながっていくためにもっと工夫できることはないかと，考えをめぐらせることもあります。それを表したものが計画になるのです。

このような理由で，保育における計画は，未来のことを書いてはいても，記録にあたる部分が多いものになります。子どもの姿からどのような子どもの思いを読み取ったかという記述も入ってきます。そのような記録が基になってはじめて，明日の保育，来週の保育を子どもとともにつくり出す工夫に満ちた計画が立てられるのです。

計画について，毎日，毎週考えることやそれを書き表すことは，なかなか手間のかかることではあります。しかし，「明日は，来週は，子どもたちとこんなふうに過ごしたらもっと楽しく充実するのではないだろうか」「こんな環境を用意したら子どもたちは目を丸くして驚いたり，見て触ったり，わくわくするだろう」「あの子には，最近叱ることが多くなっているけれど，こんな援助の仕方をすれば本当は叱る必要がないのかもしれない」「この子は，こんな遊びを始めたけれどもこんな材料を出してあげたら，遊びに使うかしら」など，こんなことを考えると明日の保育や来週の保育が楽しみになってくると思いませんか。

保育は日常生活そのものです。しかし，それだけに，「明日も同じようにすればいいや」とマンネリ化してしまいがちです。生活ではあるけれども，そして，生活だからこそ変化や豊かさをつくり出そうという思いを表現するのが短期の計画なのです。また，集団で保育をしていると，子ども一人ひとりを見ずに，「みんな」と考えてしまいがちです。けれども，集団だからこそ，一人ひとりがそのよさを十分に発揮できるような保育をしたいものです。それもまた，短期の計画のなかで表現されるのです。

第4節　長期の計画と短期の計画の関係

　では，短期の計画と長期の計画はなぜ両方を作成しなければならないのでしょうか。それは，それぞれの計画の役割が違うからです。
　たとえば，「発達を見通す」というような役割は，長期の計画の得意分野です。短期の計画では，発達を見通すことは困難です。先週の子どもの姿と今週の子どもの姿とを比べて，発達したかどうかを考えたり評価することは困難なだけではなく，危険でもあります。発達というのは，ある程度の期間があることによって変化が見えてくることであって，風邪がはやったことによって，前の週よりも子どもの姿が発達的には後退しているように見えたり，大きな行事のときには発達して見えたことが，次の週には，少しほっとしたいような姿が見えたりというようなことも出てくることが普通だからです。ましてや，昨日に比べて今日はどのように発達したかということはナンセンスだということは明確です。しかし，年，期，月，学期というような期間になると，そのような事情を超えて，明らかに発達に違いが見えることが多いものです。それが，長期の計画の大きな意味となります。
　また，行事の予定や地域や家庭との連携，園全体にかかわる環境の構成なども，長期の計画で考えておきたいポイントになります。行事は園全体で取り組むことも多く，日程などもあらかじめ決めておくことも多いものです。子どもにとって楽しみな行事になるためにも，長期の見通しをもって保育する必要があるからです。また，地域や家庭との連携も一貫性をもったものであることが大切です。地域や家庭と

予定の調整が必要なことも多いからです。さらに、園全体にかかわる環境の構成には、植物を植えたり、プールを設置したりというようなことが含まれます。カレーパーティーのためのジャガイモも、色水づくりのための花も、急にはできません。これも長期の計画を必要とする分野なのです。

これに対し、短期の計画は、すでに述べたように、子ども一人ひとりに即応した保育のデザインが大きな役割になります。それぞれの子どもの思いに応え、育ちを支え、より豊かな生活をともにつくっていくには明日どうしたらよいか、来週はどういう環境を用意しようかと考える計画になります。

しかし、長期の計画と短期の計画は、別々にあるのではありません。短期の計画だけでは、日々の保育をていねいには考えられるけれども、それぞれの子どもたちにとって本当にそれが一番良いことなのかを、少し大きな視点から考えたいと思うことがあります。そんなときには、長期の計画が役に立ちます。逆に、行事などの計画が長期の計画で決まっていても、その行事が本当に子どもたちの心を揺さぶるものになるためには、それぞれのときの子どもたちの思いや言葉を生かしていかなければなりません。長期の計画を日々に分割して保育していくわけではないのです。そのような時には、短期の計画とそこに書かれる記録と省察が役に立つのです。

長期の計画と短期の計画は、それぞれその特徴を生かして保育の質を高めるために、役立てていきたいものです。最後になりましたが、指導計画の書き方や形式には決まりがありません。基本的に、子どもの姿についての記述があること、それに対する理解や保育者の願いについての記述もあること、子どもの姿についての予想や保育者の環境や援助についても書かれていること、そして、保育後の反省や評価が書かれていることなどがあれば、あとは、どのような形式を工夫してもよいのです。できれば、それを見た人にとって、わかりやすいものであれば理想的でしょう。

さらに学びたい人のために

・戸田雅美『保育をデザインする——保育における「計画」を考える』フレーベル館，2004年
　指導案の実際を例にあげ，なぜ指導計画がデザインであるのかを具体的に述べた本です。
・森上史朗・柏女霊峰（編）『保育用語辞典』ミネルヴァ書房
　指導計画に関連して，いくつかの用語が出てきます。用語を確認し，整理してみましょう。

演 習 問 題

1. 「指導計画はなぜ立てるのか」について，この章を手がかりに，自分たちで話し合ってみましょう。
2. 指導計画の種類について，ノートにわかりやすくまとめておきましょう。
3. 保育所保育指針解説書の第4章と幼稚園教育要領解説の第3章を読んで，大切だと思ったことをグループで話し合い，まとめをつくってみましょう。
4. この後の章を学んでから，もう一度指導計画について気がついたことをグループで出し合ってみましょう。

第3章

保育における計画の考え方
―― 0, 1, 2歳児を中心に ――

　保育所や認定こども園では，0歳から就学までの子どもたちが生活しています。

　0, 1, 2歳児の保育は，優しく愛情深い大人の継続的なかかわりによる人への基本的信頼感の形成を基盤に，歩行の確立，言葉の獲得，離乳食の完了から幼児食への移行と，人間としての基本的な発達が見られる時期であることから，一人ひとりの子どもの実態に即して保育が展開できるように，個別的な計画の作成が必要です。

　また，睡眠と覚醒，排泄など生活のリズムを確立していくことが重要である0, 1, 2歳児の保育では，家庭と緊密な連携のもとに1日24時間という生活の連続性を大切にします。

　ここでは，0, 1, 2歳児の保育の計画について，第1章，第2章で学んだ計画（保育課程の編成，具体的な指導計画の作成）・実践・評価・改善という「保育の過程」という観点から学ぶことにしましょう。

先輩、
「保育の計画」って
どう考えたらいいんでしょう？
それはもちろん
将来地球を救う
だろう この子らの命と
健やかな育ちが
キーワードよっ

すなわち
私たちの
「保育の計画」
とは
危機にひんする
地球救済計画
の一貫なのよっ
ウキャー♥
バーン！
せ…
責任おも…
でも本当カモ

第3章 保育における計画の考え方——0, 1, 2歳児を中心に

第1節 一人ひとりの育ちを尊重する保育
——個別の指導計画の作成

　改定保育所保育指針で，「3歳未満児については，一人一人の子どもの生育歴，心身の発達，活動の実態等に即して，個別的な計画を作成すること」と示されています。個別の指導計画を作成することの意味を具体的な事例を通して考えてみましょう。

❶0歳児の保育の事例から

> 1　保育所保育指針「第4章　保育の計画及び評価　1 保育の計画」(3)指導計画の作成上，特に留意すべき事項
> 　指導計画の作成に当たっては，第2章（子どもの発達），前章（保育の内容）及びその他の関連する章に示された事項を踏まえ，特に次の事項に留意しなければならない。
> ア　発達過程に応じた保育
> (ｱ)3歳未満児については，一人一人の子どもの生育歴，心身の発達，活動の実態等に即して，個別的な計画を作成すること。
> (ｲ)3歳以上児については，個の成長と，子ども相互の関係や協同的な活動が促されるよう配慮すること。
> (ｳ)異年齢で構成される組やグループでの保育においては，一人一人の子どもの生活や経験，発達過程などを把握し，適切な援助や環境構成ができるよう配慮すること。

Episode 1

入園2日目の保育から——ミルクを飲まない，抱っこしても泣きやまない

　入園して2日目，生後7か月のMちゃんは，朝の登園から泣き続けています。今まで，完全母乳であったため，哺乳瓶から飲むことを受けつけません。
　担当保育者は，気分転換できるようにと抱っこでテラスへ出たのですが，泣きやみません。横抱き，立て抱きといろいろとやってみるものの，身体をそらせ，ますます激しく泣いています。その様子を見ていたクラス主任の保育者が「お母さん，面接も登園もいつもおんぶしていたわね」と言いながら担当保育者におんぶを促しました。……
　入園前の母親との面接で，入園までに少しずつ哺乳瓶での授乳に慣れるようにと話し合っていました。その日の迎えの時間に，母親は，2～3回はやってみたものの，舌で押し出して嫌がるMちゃんの姿に，自営業で毎日が慌ただしいこともあってあきらめてしまったことを小さな声で話したのでした。Mちゃんには何の言葉かけもしないまま母親はおんぶの準備をしています。保育者が「Mちゃんうれしいね。お母さんお迎え，うれしいね，うれしいね」とリズミカルに話しかけると，Mちゃんがにこっとほほえみ「ウーウー」と声を出して応えました。「お母さん，Mちゃん，こんなに喜んで，お話ししているわ」という保育者の言葉に「Mが声を出すなんて，おしゃべりするなんて……」とつぶやくように言いました。

　当然のことですが，「生後7か月の子ども」ではなく「生後7か月のMちゃん」の心身の育ちや保護者との関係など，入園にあたって

用意された書類や面接時にあらためて確認した情報をもとに保育所での生活をデザインし，家庭と協働して行う保育がスタートします。作成されたMちゃんの個別の指導計画は，保育所での子どもの姿とともに，送迎時の母親の子どもへかかわる姿などから，保育のねらいや方法，また，保護者への支援を実態に即して修正しながら保育をしていくのです。

【育てていきたい子どもの姿】
・保育者との継続的なかかわりにより，保育所が安心して過ごせる場となるようにする。
・ミルクを無理せずに少しずつ飲めるようにする。
・家庭との密な連携のもとに，保育者の優しい援助を受けながら離乳食を喜んで食べる。
・腹ばいやお座りの姿勢で，おもちゃを触ったり，なめたりすることを楽しむ。
　……

【家庭との連携】
送迎時に園と家庭との様子を伝え合い，Mに言葉をかけることや，Mの姿勢を変えることでおもちゃなどへ関心をもつことの意味を確認する。
　……

　この日，母親のつぶやきを耳にしたクラス主任は，母親もすぐに帰宅しなくてもいいということから，母親と担当保育者との話し合いの時間をもつことを提案しました。母親は，自営業で，電話や来客の応対，家事に追われ，授乳の時間以外は，ほとんどおんぶで過ごしていること，Mちゃんはまだおしゃべりもしないので話しかけることもほとんどなかったことを語り始めました。担当保育者は，母親の仕事，家事，そして子育てをほとんど一人でやっていることの大変さを受け止め，家庭でのMちゃんへのかかわりを一緒に考えていきたいという思いを伝えました。話し合いが終わろうとするときに，母親が「今日，お話しできて本当によかった。入園前の面接で仕事のことが気になり，『急いで帰らなくてはいけないので』と話し合いの途中で帰ってしまったことで先生方が気分を悪くしているのではないかと思っていました。でも安心しました。明日からよろしくお願いします」と言ったのです。
　その後，保護者の思いを受け止めながら，Mちゃんの個別指導計画のもとに，Mちゃんの保育と保護者への支援が続けられました。

Episode 2

養護と教育が一体となって行われる保育──保護者と保育者との信頼感を基盤にした産休明け保育

　生後57日目，産休明け保育で入園したSちゃん。子育ても，保育所へわが子を託すことも何もかもがはじめての体験である母親は，不安な思いとともに自分だけの子育てから子どもも親自身も仲間がいる保育所という場への期待感とが交錯し，緊張しつつ笑顔で，また，いつもよりは少し大きめの声で挨拶しました。「担任の○○です。Sちゃん，この間の体験保育のときより，ひとまわり大きくなったみたい。1年間よろしくお願いします。いつでも声をかけて下さい。私がいないときは，今，絵本を読んでいる△△保育者や……」と保育者のにこやかな表情での挨拶にほっとしたようです。

　この保育所では，可能な限り継続的に子どもにも保護者にもかかわることができるように，グループ担当制を取り入れ，○○保育者を担当と位置づけ，柔軟に対応するようにしています。

　入園する前にSちゃん親子は園を訪れ，入園説明，健康診断，親子体験保育などにより，保護者と担任となる保育者とが相互に理解を深め合っていました。体験保育では，授乳で保育者は椅子にゆったりと座り，微笑みかけながら目を合わせ「Sちゃん，お腹がすいたわね，さあ，おいしいミルクよ，ごっくんごっくんといただきましょうね」と言葉をかけていました。その保育者をじっと見つめるわが子を，また，飲み終えると「おなかいっぱいね，よく飲みました」と言いながら，背中を優しくトントンして排気させ，わが子と微笑み合い「あーあー」という発声に「そう，おなかいっぱい，ご機嫌Sちゃん」と言葉を交わし合う保育者の姿を，母親はじっと見入っています。母親が保育者に「私，授乳って，テレビを見ながらしていたんです。Sがこんなに見つめたり，笑ったり，声を出したりするなんて，まるでおしゃべりしているみたい，すごい」と担当となる保育者に語りかけてきました。「そうなんですよ，授乳はSちゃんと1対1でかかわる，とても大切な時間なのです。そうそう，おむつ交換の時間も同じですよ。おなかいっぱいで満足したとき，また，おむつがきれいになって気持ちよくなったとき，こんなふうにおしゃべりするんですよ。やがて，『ママ』とか『まんま』そして『ありがとう』なんて言葉が出てきますよ，楽しみですね」と返しました。

　1日目の保育は4時間ほど。迎えにきた母親は「○○先生，私，体験保育の後は，授乳のとき，テレビを消すようにしています。そして，ゆとりのあるときはSとおしゃべりを楽しんでいますよ」と担任に報告していました。

　産休明け保育は，生後57日からの保育であり，特別の事情がなければ，保育所での生活が6年あまりという長期間になります。個別の指導計画に基づき，安全で心地よい生活の場で，Sちゃんの心身の健や

かな発達が図られる保育所での生活がスタートしたのです。

さて,授乳は,生理的欲求を満たし,生命を保持し,生活の安定を図るための世話ですが,同時に,保育者と子どもとの相互作用により,心身ともに快適な状態をつくり,情緒の安定が図られ,保育者との信頼関係を育てることにつながります。また,保育者の話しかけや子どもの発声,喃語とのやりとりの積み重ねがやがて言葉の育ちにもつながっていくのです。保育指針で示される「養護と教育が一体となって行われる保育」について,授乳の場面で理解できるでしょう。

Sちゃんの母親は,入園のしおりにも書かれ,また入園説明会でも聞いた保育所で大切にしている「養護と教育が一体となって行われる保育」の意味を体験保育を通して具体的に理解し,家庭での子育てに生かしていこうという気持ちになり,実際に取り組んだのです。

2つのエピソードは,ともに保育者の子どもへのかかわりがモデルとなり,保護者の子育てへの姿勢や意識を変えるきっかけとなっています。保育所での子どもの育ちを共有することで,保護者と保育者との間に信頼関係が形成されます。この信頼関係をもとに,保護者が次第に親として育ち,その親の育ちが子どもの育ちを支えるという循環をつくり出すことになるのです。

❷0,1,2歳児の主体性を尊重する保育と指導計画

①子どもの主体性を尊重する保育とは

「子どもの主体性を尊重する保育」とは何かと問われたとき,私は,「子どもの最善の利益を第一義にして,就学前の乳幼児の生活・育ちを支えるために,子どもの実態把握に基づいた計画のもとに,子どもと保育者との相互作用によって創造されるものである」と捉え,そこには,「保育者の保護・世話等により,生命の保持と情緒の安定を図るという養護的側面と,子ども自らが主体的に環境にかかわり,多様な経験を通して身につけていくという教育的側面が必須の要素である。その際,保育者と保護者との協働の体制が重要である」と答えるでしょう。

「保育」という営みは,主体者である子どもと主体者である保育者とが,互いにかかわりをもちながら創造していくものです。保育者は,子どもとともに生活するなかで,一瞬一瞬さまざまに姿を変える子ど

もに，心動かされ，驚き，「次は何が起きるのだろうか」とわくわくしながら，子どもとの出会いを大切にしています。子どもが自ら，環境にかかわり，その環境との相互作用により生みだす状況に，「あれっ，どうしてなの？」「そうそう，私もそう思っていたの」「それでは困るのよ。どんなふうにしていったらいいの？」「えっ，何がそんなにおもしろいの？ 夢中になっているのはなぜ？」「こんなにも激しく拒否するほどに，悲しいのよね」等々，保育者の心の動きも実に多様なものなのです。

こうした子どもとのさまざまな出会いを通して，子どもが，繊細で有能な存在であること，また，予測できないほどの可能性を秘めた存在であること，そして，かけがえのない一人の人間であることを実感するのです。

保育は，保育者の子どもへの人間としての尊敬の念と，熱き心をもとに，それまでの人生のなかで，保育者自身がさまざまな人とのかかわりを通して感じ取り，身につけてきた学びや専門性を生かして子どもとかかわるところからスタートします。このことは，保育の対象が3歳以上であろうと，3歳未満であろうと何ら変わることはないのです。

②子どもの主体性の尊重と計画性のある保育

子どもの主体性を尊重する保育とは，子どもがやりたい放題，子どもの思いを何でも通す保育ではもちろんありません。子どもの主体性の尊重と計画性のある保育は，矛盾するものではないのです。子ども一人ひとりの内に秘める生きる力，伸びようとする力が発揮され，心身ともに健やかに育つためには，一人ひとりの育ちを見通し，発達過程をおさえて保育を組み立てていくこと，換言すれば計画性のある保育が必要となるのです。

保育は，子どもと保育者との相互の応答が継続していく動的な過程といえるでしょう。したがって，保育の計画は，あくまでも仮説であり，保育者の思いが優先されて作成したり，計画通りに子どもを活動させることではないのはいうまでもありません。保育者に求められるのは，発達の基本的理解を踏まえ，子ども自身が発達に必要な経験を積み重ねていくことができる環境を計画的に構成し，子どもの状況に即して適切な援助をすることです。「発達過程」をおさえた一貫性のある計画を作成し，実際の展開にあたっては，子どもの状況に応じた柔軟な対応が求められるのです。

特に，０，１，２歳児保育においては，「発達の未熟性」から，保健的で安全な環境の下に，生理的欲求や甘えの欲求など基本的欲求を，保育者が愛情深くかかわって充足していくことが必須です。子どもの発達を理解することなく，無計画な保育が行われると，子どもの生命の保持という保育の基本さえも確保されないという最悪の事態に陥ることになります。

　改定保育指針第２章「子どもの発達」では，発達について次のように定義しています。「子どもの発達は，子どもがそれまでの体験を基にして，環境に働きかけ，環境との相互作用を通して，豊かな心情，意欲及び態度を身に付け，新たな能力を獲得していく過程である」とし，子ども自らが環境に働きかけるという主体性を尊重しています。続けて「特に大切なのは，人との関わりであり，愛情豊かで思慮深い大人による保護や世話などを通して，大人と子どもの相互の関わりが十分に行われることが重要である。この関係を起点として，次第に他の子どもとの間でも相互に働きかけ，関わりを深め，人への信頼感と自己の主体性を形成していくのである」と大人（保護者や保育士等）のかかわり・援助の重要性が記されています。さらに，「……子どもの発達の特性や発達過程を理解し，発達及び生活の連続性に配慮して保育しなければならない。その際，保育士等は，子どもと生活や遊びを共にする中で，一人一人の子どもの心身の状態を把握しながら，その発達の援助を行うことが必要である」と，保育者の発達の援助の基本的なあり方が示されているのです。

　保育者には，保育の計画（保育課程に基づく長期・短期の指導計画）を作成し，子どもと生活や遊びを共にする中で，一人一人の子どもの心身の状態を把握しながら，その発達の援助を行うとともに，子どもの保護者への支援が必要なのです。

❸０，１，２歳児の指導計画の特徴
──個別の指導計画の作成

　０，１，２歳児の保育で対象とする子どもは，おおむね６か月未満からおおむね３歳の６つの発達過程で示されるように，歩行の確立，言葉の獲得，また自我の育ちなど人間としての基本的な心身の発育・発達が顕著に見られます。同時に，個人差が大きいため，一人ひとりの状態に即した保育が展開できるようにするためには，保育課程で発達

第3章　保育における計画の考え方——0, 1, 2歳児を中心に

過程をおさえた上で，個別の計画を作成することが必要です。

　0, 1, 2歳児の保育は，子どもの人数，保育室，保育者数等により，クラス編成がなされ，集団で保育所での生活が展開しています。したがって個別の指導計画を核にしながら，保育室の環境構成，保育の流れなど，クラス全体の計画も必要になります。

　そこで，それぞれの保育所の保育課程に基づき，年間，月間など長期の指導計画や週・日などの短期の指導計画を作成していく上で，基本的におさえておかなければならないこと，盛り込んでおきたい内容などを以下に示してみましょう。

①保健および安全面に十分配慮した保育と計画

　0, 1, 2歳児は心身の発達が著しい時期である一方，心身の機能の未熟性が強い時期でもあり，疾病の発生が多いことなどから，子どもの生命の保持を最優先する保育を展開していくために，保健および安全面に十分配慮することを指導計画に明記する必要があります。

　日常保育のなかで，子どもの心身の発育・発達の状況を把握していることが，いつもとは異なる疾病等の状況に早期に気づき，適切な対応を可能にします。一人ひとりの発育および発達状態や健康状態に関する把握と適切な判断に基づく保健的な対応が求められます。特に0歳児では，生活や遊びの場，衣服や玩具などが清潔で衛生面に十分留意した安全な環境になるよう，心地よく過ごせるようにします。また，SIDS（乳幼児突然死症候群）に対しても，睡眠の体位やベッドや布団等環境への適切な対応とともに，睡眠時にはチェック表による定期的な把握など，配慮事項を計画に明示することが必要です。

　一人ひとりの発育および発達状態を十分把握した上で，常に機嫌，表情，顔色，皮膚の状態，体温，泣き声，食欲，全身症状など，体の状態を細かく観察し，疾病や異常の早期発見に努めるとともに，速やかに適切な対応をすることが保育の基本です。複数担任制がほとんどである0, 1, 2歳児の保育では保育者間の連携とともに，嘱託医の協力のもとに，栄養士・調理員・看護師など，他の専門職との緊密な協力体制のもとで保育することが必須です。

②子どもの1日24時間の生活の連続性を踏まえた計画
　　——家庭との連携

　生活のリズム（食事・排泄・睡眠等）を確立していくことが重要である0, 1, 2歳の保育では，家庭との連携を密にとっていくことが必要です。今までも保護者との連携は大切にしてきていますが，今後はさ

→ 2　SIDS（乳幼児突然死症候群）
「それまでの健康状態および既往歴からその死亡を予測できず，しかも死亡状況調査および解剖検査によってもその原因が同定されない，原則として1歳未満児の突然の死をもたらした症候群」と定義されています。（厚生労働省研究班「乳幼児突然死症候群（SIDS）に関するガイドライン」2005年）

らに保護者の思いを受け止め，子どもの1日24時間の生活全体の連続性を視野に入れて，ともに育てる・育ち合うという基本的な姿勢のもとで家庭との連携を指導計画に盛り込んでいくことが求められます。

たとえば，食事に関しては授乳，離乳食，幼児食へと変化していくプロセスで，家庭と密な連携を図り，指導計画に個別の課題を明確に示していきます。

③職員の多様性と計画——さまざまな専門性・職種の職員構成を生かす指導計画

長時間の保育を担う保育者も，常勤がほとんどであった時代から，規制緩和が進み，朝・夕の短時間勤務保育者や，週に3日，4日の断続的勤務の保育者など，多様な勤務体制の保育者とで協力体制を組むことで保育が成り立っています。常勤保育者とパート保育者とを組み込んだ複雑なローテーション勤務が行われるなかで，保育者の勤務時間を超えて長時間保育所で生活する子どもが増え，担任以外の多くの保育者のかかわりを受けて過ごしています。

0，1，2歳の子どもが，9時間，10時間と長時間，家庭を離れ集団での保育を受け，1日の保育のなかで，数人の保育者とかかわるのは当たり前の状況となり，10人を超える保育者とのかかわりをもつ場合もあります。多数の大人の存在は，生理的欲求や甘えの欲求に応えるための保護・世話が十分になされるという観点からは，子どもにとって恵まれた育ちの環境といえましょう。しかし，集団での生活のなかで，多くの大人とかかわることが子どもにストレスとなることにも十分配慮する必要があります。

0，1，2歳の保育は，ほとんどが複数担任制です。長時間の保育に対応するために，常勤の保育者，非常勤・パートの保育者との協力体制に加えて，看護師・保健師・栄養士・調理員など専門性の異なる職種との協力体制が必要です。専門性を認め，保育者も含めて相互に生かし合う配慮が大切です。職種・勤務体制の異なる多くの職員による保育は，指導計画のなかに協力体制の視点を組み込むことにより，職員が相互に共通理解してきめこまやかな保育実践を可能にします。クラスおよび園全体のなかでの「職員の協力体制」を記載するスペースが必要です。

保護者や多様な職員との協働による保育の視点を組み込んだ指導計画を作成することは，保育にかかわる者が共通理解に基づき，それぞれの役割を果たすことにつながるのです。

❹デイリープログラムに基づいた安定した生活を
──養護と教育が一体となって行われる保育

　デイリープログラムは，1日の保育所での生活が，子どもにとって心身ともに心地よく，安定したものになるように作成されるものです。保育所の1日は，デイリープログラムを基本にして，その日の状況により柔軟に展開していきます。日々繰り返される食事，睡眠，排泄など，子どもの生理的な周期を軸に，登園から降園までの1日の生活の流れにさまざまな活動を位置づけ，保育者の援助・配慮事項などで構成されます。

　0，1，2歳児を対象とするデイリープログラムは複数担任がほとんどであり，多くの保育者が保育にかかわるため，保育者の役割も含めてかなり詳細に記述されたものがある一方，時間の流れにそって子どもの活動と保育者の援助を簡略に示したものもあります。また，入所時と園生活に慣れてきた時期の違い，季節の変化への配慮から，時期によって異なるデイリープログラムを作成している場合もあります。

　改定保育指針の総則には，「保育所は，その目的を達成するために，保育に関する専門性を有する職員が，家庭との緊密な連携の下に，子どもの状況や発達過程を踏まえ，保育所における環境を通して，養護及び教育を一体的に行うことを特性としている」と述べられています。繰り返し行われる1日の保育の全体像であるデイリープログラムには，養護と教育が一体的に行われることが具体的に示されているといえるでしょう。0，1，2歳児の保育では，保育者が温かなまなざしで，愛情をかけて世話や保護など養護的なかかわりが十分になされることで，次第に子どもの情緒の安定が図られ，自ら環境にかかわってさまざまな自己活動に取り組むことにつながっていきます。年齢が高くなるにつれ，養護的なかかわりが減少していきますが，その日の，また，そのときの状況により，依存欲求に応えたりするなど画一的な対応ではなく，個々に即して対応していくことが大切です。

　デイリープログラムは，あくまでも生活の目安です。一人ひとりの異なる生活リズムを受容し，柔軟に対応することで，次第に子どもにとって健康的で安定した生活のリズムができ，園生活が心身ともに心地よいものになっていくのです。生活のリズムを整えることは，健康な生活を保障し，子どもが主体的に生活する基礎を形成することにつ

ながります。そこで，デイリープログラムを絶対的なものとし，デイリープログラム通りにさせる，やらせる保育に陥ることのないよう十分注意しなければなりません。

近年の家庭生活の変化により，0，1，2歳の子どもが，大人の生活に振り回され，その生活リズムもかなり乱れています。1日24時間の生活の全体を視野に入れ，家庭との緊密な連携をとりながら，子どもの最善の利益を第一義にした保育を推進していくことが大切です。

当然のことですが，3歳以上児のデイリープログラムも，あくまでも子どもが主体であり，クラスの年齢構成や季節により，また，子どもの実態に合わせて柔軟に対応していかなくてはなりません。

Episode 3　子どもの遊びと生活のリズム──日誌から

➡3 増田まゆみ(編著)『保育所児童保育要録の書き方』チャイルド本社，2010年より。

〈8月23日（2歳児）〉
　きょうは，カブトムシのパズルをして長いこと一人で集中して遊んでいた。友達が周りでふざけたり騒いだりしていても集中が途切れることなく真剣な表情で夢中になっていた。食事の時間になっても振り向きもせず続けていたので，そのまま見守ることにした。Aくんは，最後まで一人で32ピースのパズルを完成させると，満足そうな顔で保育士に「できた」と報告し，それから食事の席についた。生活のリズムも大事であるが，Aくんのこうした集中力ややり遂げる力を大事にしながらかかわっていくことも必要であると感じられた。

　このエピソードでは，Aくんが夢中になって取り組む姿に，デイリープログラム通りに遊びをやめさせ，食事の席につかせるのではなく，子どもの最後までやりたいという思いを大切にした保育者の判断により，Aくんがやり遂げたという充足感を味わう経験につながったことが述べられています。こうした保育者のかかわりの積み重ねが，人への信頼感や自己に対する肯定感，自信を醸成していくのでしょう。クラスとして捉えるのではなく，Aくんにとってという観点から捉えています。個別の指導計画に描かれた方向性で保育が展開し，デイリープログラムに関しては柔軟な対応がなされています。

第3章　保育における計画の考え方——0，1，2歳児を中心に

❺発達や生活の連続性に配慮した保育の計画と保育の過程

　改定保育指針の重要な捉え方として，「発達や生活の連続性に配慮すること」があげられるでしょう。人間は，一生涯発達し続ける存在であり，その基盤となる乳幼児期の育ちを支えていくのが保育です。発達は，その方向性，順序性は共通していますが，個人差があること，また，右肩あがりの，直線的なものでなく，行きつ戻りつしながら，一人ひとり異なる様相を示しながら進んでいくことを理解することが大切です。保育指針の改定により，第2章「子どもの発達」のなかに8つの発達過程が示され，前半に示される発達の基本的考え方と各発達過程がつながり，0歳から6歳までの長期的な視野で発達を捉えることなど「発達の連続性」がわかりやすくなりました。

　また，保育時間の長時間化，保育期間の長期間化が進み，保育所での保育が子どもの育ちに大きく影響することとともに，家庭の養育機能がますます低下している今日，今まで以上に生活の連続性への配慮は欠くことのできないものとして，指導計画作成にあたって強く意識することが求められます。

　さて，子どもの実態把握に基づいた保育の計画→実践→省察・評価→改善→計画という一連のプロセス全体を「保育の過程」と呼び，省察・評価が次の計画の改善に生かされるものになることが大切であることを第1章で学びました。こうした「保育の過程」が繰り返され，改善が図られることにより，生活と発達の連続性を尊重した質の高い保育へとつながっていくのです。

　次のエピソードは，こうした生活と発達の連続性を大切にした保育を展開してきているある園の1歳児クラスの7月と3月の保育環境と子どもの姿を示したものです。

Episode 4　子どもの「自分で」という思いと保育室の環境

〈7月初旬の1歳児クラス——日誌から〉
　「自分で」と強く意思表示し，着脱を自分でしようとする子どもが増えてきている。そこで，保育者がかかわりながら，自分なりのペースで着脱ができるようにするとともに，その様子が他の子どもにも見える着替えのスペースをつ

くった。
　最近，排尿排便ともに成功が目立ってきたKは，その都度，保育者に認められて大喜び。着替えも自分で一生懸命やろうとしている。そんな姿を見ていたNも興味をもち，自分からやろうとし始めている。
　よく見渡せる位置に設定した着替えスペースは，保育者が子どもの状況を素早くキャッチし，タイミングよく援助できる場となっている。

〈3月初旬の1歳児クラス──ビデオ記録から〉
　午睡前，食事を終え，パジャマに着替えたKとNは，布団の上で，じゃれ合うように布団をかけたり，潜り込んだりしたかと思うと，動物の指人形をコーナーからもってきたり……。すぐ近くでは，Rが小さなテーブルに絵本を置き，一人で立ったままの姿勢で「ジャージャー，ビューン，ビューン」と，絵本に書かれた通りを口にしながら読んでいる。
　保育室の隅にある牛乳パックでつくった椅子にTとUの2人は座って，Wは保育者の膝の上で，パジャマのズボンをはこうとしている。なかなか足が入らず，保育者に視線を向けたWに「あっ，見えた，Wちゃんの足見えた」と，声をかけると同時にそっと手をかけながらはきやすいように援助している。そのとき，じゃれ合っていたKの背中が壁面に飾ってあるおひな様に触れ，落ちてしまったのに気づいた保育者は「まあまあ，おひな様落ちてしまった，可愛そうに」と言いながら飾り直していると，いつの間にかKとNも拾い，保育者と同じように壁にぶら下げている。

　子どもの育ちに即した保育は，子どもの状況に応じて保育室の環境構成が，1年間の保育の経過のなかで変化していきます。1歳児クラスの7月と3月では，保育室の環境が異なっていることがエピソードから読み取れます。子どもの主体性を尊重しつつ，保育者が意識的に，子どもの育ちに合わせて着替えの場を変え，環境を再構成していることが示されています。
　保育者の言動や態度が子どものモデルとなり，また，保育者の必要に応じた適切な援助により子どもが友達との相互関係のなかで育ち合っていることを学ぶことのできるエピソードです。
　このような保育の展開を可能にするのは，保育課程に基づく長期的な視野で作成される年間指導計画，そして個別の指導計画に基づく実践と記録など保育の振り返りの積み重ねです。

保育の計画と評価
——「保育の過程」における質の向上に向けた循環

第2節

❶保育の根幹となる保育課程と保育の全体構造

　図3-1に示した「保育所保育の全体像（保育の計画，実践，省察・評価，改善）」により，保育所における保育が，改定保育指針の総則に示された保育所保育の目的，社会的役割を果たしていくために，計画・実践・評価・改善という循環を，「子どもの最善の利益・保育の質の向上」に向けて継続的に営むという状況を理解できるでしょう。本章のテーマである「保育の計画を考える——0，1，2歳を中心に」もこうした保育の全体構造のなかに位置づけることが重要です。

①保育所保育の根幹となる保育課程——保育計画から保育課程へ

　保育指針の改定により，これまで保育所の全体計画である「保育計画」が「保育課程」に改められ，2009年度からそれぞれの保育所の保育課程が編成されています。保育課程は，他のさまざまな計画の上位に位置づけられ，保育所保育の根幹となる包括的なものとなっています。

Column　乳幼児の最善の利益を考慮

　1994（平成6）年にわが国において批准された「児童の権利に関する条約」の第3条の趣旨を受けて，「乳幼児の最善の利益を考慮する」という文言が保育指針に初めて記載されたのは，2000（平成12）年施行の前保育指針の総則前文でした。改定保育指針では，総則に「保育所は，児童福祉法（昭和22年法律第164号）第39条の規定に基づき，保育に欠ける子どもの保育を行い，その健全な心身の発達を図ることを目的とする児童福祉施設であり，入所する子どもの最善の利益を考慮し，その福祉を積極的に増進することに最もふさわしい生活の場でなければならない」と記載されています。さらに，第6章，第7章にも記載されています。利用者が選択する保育システムにおいて，保護者など大人の利便性が優先されるのではなく，子ども一人ひとりがかけがえのない人間として尊重され，権利の主体者としてその生存と発達など子どもの福祉や利益を損なうことがないように考慮することが保育指針の基本となっているのです。

I　保育にかかわる計画についての理論

```
                ┌─────────────────────────────────────────────────┐
                │ 日本国憲法・児童福祉法・児童憲章・児童に関する権利条約・教育基本法等 │
                └─────────────────────────────────────────────────┘
                        ┌────────────────┬───────────────────┐
                        │ 保育所保育指針 ⇔ 児童福祉施設最低基準 │
                        └────────────────┴───────────────────┘
 保育の過程        子どもの最善の利益 ⇧ 養護と教育の一体性
 保育の計画           子どもの福祉を増進するに最もふさわしい生活の場
```

保育課程
- 保育理念・保育方針・保育目標
- 入所しているすべての子ども・保育を対象
- 保育目標を具体化した発達過程を踏まえたねらい・内容
- 子ども・保護者・地域の状況把握
- 一貫性のある全体的な計画

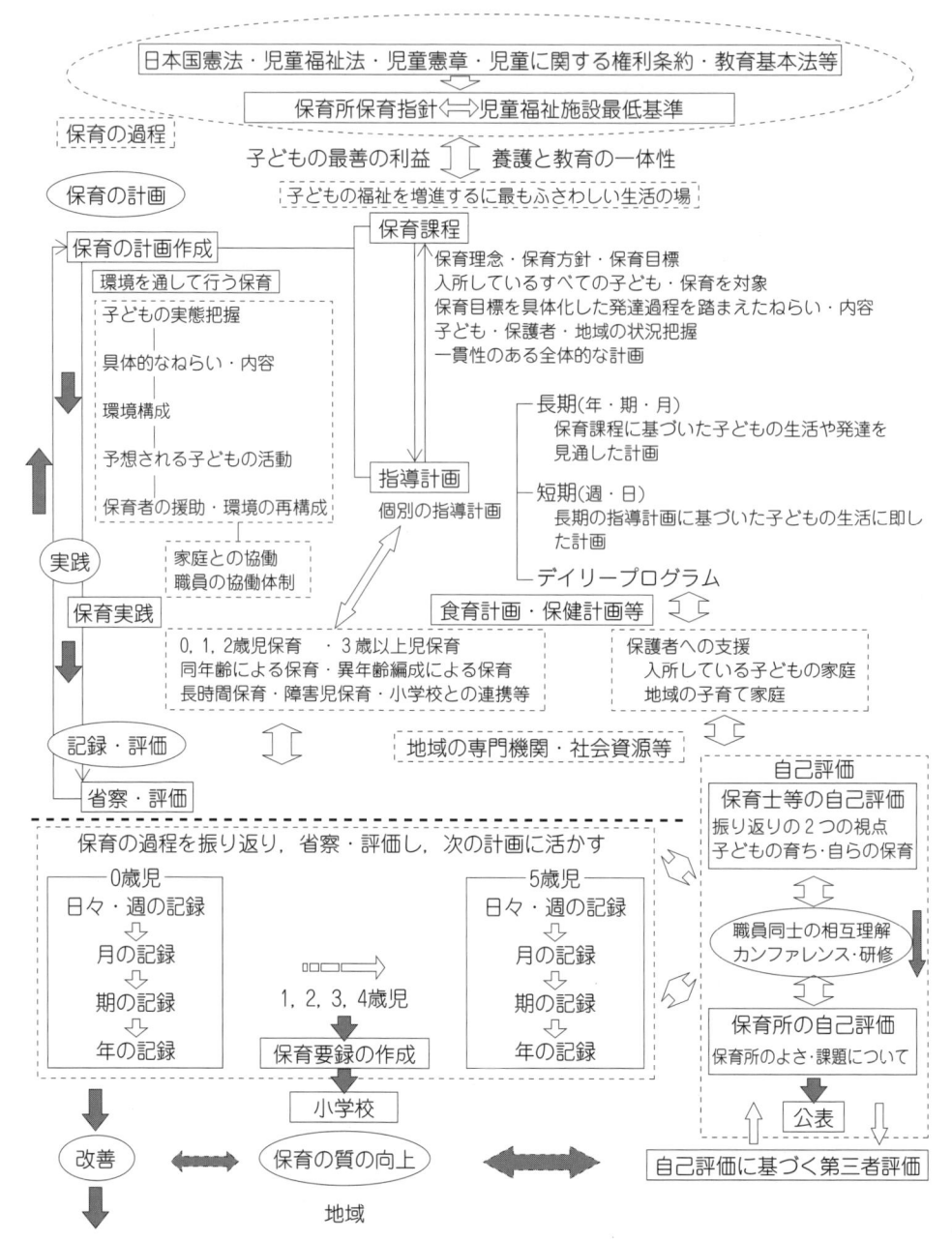

保育の計画作成 — 環境を通して行う保育
- 子どもの実態把握
- 具体的なねらい・内容
- 環境構成
- 予想される子どもの活動
- 保育者の援助・環境の再構成

指導計画
- 個別の指導計画
- 長期（年・期・月）　保育課程に基づいた子どもの生活や発達を見通した計画
- 短期（週・日）　長期の指導計画に基づいた子どもの生活に即した計画
- デイリープログラム

家庭との協働／職員の協働体制

食育計画・保健計画等

保育実践
0, 1, 2歳児保育　・3歳以上児保育
同年齢による保育・異年齢編成による保育
長時間保育・障害児保育・小学校との連携等

保護者への支援
入所している子どもの家庭
地域の子育て家庭

地域の専門機関・社会資源等

記録・評価／省察・評価
保育の過程を振り返り，省察・評価し，次の計画に活かす

- 0歳児：日々・週の記録 ⇒ 月の記録 ⇒ 期の記録 ⇒ 年の記録
- 1, 2, 3, 4歳児：保育要録の作成 → 小学校
- 5歳児：日々・週の記録 ⇒ 月の記録 ⇒ 期の記録 ⇒ 年の記録

自己評価
- 保育士等の自己評価
  振り返りの2つの視点
  子どもの育ち・自らの保育
- 職員同士の相互理解／カンファレンス・研修
- 保育所の自己評価
  保育所のよさ・課題について
- 公表
- 自己評価に基づく第三者評価

改善 ⇔ 保育の質の向上 ⇔ 自己評価に基づく第三者評価
地域

図3-1　保育所保育の全体像（保育の計画，実践，省察・評価，改善）
➡出所：筆者作成。

「保育課程」は，保育所保育指針解説書で説明されているように，保育所保育の全体像を示すものであり，入所児童のすべてを対象とし，保育時間の長短，在所期間の長短，途中入所等にかかわりなく，子どもの生活全体を捉えて編成します。生活する場や時間，期間がどのような状況であっても，就学前の子どもに共通する発達の過程を基盤に，入所しているすべての子どもの生活をデザインしていくための基本が保育課程ということになります。

これまで保育者一人ひとりの知識や技術，またもち味に頼った保育が行われてきた傾向もあり，保育所の理念や方針など全体的な計画を理解し，組織的に取り組むことが十分になされていないこともあったのです。このことは，理念は理念として受け止められながらも，日々の具体的な保育実践とつながっていかないという状況もあったといえましょう。

そこで，全職員が組織の一員として，保育理念，保育方針や保育目標について共通認識をもち，計画，実践，振り返り，自己評価，改善を図ることを目指していくために，新たな概念として「保育課程」が誕生したのです。保育課程は，児童福祉法や児童に関する権利条約，また保育指針等に基づいた各保育所独自の保育理念，保育方針，保育目標を踏まえ，0歳から6歳までの子どもの発達過程を見通したねらい・内容等で編成されます。図3-1に示したように，この保育課程に基づいて具体的な指導計画が作成され，保育の過程が循環していくことになります。

②保育課程編成に基づく保育の実践と評価

施設長の責任のもとに，全職員で検討を重ね，それぞれの保育所の「保育課程」を編成していくプロセスを通して，構成メンバーの保育への共通認識が深まっていくことが期待されます。

その際，子どもの最善の利益を第一義にし，家庭や地域の状況など多様な側面に目を向けるとともに，延長保育，夜間保育，休日保育等も含めて，子どもの生活全体を捉えて，子どもの福祉を増進するに最もふさわしい生活の場としての保育を意識することが大切です。また，子育て支援も保育課程に深くかかわるものとして位置づけられており，表3-1に例示した保育課程においても保護者支援や地域との連携等が包含されています。

保育課程を編成するにあたって，園がどのような取り組みをしたのかを紹介しましょう。

Ⅰ 保育にかかわる計画についての理論

表3-1 清庵保育園の保育課程

社会福祉法人「松風会」の経営理念「安心と喜びの輪を広げる」……私たちは一人ひとりを大切にします。私たちは常に和顔愛語を旨とし、家庭や地域社会に対する保護者に対する支援や地域の子育てを支援することを通じて、自己実現を図り、自立した人間性を備え、豊かな人間性をもった子どもを育成する。(平成21年4月)

保育理念	清庵保育園は乳幼児の最善の利益を考慮し、その福祉を積極的に増進することに最もふさわしい生活の場を提供し、一人ひとりの人権を保障し、人間としての尊厳を大切にし、安心と喜びに包まれた環境のなかで共に育ち合う保育を展開する。
保育目標	1 豊かに伸びていく可能性を秘めた子どもが、現在も未来もよりよく生き、望ましい未来を創りだす力の基礎を培う。①がんばりぬく子をめざす。②生活に必要な基本的な生活習慣や態度を養い、心身の健康の基礎を培う。③人に対する愛情と信頼感、そして人権を大切にする心を育て、自主、自立及び協調の態度を養い、道徳性の芽生えを培う。④生命、自然及び社会の事象についての興味や関心を育て、それらに対する豊かな心情や思考力の芽生えを培う。⑤言葉への興味や関心を育て、話したり、聞いたり、相手の話を理解しようとする意欲や態度及び言葉に対する感覚や言葉で表現する力の芽生えを培う。⑥様々な体験を通して、豊かな感性や表現力を育み、創造性の芽生えを培う。 2 保護者の意向を受け止め、子どもと保護者の安定した関係に配慮し、保育所の特性を生かした子育て支援を行う。①保護者との連携の下に、子どもの状況や発達過程を踏まえ、一人ひとりの子どもの心身の健やかな発達を図るとともに、保護者の養護及び教育を一体的に行うことを特性としている。②専門的な知識、技術及び判断をもって、子どもを保育するとともに、子どもの保護者に対する保育に関する指導を行う。

		0歳児	1歳児	2歳児	3歳児	4歳児	5歳児
保育方針		(1)家庭や地域社会と連携を図り、子どもに対する保護者や地域の人々の関心や、安心した生活ができる支援を用意し、自己を十分に発揮しながら活動できるようにすることによって、健全な心身の発達を図る。(2)子どもが健康、安全で情緒の安定した生活ができる環境を用意し、自己を十分に発揮しながら活動できるようにすることによって、健全な心身の発達を図る。(3)養護と教育が一体となって、豊かな人間性をもった子どもを育成する。					
社会的責任		児童福祉施設として、入所する乳幼児の最善の利益を考慮し、児童の福祉を積極的に増進することに最もふさわしい生活の場を提供するよう努めなければならない。①人権の尊重、②説明責任(保護者・地域社会へ)、③苦情対応。開園当初から、園運営を行うに当たっては、保護者への説明、保育所が行う保育の内容に関する事項等について、正当な理由がなく漏らすことがあってはならない。④苦情解決。					
地域の実態に対応した事業		乳児保育、長時間保育(朝7：00〜夜7：00)、一時保育、地域子育て支援拠点事業(地域への支援一隅開放日)、家庭訪問保育、障がい児保育、せり小学校との交流、保育体験、保育実習、育児講座、育児相談、世代育成事業等					

		0歳児	1歳児	2歳児	3歳児	4歳児	5歳児
養護 生命の保持	ねらい	一人ひとりの子どもが、快適に生活できるようにする。一人ひとりの子どもが、健康で安全に過ごせるようにする。一人ひとりの子どもの生理的欲求が十分に満たされるようにする。一人ひとりの子どもの健康増進が積極的に図られるようにする。					
	保育の内容	清潔で安全な環境を整え、一人ひとりがゆったりと過ごせるようにする。個人差に配慮しながら、健康的な生活リズムをつくっていく。一人ひとりの平常時の健康状態をよく観察し、適切な対応ができるようにする。	清潔で安全な環境を整え、個人差に配慮しながら健康的な生活リズムをつくっていく。食事、排泄、衣服の着脱などが少しずつ身につくようにする。	清潔で安全な環境を整え、個人差に配慮しながら健康的な生活リズムをつくっていく。身の回りのことが自分でできるようにしていく。	清潔で安全な環境を整え、個人差に配慮しながら健康的な生活リズムをつくっていく。身の回りのことが自分でできるようにしていく。	自分の身体を大切にする気持ちをもちながら、基本的な生活習慣ができるように取り組む。	基本的な生活習慣を身につけながら、健康な生活リズムを十分楽しめるようにする。
養護 情緒の安定	ねらい	一人ひとりの子どもが、安心感をもって過ごせるようにする。一人ひとりの子どもが、自分の気持ちを安心して表すことができるようにする。一人ひとりの子どもが、周囲から主体として受け止められ、主体として育ち、自分を肯定する気持ちが育まれていくようにする。一人ひとりの子どもがくつろいで共に過ごし、心身の疲れが癒されるようにする。					
	保育の内容	一人ひとりの子どもを受け止め、気持ちや生理的欲求を十分に満たし、一人ひとりとのかかわりを大切にし、信頼関係が持てるようにする。	一人ひとりの子どもを理解し、受け止めながら、子どもとの信頼関係を深め、自分の気持ちを安心して表せるようにする。	一人ひとりの気持ちを受け止め、共感しながら、子どもとの信頼関係の絆を深め、安心して自己を発揮できるようにする。	一人ひとりの気持ちを受け止め、共感しながら、信頼関係のなかで安心して自分の気持ちを表すことができるようにする。	子どもの気持ちを受容し、保育士との信頼関係のなかで安定して活動できるようにする。	子どもの気持ちを温かく受け止め、自己を安定して十分に発揮して活動を楽しめるようにする。
教育 健康	ねらい	健康な心と体を育て、自ら健康で安全な生活をつくり出す力を養う。①明るく伸び伸びと行動し、充実感を味わう。②自分の体を十分に動かし、進んで運動しようとする。③健康、安全な生活に必要な習慣や態度を身につける。					
	保育の内容	健康で安全な生活をするために、生活の欲求が十分に満たされるようにする。	身の回りの簡単なことに興味をもったり、自分でしようとする気持ちが生まれる。	保育士と一緒に身近な簡単なことを自分でしようとし、基本的な生活習慣に意欲的に取り組む。	身の回りのことを生活に必要なことがわかり、自分から自分のことができるようにする。	自分の身体に関心をもちながら、危険を知り、保育園での生活の仕方がわかり、自分たちで生活の場を整える。	清潔の意味がわかり、体や身の回りを清潔にしようとする。室内外の危険なものや、危険な行動を身につけて生活する。
教育 人間関係	ねらい	他の人々と親しみ、支え合って生活するために自立心を育て、人とかかわる力を養う。①保育園生活を楽しみ、自分の力で行動することの充実感を味わう。②身近な人と親しみ、かかわりを深め、愛情や信頼感をもつ。③社会生活における望ましい習慣や態度を身につける。					
	保育の内容	愛情豊かな特定の保育士との応答的なかかわりのなかで、人に対する愛情や信頼感が生まれる。	安心できる保育士との関係の下で、身近な人に関心を深め、模倣したり同じ遊びを楽しんだりしながら、自分からもかかわろうとする。	生活や遊びのなかで保育士や友達とのかかわりを楽しみ、親しみをもつ。	友達と簡単なルールのある遊びを経験しながら、ルールを守る。	友達と共同で物をつくり遊ぶことを楽しんだり、一緒に活動する喜びを味わったりしながら、かかわりを深め、一緒に遊ぼうとする。	遊びや行事を行う仲間として友達とのかかわりの大切さを自覚し、力を合わせて行動することの大切さを知る。異年齢の友達や、地域の人々ともかかわりを深め、いろいろな人に親しみをもつ。

56

第3章　保育における計画の考え方──0，1，2歳児を中心に

教育	環境	周囲のさまざまな環境に好奇心をもってかかわり、それらを生活に取り入れていこうとする力を養う。①身近な環境に親しみ、自然と触れ合うなかでさまざまな事象に興味や関心をもつ。②身近な環境に自分からかかわり、発見を楽しんだり、考えたり、それを生活に取り入れようとする。③身近な事物を見たり、考えたり、扱ったりするなかで、物の性質や数量、文字などに対する感覚を豊かにする。	安心できる人的・物的環境のもとで、感覚の働きを豊かにする。	保育士と一緒な玩具やかかわりをもって、さまざまな遊びを楽しむ。	身近な動植物や事物・物に触れ、好奇心をもち、探索して遊ぶ。	生活や遊びのなかで、身の回りの物の色、数、量、形などに興味をもち、違いに気づいたり、自分なりの区別がわかる。	身近な用具や器具などにもかかわりをもち、扱いを試したりして工夫して遊ぶ。	身近な動植物に親しみ、それらにかかわっていたわったりするなかで育つ大切な尊さに気づかされ、生命の尊さを感じた生活体験やなかで、簡単な標識や文字などに関心をもつ。
	言葉	経験したことや考えたことなどを自分なりの言葉で表現し、相手の話す言葉を聞こうとする意欲や態度を養う。①自分の気持ちを言葉で表現する楽しさを味わう。②人の言葉や話などをよく聞き、自分の経験したことや考えたことを話し、伝え合う喜びを味わう。③日常生活に必要な言葉がわかるようになるとともに、絵本や物語などに親しみ、保育士や友達と心を通わせる。	喃語や片言を優しく受け止めてもらい、発語を楽しむ。	保育士の話しかけや歌声などを聞き、簡単な言葉のやりとりを楽しむ。	保育士と一緒に簡単な話や絵本などに親しみ、ごっこ遊びなどで言葉のやりとりを楽しむ。	自分の思ったことを言葉にしたり、保育士や友達の話を聞いたりして、言葉のやりとりを楽しむ。	保育士や友達の話を親しみをもって聞いたり、やりとりをしたりするなかで、まとまった話を言葉で伝え合う。	童話や絵本、詩などに親しみ、やさしさやしらべの美しさに気づき、人の話を注意して聞いたり、話し相手になったりすることを楽しむ。
	表現	感じたことや考えたことを自分なりに表現することを通して、豊かな感性や表現する力を養い、想像性を豊かにする。①いろいろなものの美しさなどに対する感覚をもつ。②感じたことや考えたことを自分なりに表現して楽しむ。③生活のなかでイメージを豊かにし、さまざまな表現を楽しむ。	保育士の歌に合わせて聞いたり、歌やリズムに合わせて手足や体を動かして楽しむ。	木、砂、土、粘土などさまざまな素材に親しみ、身近な音楽に親しみ、友達と体を動かしたりして遊ぶ。	さまざまな素材や用具を使ってさまざまな好きなものをつくって言葉で表したり、描いたり、友達と一緒に楽しく工夫して遊びを楽しむ。	さまざまな音や物の手触り、形、色など感動したり、驚いたり、身近な音楽に親しみ、遊びに取り入れて味わう。	友達と一緒に音楽を聴いたり、歌ったりして、体を動かしたり、歌ったり、楽器を弾いたり、リズムを味わい、興味をもって演じたりして楽しむ。
	食を営む力の基礎の育成	子どもが生活と遊びのなかで、意欲をもって食にかかわる体験を積み重ね、食べることを楽しみ合う子どもに成長していくことを期待する。	いろいろな食べ物に関心をもち、手づかみやスプーンまたはスプーンなどを使って自分から意欲的に食べようとする。	温かな雰囲気のなかでおなかを空かせ、喜んで食事をする。（離乳食）、心地よい生活のなかでいろいろな食べ物を見る、触れる、味わう経験から食への意欲の基礎をつくる。	調理する人への関心やかかわりから食への関心をもち、友達や大人との温かい雰囲気のなかで一緒に楽しみながら食事をする。	栽培、飼育、食事などを通して、身近な人との食に関わる人々への感謝の気持ちをもつ、いろいろな食材に触れる機会を通して食べ物を大切にする気持ちをもつ。	お当番活動やクッキング活動、食事の手伝いなど身近な存在する人への感謝の大切さに気づかされ食の喜びを感じ、郷土の食文化を体験し、地域とのかかわりを通じ、マナーを身につけ基本的な食習慣、マナーを身につける。
健康支援		・健康記録（子の体質、病歴、アレルギー等を記入）・連絡ノート・朝の視診による健康状態の把握・健康診断（年1回）・歯科検診（年1回）・異常が見られた場合、保護者へ連絡するとともに、医療機関、専門機関との連携・保育者への個別指導。	・連絡ノート・朝の視診による健康状態（年2回）、早期発見・慢性の子どもへの対応、個別的な配慮を必要とする子どもへの支援、指導。	まことの保育を推進　乳幼児保育　異年齢保育（縦割りクラスでの子どもたちに必要なプログラム、アリスタイム等）・主体的に保育活動に入れた計画的な保育　ユーコーナー保育を実施　親子の絆を深めるための保育の取り組み、温かい雰囲気を大切にした家庭的環境の展開　職員の質的向上に基づく研修体系	保育の特色
環境衛生管理		・施設内外の衛生・用具や遊びの管理・おもちゃの消毒・冷凍母乳取り扱いについてのマニュアル作成と実行　給食担当者の衛生管理、検査の徹底・おむつ交換のマニュアル作成と実行　食中毒発生時の対応マニュアル作成と対策（室内外の消毒。衛生管理、保護者との連携）	・消毒関係の説明・用具やおもちゃの指導・おむつの指導、おもつ交換・冷凍母乳取り扱い・給食担当者の衛生管理・感染症	まことの保育を歓迎推進　1年生との交流会　運動会歓迎競技・マラソン大会・なわとび大会学　幼・保・小連絡会議　入学式・卒業式参列　就学前懇談会、育児講座、保育士研修、先生方と運動会の連携活動、保育所児童要録の送付	小学校との連携
安全対策事故防止		・施設内外の安全点検のマニュアル作成と実施・避難訓練の実施・遊具の安全な使い方の指導・チャイルドシートの設置（年6回）　事故防止マニュアル作成と事故対応・安全教室	月1回（火災・地震・不審者対応）避難訓練による点検（消防点検）、育児講座による救急法の指導	園内研修（外部講師招へい・県委託研修・ブロック研修　事例別研修、まことの保育研修会）職員外部研修　私保連、保育協　外部研修会や研究会への参加（NPOまあむ、HIK、まことの保育協同研修会）自主研究勉強会	研修計画
保護者への支援		・送迎時の子育て相談、連絡帳、育児相談、子育てサロン「BABYぽんぽん」、園庭開放、一時保育でのお預かり、あそび広場、ふれあい保育、保育参観、公開保育のお預かり、保育参加、まことお泊り保育、たんぽぽ（中高生の保育体験）園内保育園と保育所との連携活用、マニュアル活用、高校1年生の延長保育等		あそび広場「のびのびの会」、田植え、童謡とお話の広場、障がい児支援の集いまつり（お茶席ぢ、地域の子育て支援と地域の集い、他園との交流など）ビリりンピック・地域のなかま交流会、置き込み（お遊戯会）、クッキーパーティー、清心こども地の会（保護者OB会）	地域との連携

Episode 5 保育所全体で取り組んだ初めての保育課程の編成

週2日子どもの午睡時間を活用して30分の園内研修の場を計画的・継続的に実施し、調理担当者や非常勤職員も含めて、職員全員が週1日交替で参加するようにし、改定保育指針を理解すること、これまでの保育計画の見直し、保育理念や方針の確認をするなど、保育課程編成に向けて、グループごとに検討を重ねた。施設長、主任保育者のリーダーシップのもと、全職員の思いが反映された保育課程原案が編成された。

　大変厳しい保育条件のなかで、全職員が共通理解するための時間の確保は至難のことです。しかし、「できない」ではなくて「何かできることは」という前向きな姿勢で取り組むことにより、私の保育、私の園の保育をあらためて見直し、組織としての保育力を高めることにつながっていくのです。

　保育課程を保育所保育の全体像を表すものとして捉え、全職員と保護者とが共有して保育と子育てにあたり、地域の関係者、小学校、母子保健・医療機関等に発信していくことが求められます。こうした情報提供が、保育指針の総則で示される保育所の説明責任を果たすことにもなるのです。

③指導計画の作成と保育の振り返り——見通しをもった計画性ある保育の積み重ねによる子どもの育ち

　保育課程や指導計画の作成は、それぞれの保育所が「子どもの福祉を増進する最もふさわしい生活の場」となり、保育者が子どもとともにある生活を楽しみながら、子どもが心身ともに健やかに育っていけるよう、保護者と協働して支えていくための生活のデザインを意味します。

　保育者間の連携により、見通しをもった計画、生活のデザインとその振り返りが継続的になされていると、子ども相互が育ち合い、次のエピソードで示すような子どもの姿が確認されるのです。

Episode 6 子ども相互の多様なかかわりを通した育ち合いの伝承——ビデオ記録から

「ねえねえ、カセットもっていこうよ」とおしゃべりしながら、当番である

> 　5歳児のOとPが保育室から園庭へ急ぎ足で出てきた。……Oがテープをデッキに入れ，Pは，園庭の中央で鬼ごっこをしている担任に向かって「はじめるよ」と大きな声で呼びかけている。5歳児クラスの子どもたちは，これから始まるプールでの活動に期待感をもって，音楽に合わせて準備体操を始めた。砂場にいた1歳児クラスのYとZは，ちょっと離れたところで立ち止まり，視線は5歳児の方へ。やがて，カセットデッキの置かれた椅子に近づき，テープがぐるぐる回るのがおもしろいのかじっと見つめている。そのうち，立ったままの姿勢で，微かな動きではあるが，リズムに合わせて足を屈伸しはじめる。
> 　そんな2人のところに，Oが体操しながらそっと近づき，かがみ込むような低い姿勢になって，言葉をかけた。すると，それまでの立ったままの動きから，Oと同じような動きになるようにと，腕を振り，膝を深く曲げる姿が見られる。「おねえさん，おにいさんと一緒だよ。うれしいな」とでも言っているかのように，ニコッとしながらOや他の5歳児と目を合わせている。
> 　5歳児が準備体操を終え，プールへ向かって行き誰もいなくなると，YとZの2人は，カセットデッキのスイッチを押し，それまで以上にしっかりと腕を振り，膝を曲げ，楽しげに，しばらくの間，体操を続けていた。……

　このエピソードから，5歳児クラスの子どもが，保育者の見守りのなかで，任された役割をしっかりと行い，見通しをもちながら，園生活を楽しんでいることが伝わってきます。5歳児は，これから始まるプール遊びには何をすることが必要かを自分で考え，友達と一緒に準備をし，いきいきと体操に取り組んでいます。その姿を1歳の子どもが見て，刺激を受け，また，5歳児のやさしいかかわりにより1歳の子どもの行動が変化していく姿が示されています。

　この園は，年齢別クラスが基本となっていますが，クラスの枠を越えた保育者間の連携が図られています。発達や生活の連続性を大切にした一貫性のある指導計画の作成と，保育の記録とその評価が継続して行われることにより，子どもの育ちに関して保育者間の共通理解が深まり，子どもの状況に応じた柔軟な保育が展開されることにつながっているのです。

　子どもの今ある姿は，保育者の姿やそれまでの保育の積み重ねを現したものといえるでしょう。5歳児の能動性が発揮できるような工夫ある保育と子どもの姿は，5歳児自身がそれまでの園生活で体験したこと，保育者にしてもらったことなどを，自分より年下の子どもに行いながら，相互の心の交流も図られ，1歳児の主体的な行動を生み出すことにつながっています。

I 保育にかかわる計画についての理論

　　計画に基づく保育実践後のさまざまな記録とその評価に基づく改善が継続していくことにより，このような保育が可能になるのです。記録について，あらためて考えることにします。

❷記録を評価につなげる
── 「計画・実践・評価・改善」の循環による保育の質の向上

①記録──２つの視点で保育を振り返る

　記録は，本来，保育を振り返り，さまざまな子どもや保護者とのかかわりを思い出し，強く心動かされ，ぜひ書きとめておきたい，保護者に伝え喜びを共有したい，同僚に伝え話し合いたいなど，自ら書きたい，書かずにはいられないものといえます。保育中は無我夢中で取り組み気づかなかったこと，無意識に自覚せずにやっていたことに，記録することで，あらためて気づくことになるのです。

　保育を振り返り，記録をするときのポイントの第１は，具体的に，子どもの姿，表情，言葉など目にうかぶように記録することです。第２は，「できるようになった・できない」という結果の記録ではなく，取り組むプロセスを大切にし，子どもが「おもしろそう，やってみたい，ためしてみたい」という心情や意欲など内面の動きを記録することです。第３は，子どもの姿とともに，保育者が子どもの姿をどのように受けとめ，読み取ったか，また，どのようにかかわったのかなど，保育者の思いや行為を記録することです。

　このようなポイントを押さえて，記録するプロセスそのものが，保育実践を客観化し，保育の見直しにつながります。記録の際，子どもの姿や育ちと，保育者自らの保育を振り返るという２つの視点が必要です。保育者の思いを入れ込みながら，子どもの変容する姿を楽しみながら記録することができると，書かねばならない，やらされる，面倒くさく大変など，記録に対するマイナスのイメージが払拭されることでしょう。

　保育における自己評価は，図３-１に示されているように，保育を振り返り，一人ひとりの保育者が記録し，その記録などをもとに同僚と対話を重ね，考え合い，省察する過程そのものです。これら一人ひとりの自己評価をもとに園長のリーダーシップによる全職員との話し合いが，保育所としての自己評価につながっていくのです。

　保育の質の向上を目指していくために，子どもの姿を捉えながら自

らの保育を継続的に省察・自己評価することが、指導計画、保育課程の改善、すなわち、保育の改善のための組織的な取り組みへとつながっていくのです。

さて、「自己評価」は「子どもの育ち」と「保育者自身の保育」の2つの視点が必要です。

【子どもの育ち】

子どもの発育・発達を的確に把握しようとする際に、子どもの育ちを強く願うことにより、「○○がまだできない」とマイナスの評価になりがちです。できない点・悪いところをできるように、やらないようにという姿勢から、関心のあるところ、やろうとしているところに着目・評価し、子どもの経験を広げ、よりよい育ちに向けて方向づけていくことが大切です。子どものよさ、伸びようとするところを見出す保育者の力量が求められるのです。

【保育者自身の保育】

保育者自身の保育を評価する際のポイントを3つ示しておきましょう。

・指導計画作成にあたって──子どもの実態の把握・ねらい・内容の設定・環境の構成・援助が適切であったかどうか
・保育実践の場で──子どもへの対応、言葉がけや直接的な援助、子どもの状況に即して環境の再構成が適切になされたかどうか、他の保育者や職員との連携はどうか
・保護者への対応──登降園の対応、連絡帳での保育の伝達など保護者との連携はどうか

②保育の質の向上に向けて──保育者一人ひとりの自己評価を基盤にした保育所の自己評価とその公表

図3-2は、改定保育指針の第4章で示される「自己評価」について、特に「保育士等の自己評価」と「保育所の自己評価」との関係をわかりやすく図示したものです。保育の計画、実践、自己評価、改善、公表という一連の過程を常に循環していく仕組みを表しています。やらねばならない評価、やらされる評価ではなく、主体的に、保育の質の向上を願う保育者等の内発性に基づく評価へと変容し、保育者一人ひとりの保育への意欲が高まることが期待されているのです。

子どもも大人も、物事に取り組む意欲は、組織のなかで自分が肯定的に受け止められ、存在意義が認められているという信頼感、安心感から生まれます。評価の際、大切なことは、できないこと、だめなこ

Ⅰ　保育にかかわる計画についての理論

保育士等の自己評価

保育の計画（保育課程に基づく指導計画等の作成）
↓
実　　践
↓
自　己　評　価

実践の振り返り
保育の記録
職員相互の話し合い等
外部の専門家を交えた
カンファレンス

子どもの育ち
子どもの活動内容やその結果
心の育ちや意欲，取り組む過程

自らの保育
「保育の過程」の全体
保護者との連携

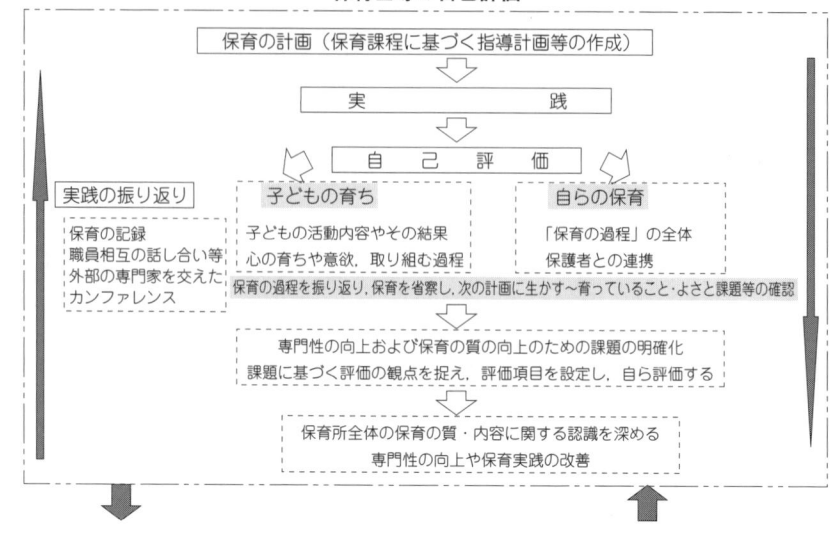

保育の過程を振り返り，保育を省察し，次の計画に生かす〜育っていること・よさと課題等の確認

専門性の向上および保育の質の向上のための課題の明確化
課題に基づく評価の観点を捉え，評価項目を設定し，自ら評価する

保育所全体の保育の質・内容に関する認識を深める
専門性の向上や保育実践の改善

保育所の自己評価

保育課程に基づく指導計画の展開　　保育士等の自己評価

個々の自己評価を踏まえて，保育所のよさ・創意工夫していること等とよりよい保育のための課題の明確化
・保育所の課題についての共通課題と課題認識をもつ
・課題への着目・取り組み方法等についての協議・決定

保育所の自己評価

施設長のリーダーシップのもと，組織的・継続的に評価

評価の観点や項目等を設定
保育所全体で取り組む課題＝重点項目
保育所の自己評価，保育内容全般にわたる現状の客観的検証＝標準項目

全職員による共通理解をもって取り組む

公　　表

実績や創意工夫，効果等目標の達成状況，課題の明確化，改善方策等
保護者および地域住民等の意見を聞く

保育の質の向上

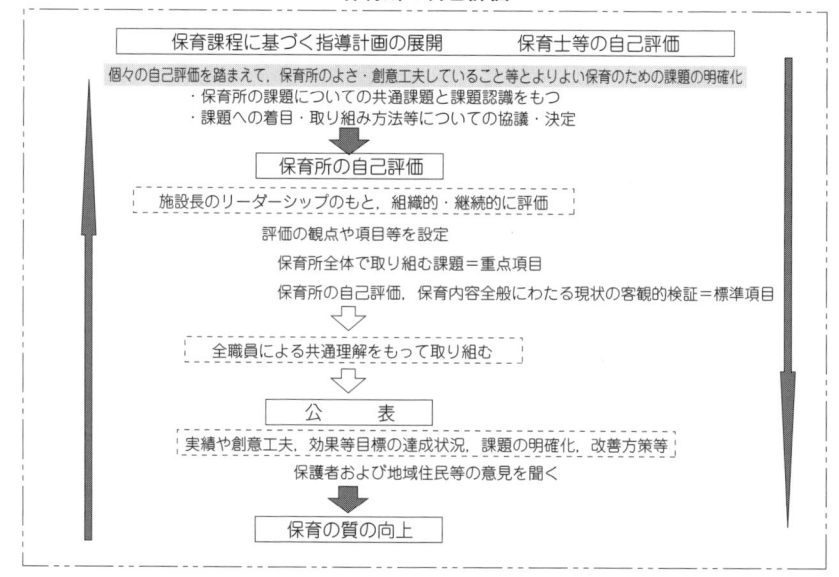

図3-2　自己評価

➡出所：筆者作成。

　とに着目するのではなく，一人ひとりのよさ，取り組んでいることの意味をまず理解し合うことです。そのうえで，さらに質を高めていくために，課題を明確にし，その課題に対して具体的に取り組み，改善していくという循環が求められています。

　改定保育指針では，自己評価を，一人ひとりの保育士等が行う「保育士等の自己評価」と園全体で取り組む「保育所の自己評価」の２つが示されています。すべての職員が，対話を重ねながら計画，実践，

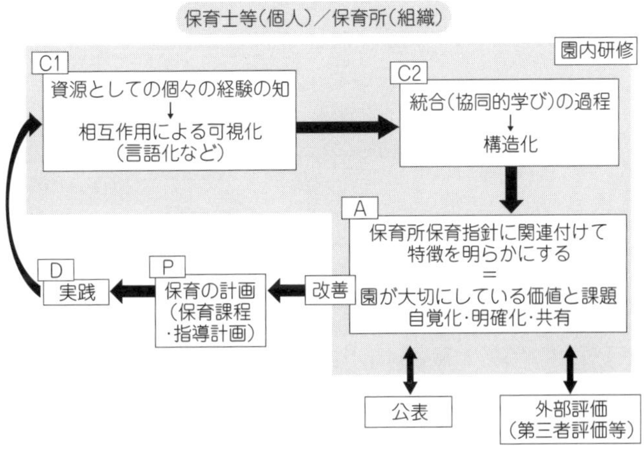

第3章　保育における計画の考え方――0, 1, 2歳児を中心に

図3-3　自己評価の理念モデル
出所：厚生労働省「保育所における自己評価ガイドライン」2008年

▶4　第三者評価
第三者評価は，2002（平成14）年にスタートしました。根拠となる法律は，2000（平成12）年の社会福祉法であり，その第78条に「福祉サービスの質の向上を図るための措置等」として，「社会福祉事業の経営者は，自らその提供する福祉サービスの質の評価を行うことその他の措置を講ずることにより，常に福祉サービスを受ける者の立場に立って良質かつ適切な福祉サービスを提供するように努めなければならない。国は，社会福祉事業の経営者が行う福祉サービスの質の向上のための措置を援助するために，福祉サービスの質の公正かつ適切な評価の実施に資するための措置を講ずるよう努めなければならない。」と規定されています。
第三者評価の意義の第一は，第三者評価を受ける事前の自己評価に職員一人一人が主体的に参画することで，職員の意識改革と協働性を高めることにつながること，第二は，第三者評価結果を利用者（保護者）へ報告し，利用者との協働体制を構築することにあるといえます（保育所保育指針解説書より）。

評価，改善の循環を創り，保育の質の向上を目指し，こうした自己評価を，2002年度から実施されている第三者評価にもつなげ，評価の妥当性，客観性を高め，子どもの最善の利益を尊重した保育の実現に向けて取り組むことが期待されているのです。

図3-3は，2008年3月に厚生労働省から出された「保育所における自己評価ガイドライン」で示された「自己評価の理念モデル」です。

一人ひとりの保育者の計画に基づく保育実践による実践知が，保育日誌など，さまざまな記録により可視化されることになります。保育を語り合う時間を確保するのはなかなか困難ですが，小グループ（例：0歳児クラス担当グループ）で，午睡の時間を活用するなどして保育者間で保育内容を検討する時間を確保することが求められます。園内研修などの形で組織的に保育について，語り，学び合うことを積み重ねることで，新たな観点からの理解や認識が得られ，それぞれの実践による知が保育所全体で共有化されます。そこで，改定保育指針に示される保育の基本となる評価の観点に照らし合わせることにより，保育所全体として大切にしている価値や今抱えている課題が明確になります。こうして，職員全員の共通認識のもとに，それぞれの保育所における保育の特色・独自性が保育理念・基本方針・保育目標や地域の実態に即した形で示されることとなり，保育の計画や実践に向けてのさらなる創意工夫ある取り組みへとつながっていくのです。

また，この一連の結果を地域や保護者に対して公表したり，利用者による評価や外部評価を得たりすることによって，評価の妥当性や客観性が保たれるだけでなく，保育所の保育観，子ども観に基づき，保

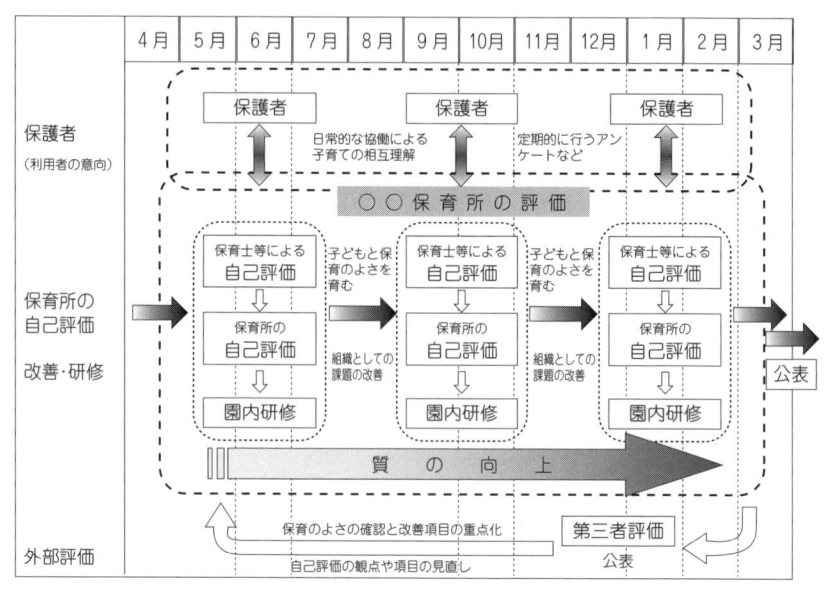

Ⅰ　保育にかかわる計画についての理論

図3-4　自己評価の進め方
▶出所：厚生労働省「保育所における自己評価ガイドライン」2008年

育所が何を大事にし，子どもに何を育てようとしているのかが伝わり，こうした情報提供が，保育指針の総則で示される保育所の説明責任を果たすことにつながるのです。

　図3-4は前述の「保育所における自己評価ガイドライン」で提示されたものです。自己評価を基盤とした保育の評価の1年間の流れとその内容が示されています。1年を2期，または3期に分け，園内研修を核に，自己変容，保育所として変容をしながら，保護者との協働により，保育の質の向上を目指していくものです。

　こうした，自己評価と外部評価は，1回で完結するのではなく，循環性が求められ，保育にかかわる施設長や職員の意欲の向上を促進し，また，公表により，保護者はじめさまざまな人との関係の広がりと深まりにより，保育を提供する側，受ける側という関係から，相互性のある，参画型の保育を構築していくことにつなげていくことが必要です。

③保育者に求められること——保育者として変容する喜び，人間性・専門性の向上

　保育者に求められることは，温かな人間性，子どもや保護者の言動やさまざまな状況等に対する敏感性や応答性といった目に見えない，数値化できないものが重要です。こうした豊かな人間性を基盤にして「専門的知識や技術」，さらに改定保育指針で新たに明示されたのが，

「判断」です。
　一日の保育を振り返り，昨日とは異なる今日の保育者としての私，今日とは異なる明日の保育者としての私へと変容していくことは喜びであり保育者としての誇りにつながります。また，自己変容し続けることが，保育者一人ひとりの人間性や専門性を高め，的確な判断を可能にしていくことにもなるのです。

さらに学びたい人のために

- 佐々木正美『子どもへのまなざし』福音館書店，2006年
  温かで，やさしい「子どもへのまなざし」で子どもとかかわることの大切さ，「乳幼児期は人格の基礎をつくるとき」であること，「保育にたずさわることの価値」の大きさなどに気づかされる書物です。
- 増田まゆみ（編著）『乳児保育』北大路書房，2009年
  保育課程に基づく０，１，２歳児の指導計画の作成，記録，そして評価について，それらを関連づけて理解することが深まる書物です。
- 現代保育研究所（編）『やってみよう！　私の保育の自己評価』フレーベル館，2009年
  保育所保育指針で示す「自己評価」について，その取り組みをわかりやすく解説した小冊子です。

演 習 問 題

1. 保育所における保育の根幹である「保育課程」を編成していくためのポイントを，保育所保育指針およびその解説書を参照して，まとめてみましょう。
2. ３歳未満児の保育においては，なぜ，個別の指導計画が必要なのか，３歳未満児の発達の特性や生活や発達の連続性の観点から説明しましょう。
3. 保育において，計画・実践・評価・改善のプロセスの大切さと，自己評価をする際のポイントを整理しましょう。

第4章

保育における計画の考え方
──3,4,5歳児を中心に──

　幼稚園には，3,4,5歳児の子どもたちが生活しています。保育所では，3,4,5歳児の子どもたちは，0,1,2歳児の子どもたちとは少し違った，少し大きくなった子どもたちとして見られたり，自分たちも感じ取ったりしながら生活するようになります。

　3,4,5歳児だからといって保育の基本が変わるわけでもありませんし，計画の立て方の根本が変わるというわけでもありません。むしろ共通する点のほうが多いでしょう。けれども，3,4,5歳児は，それまでの時期とは少し違った発達の姿が見られ，そんな子どもたちが生き生きとした遊びや生活を展開できるようにと考えると，計画にも工夫が必要になってきます。

　ここでは，3,4,5歳児の計画について考えてみましょう。

3歳児
楽しいね〜♡
4歳児
一緒に使う？
わーい
5歳児
さあどうする？
3・4・5歳児の保育の要（かなめ）は"人とのかかわり"かなあ〜

—20年後—
先生のおかげで人とかかわる楽しさを知りました♡
♪リンゴ〜ン
えー⁉
実ったの⁉

第4章 保育における計画の考え方——3, 4, 5歳児を中心に

第1節 遊びの場面で

　3歳児ってどんな子どもたちでしょう。イメージしてみましょう。もちろん幼い子どもではありますが，歩く，走る，跳ぶなどの基本的な動きが，かなりなめらかにできるようになっています。言葉も発達し，日常生活のなかでの簡単な会話もできるようになります。また，食事や排泄，衣服の着脱などの生活に必要なことも，おおよそできるようになってきます。この時期は個人差が大きいので，すべての子どもが3歳児だからといって同じ姿ではありませんし，たとえば幼稚園に入園する子どもは，それまでの家庭での経験によってできることに偏りが見られると感じられることもあります。しかし，経験のなかで，それほど無理なくこうした一通りのことができるようになるのが，3歳児といえるでしょう。

　もう一つ重要な特徴は，子ども自身が，それまでの時期のように，大人にかかわってもらったり一人で何かをするよりも，友達と一緒に何かをすることが楽しいと感じられるようになってくることです。それまでは，たとえ集団では生活をしていても，子どもにとっては，大人との1対1の関係がすべての基本と感じられていたものが，保育者との信頼関係がしっかりしていれば，いつでもどこでも保育者と一緒にいたいというよりは，子ども同士の関係を自分から積極的に求めるようになってきます。そして，4歳児，5歳児と発達していくにつれて，この気持ちは大きく育っていき，誰と何をして遊びたいのかが明確な目的になっていくのです。

　また，3, 4, 5歳児という時期は，人生のなかでも「遊び」がとても重要な時期であることが知られています。たとえば，幼稚園教育要領では，「幼稚園教育の基本の2」として，「遊びを通しての総合的な指導」があげられています。また，保育所保育指針においても，「(2) 保育の方法のオ」として，「生活や遊びを通して総合的に保育すること」とされています。

　これは，3歳から就学前までの子どもは，発達的に見ても，人生において自発性が最も発揮される時期だからです。その時期の子どもにとって遊びは，最も充実することのできる発達的にきわめてふさわし

い活動であり，それだけに遊びが充実することは非常に重要であるということができます。なぜなら，この時期の子どもたちは，遊びを通して，思い切り体を動かしたり，人とかかわる力を身につけたり，言葉で伝える意欲が増したりなど，きわめて自然に，5領域のねらいや内容を達成していくことができるからです。

　遊びの指導計画というと，「遊びまで保育者の計画通りに進めるのか」という疑問がわくかもしれません。もちろんそんなことはありません。遊びは，子どもが自発的に選び，進めてこそ遊びであって，保育者がすべて計画通りやらせてしまっては遊びになりません。だからといって，何の準備もなくすべて子ども任せにしてしまっては，子どももとりあえず遊ぶかもしれませんが，充実して遊ぶことはできません。その時期の子どもたちが好む遊びをイメージしたり，あるいは，前日までの遊びを振り返って必要な遊具や材料を準備したり，保育室の空間を遊びやすいように工夫してデザインすることが遊びの計画になります。また，子どもは5領域のねらいを意識して遊ぶわけではありませんが，保育者は，子どもが遊ぶ姿から，どのような体験をしているかを読み取り，その遊びで子どもたちが育とうとしていることをねらいとしてあらかじめ予想して援助していく必要があります。それも保育における計画にとって必要な条件になります。

　遊びの指導計画について，特に重要なポイントをあげてみましょう。

❶友達とかかわって

　この時期の子どもは，特に友達とかかわりたいという気持ちが強くなってきます。それまでも，友達とのかかわりはあるのですが，どちらかというと，保護者や保育者といった大人とかかわりたいという気持ちが強いものです。ところが，3歳以上になると，大人との関係が安定していると，大人との関係よりも子どもとかかわりたいという気持ちが強くなるようです。幼稚園教育要領の「幼稚園教育の基本の1」には，「幼児期にふさわしい生活の展開」が示されていますが，そこで示されている幼児期にふさわしい生活の一つが，「友達と十分にかかわって展開する生活」とされています。

　友達とのかかわりといっても，3歳児の場合ではまだまだ偶発的なことが多いものです。人形を抱いて歩いていたら，もう一人人形を抱いている子に出会って，それがきっかけで2人で遊んだり，音楽がか

かっているところにダンスをしたい子どもたちが集まってきて，一緒に踊ったり，たまたま動作が重なってそれが嬉しくて笑い合ったりしているうちに，友達と遊んだという感覚をもつこともあります。4歳児になると，一緒に遊びたいという気持ちがはっきりしてくるのですが，どうやって一緒に遊びを展開させていいのかが難しくて，意図的に同じものをつくったり，もったり，同じ動きをすることで，仲間という気持ちを満足させるような遊びをしたりします。それが，5歳児になると，互いにイメージを提案し合って遊びを進めたり，必要なものをもち寄って，遊びの場を豊かにしたりしながら遊ぶことができるようになってきます。

しかし，このような姿が見られるには，それぞれの時期にその時期らしい体験を積んでおくことが必要になります。たとえば，3歳児のときには，偶然に一緒に遊びが始まりやすい環境を用意します。具体的には，同じ人形やその人形を乗せるベビーカーを複数用意しておくことによって，別々の思いで遊び始めた数人が，一緒に遊んだ気持ちを味わえるかもしれません。また，偶然にできた友達関係での遊びの体験に，「～ちゃんと～くん，一緒のおうちの人やったよね。楽しかったね」と保育者が共感することで，友達と楽しく遊べたという充実感を味わうことができるようにしたりします。小さな行き違いがあっても，その違いについて話し合っていくような援助は，あまり適していないことが多いのも3歳児です。

このように，友達とかかわって遊ぶ楽しさを十分に体験した子どもたちであれば，4歳児の後半から5歳児になると，互いの意見をぶつけ合いながら遊びをより楽しいものにしようとするようになります。また，その過程において意見の食い違いでもめることがあっても，それまでの一緒に遊んで楽しかったという体験がもとになって，再び友達とともにやっていこうとする気持ちが生まれてきます。その気持ちに支えられて，互いに意見をぶつけ合いながら，遊びをもっと楽しいものにしようと工夫することができるようになります。また，そのような遊びが充実することで，一緒にいる友達のよさに気づいたり，人と一緒にやることの意味や方法を学んでいくのです。

保育者は，このようなプロセスを見通して計画を立てます。これが，長期の計画になります。このような大まかな見通しとしての計画がないと，保育者の環境構成や援助も一貫性のないものになってしまいます。特に，友達関係は，いわゆる一斉活動だけでは育ちにくいもので

す。子どもが，自発的な遊びのなかで主体性を発揮し，その友達と遊びたいと思ったり，うまくいかないことを体験しながらもともに乗り越えたりすることによって，真の友達関係が育っていきます。また，そのような友達関係が基盤となって，クラスの仲間関係や同じ園の友達への思いも育っていきます。

❷一人ひとりの思いを生かす

　このように3，4，5歳児の時期の子どもたちは，友達とのかかわりが大きな意味をもつので，保育者の計画も集団を捉えたものになりがちです。しかし，長期で見通したときには，同じようなプロセスをたどって育っていく子どもたちも，一人ひとり，そのときどきに必要となる援助は違います。

　たとえば，それまで自然に興味があり，一人でもくもくと虫を探したり，幼虫を飼育ケースに入れて飼ったりすることが好きだったAが，幼虫が羽化したことをきっかけに，他の子どもが幼虫から蝶になるというごっこ遊びを始めたのを見て，初めてごっこ遊びに参加するということがありました。保育者は，Aが人とかかわるきっかけができ，また，友達のなかでイメージ豊かに虫になりきった表現をする姿を見て，この遊びが続くことによって，Aがこのような遊びの楽しさを味わえたらよいと考えました。そこで，翌日は，幼虫のお面や蝶の羽がつくれる材料を，保育室の環境に用意しました。また，おそらく虫についての知識が違うAと他の子どもたちのイメージがずれることを予測して，その援助の方法を考えたりしました。これは，日案として，翌日の指導計画になりました。

　この計画で保育者は，日頃からのAの虫への思いを生かし，また，この日は珍しく他の子どもと一緒に表現を楽しんでいるというチャンスを生かそうとしています。つまり，保育者のAへの理解とAの育ちを願って行われる，保育の工夫が指導計画になるのです。

　このように同じ虫の表現をしている子どもたちであっても，Aのように，この遊びを通して友達とのかかわりや表現を楽しんでほしいと願って援助する場合もあれば，逆に，日頃からごっこ遊びが好きな子どもに対して，Aとのかかわりを通して，虫などの自然に興味が広がってほしいと願って援助する場合もあります。同じ遊びをしているから計画も同じでよいと考えるのではなく，一人ひとりの思いや課

題を理解し，一人ひとりのよさが発揮されながら，それぞれの育ちにつながるようなていねいな視点をもって作成していくのが，遊びの指導計画になります。

❸遊びの連続性

　子どもは飽きっぽくて，次々と遊びを変えていくものだと考える人もいますが，3，4，5歳児になると，遊びに連続性が出てきます。たとえば，前日にやった遊びが楽しいと，また同じ仲間で誘い合って「続き」をやってみたくなります。それが数日続くことによって，仲間が増えたり，遊び方が変化したりして，子どもたち自身でも，遊びを発展させることができた手ごたえや満足感をもったりすることができるようになってきます。

　3歳児のBは，妹が生まれたばかりでしたが，ある日，人形の洋服を脱がせて赤ちゃんの健康診断のイメージで遊び始めました。それを見た仲良しのCも同じく人形の洋服を脱がせて「赤ちゃんね，病気なの……」と言いました。そこで，保育者が，ペットボトルのふたにリボンを付けたものをつくって見せると，2人はさっそくお医者さんになって遊びました。それを見たほかの子どもも，お医者さんになりたいと言うので，同じように聴診器をつくってあげると，お医者さんが大勢になりました。翌日，保育者が，廃材としていただいてあったもののなかから，薬（シロップ）の空き容器をいくつか用意して子どもから見えるところに出しておくと，診察してから薬を出すというイメージの遊びが始まりました。お医者さんごっこは，その後も数日間続き，ベッドに寝かせて「入院してるの」などとイメージが広がったり，仲間も少しずつ変化していきました。さらに，この遊びは，その後，外で色水遊びをしたときに，色水の薬づくりから，お薬やさんという遊びへと発展していきました。

　これは，3歳児でしたが，5歳児になると，同じ遊びでもお医者さんになる子や看護師さんになる子，薬局の人，患者さんに役割が分かれたり，救急車で病人が搬送されてくる，レントゲンをとる，点滴をする，といったエピソードが現れたりして展開も複雑になってきます。また，材料さえ用意しておけば，遊びに必要なものを自分たちでつくったり，ときには必要な材料を要求したりすることもできるようになってきます。さらに，一つの遊びが楽しそうに盛り上がっていると，

その遊びの展開の仕方に影響を受けて，別の遊びでも新たなエピソードが生まれたり，病院の隣に食堂ができて，病院へ行った患者さんが帰りに食堂によって帰ったり，病院のスタッフが出前を頼んだりという展開になることもあります。

　3歳未満の子どもの場合でも，遊びが継続することもあります。しかし，3，4，5歳児では，適切に配慮がなされていれば，翌日にどの子どもがどのような遊びをしそうか，あるいは，どの子と一緒にやるだろうか，保育を振り返っていねいに考えてみればおよそ予測ができます。もちろん，子どもたちの遊びにも，波がありますし，遊びは天候にも左右されますので，予測が難しい時期もあるのは当然です。しかし，もし，遊びが常に連続性のないものになってしまっていたとしたら，保育の計画が十分に機能しているかを点検してみる必要があるでしょう。

　すでに述べた例でも，3歳児Bの遊びの様子から，妹が生まれたばかりなので健康診断のイメージだろうと理解しています。また，ともに遊び始めたCの様子からは，Bの遊びの様子から刺激を受けて，おそらく自分が病院に行ったときのイメージを再現したくなったのだろうと理解しています。また，この2人が日頃から仲が良いことから，保育者は，2人が互いのイメージを表現しながらも，ともに遊ぶ楽しさを味わってほしいと願っています。そこで，簡単な方法で聴診器をつくるという援助をしています。また，聴診器を使ってお医者さんになる子どもが増えたことを踏まえて，翌日には聴診器で診察をするという以外のイメージも広がるとより遊びが楽しくなるかもしれないと考え，子どもたちの誰もが経験しているはずの薬（シロップ）をイメージしやすい素材としての空き容器を，さりげなく環境に出しておきました。すると，さっそくそれぞれが，お医者さんとして診察したあとに，患者である人形に薬を飲ませるという遊びになりました。

　ここでは，子どもたちみんながお医者さんになってしまっても問題にはしていませんし，聴診器も子どもたちに要求されるままに，それぞれの子どもにつくってあげています。反対に5歳児の場合は，保育者から積極的に何かをつくってあげてはいません。でも，必要となる材料を予測して環境に出しておくことや，あるいは，こんなものもほしいという要求が出るかもしれないと予測して，いつでも材料を出せるようにしたり，翌日準備をしておいたりもしています。また，細かいところまでイメージできるように，病院の絵本などを保育室の本棚

においておくなどの配慮もしているのです。

　このことからは，長期の計画において考えられていた3歳児あるいは5歳児のこの時期の遊びについての見通しが生かされていることがわかるでしょう。つまり，いつの時期に，どの遊びをすることというような遊びの種類で長期の計画を立てているのではなく，3歳児の，5歳児の，この時期の子どもたちの遊びの特徴やそのときに必要な援助の方向性という点で計画されているのです。また，このような長期の計画を踏まえ，一人ひとりの思いも尊重し，また，友達関係の育ちなど5領域のねらいを考慮した上での保育者の援助が，明日の保育の計画として構想されていることも理解できるでしょう。3, 4, 5歳児の子どもの遊びの計画は，このように，緩やかな遊びの連続性をつくり出し，その連続性を背景に立てられるところに特徴があるのです。

第2節　園生活や行事の主体として

　幼稚園や保育所では，遊びのほかに，食事や睡眠といった生活の時間があったり，運動会や生活発表会，遠足，七夕などの行事や，飼育栽培などの当番活動などがあります。生活や行事などは，遊びとまったく別に存在しているわけではありませんが，遊びとはまた別の意味をもった大切な時間だといえるでしょう。5歳児になると，園生活や行事の担い手としての活躍を期待されるようになります。

　たとえば，3, 4, 5歳児は，食事のときに一緒にランチルームで食べることになっている保育所があります。バイキング形式になっているのですが，3歳児はまだ慣れていないので，自分の食べたい量を盛りつけたり，席を選んで座ったり，トレイをもって歩いていくことも難しいということがあります。そこで，この園では，最初のうちは5歳児の当番が，3歳児と一緒にトレイをもって動き，何をどのくらい食べたいかを聞きながら教えてあげることになっています。この間に5歳児が，「なるべく好き嫌いなく食べる方がいいよ」とか，「これは，おいしいよ」などと勧めたり，「残さないだけよそって，またおかわりしていいんだよ」などと自然と伝えていくそうです。また，3歳児たちも，憧れの5歳児さんに言われると神妙な表情で聞いているとい

うことでした。

　また，たとえば運動会のときに，5歳児が司会をしたり，小さい子どもたちのために用具を出し入れするのを手伝うという幼稚園もあります。司会については，事前に他のクラスに行って，どのようにアナウンスするかを聞きに行くそうです。また，用具についても，実際に，そのクラスの競技を見に行って，何が必要かを取材したりもするそうです。

　生活や行事というと，どうしても保育者主体になりがちです。保育者が綿密に計画して，子どもはそれに合わせて動くということが多くなってしまうものです。しかし，5歳児は，園全体の子どもたちから憧れられたり，信頼されたりすることで，ちょっぴり背伸びをしたり，今まで自分がやってきたことを確認することができたりします。また，さらにそれが，子どもたちや保育者，保護者からの信頼を深め，認められることで，よりいっそう自信を深めていきます。このような時間の指導計画については，どのような点に留意する必要があるのでしょう。

　第1には，長期の見通しとねらいの検討です。園全体の生活や行事の担い手として活躍することが多いのは，すでに述べたように5歳児です。しかし，5歳児になっていきなり担い手として役割を与えられても，すぐにできるものでもありませんし，もしできたとしても保育者の言う通りにやらされているだけのことになってしまっては，自信につながるどころか保育者の満足だけに終わってしまうかもしれません。そのためには，3歳児の頃から，5歳児の活躍に憧れたり，5歳児にしてもらって嬉しかった体験を重ねておくことが，「今度は自分がしたい」という動機につながります。また，4歳児では，機会をとらえて，5歳児のやることに関心をもったり，どんなふうにしているのかを見る機会をつくっておくことが必要です。それと同時に，クラスのなかのことでは，簡単な当番活動をするなど，自分たちのことを自分たちで進められたという経験を積んでおくような計画も立てておきます。さらに，4歳児の終わりの頃には，5歳児から，当番活動を直接教えてもらうような場を設けている園も多いのですが，これも，5歳児の自信や成長につながるとともに，4歳児が，自分なりに生活や行事を担ってみたい気持ちを高めるチャンスとなります。

　また，5歳児の1年間でも，最初から難しい課題に取り組むような計画を立てるのではなく，簡単なことから少しずつ前の経験が生かさ

れて子ども自身が見通しをもってできるような計画の立て方が望まれます。そのためには，前年度の経験を振り返って，子どもたちに無理のないねらいを立てていくことが大変重要なことになるでしょう。

第2点としては，保育者間の連携と保護者との連携です。このような長期の見通しやねらいの検討は，保育者一人が取り組むだけでは，十分に機能しないことはすぐにわかります。5歳児の担任の保育者が，この場面を4歳児に見てもらっておくと，来年5歳児になったときによいだろうと思っていても，4歳児の担任の保育者が，そのことの意味に気づいていなければ，5歳児にとっても，4歳児にとっても，充実したものにはならないからです。また，行事などは保護者の目に触れる機会となることも多く，保護者から認められることは子どもたちの育ちに大きく寄与しますので，保護者の方との連携も大切です。園だよりなどを通して，そのことの意味を伝える努力が求められるのですが，これも，大切な指導計画になります。

第3に，何より大切なことは，子どもの主体性が発揮されるということです。遊びの時間は子どもの主体性を認めても，生活や行事となると子どもの主体性を発揮させることが難しいということになりがちです。遊びのことだけではなく，生活や行事についても，子どもたちから「今度こういうふうにするのはどうかな……」といった考えや意見が出されるような配慮をしておきたいものです。

そのためには，指導計画は一つの仮説として，ほかにもし子どもからこんな意見が出たら，また違う意見が出たら，などと予測を立てておきましょう。子どももそれまでの園での経験から考えを出すことが多いので，あらかじめよく考えておけば，思いもよらない意見が続出するということはあまりありません。そうした意見に柔軟に対応することが，子どもの主体性を発揮させることになるわけですが，そのためには，保育者が計画の段階で自分の思いだけではなく，子どもの考えを予測しつつ対応を考えておくことが大切です。そしてこのような柔軟な対応をいろいろと考えておくことが，指導計画ということになります。

I 保育にかかわる計画についての理論

第3節 協同性の育ちと小学校との連携

　これまで，遊びについても，生活や行事の場面についても，それぞれの子どもの主体性を発揮しつつ，友達と一緒にやっていくことの重要性を述べてきました。考えてみれば，3，4，5歳児の子どもたちは，このような友達とともにする体験のなかで，その時々に必要性を感じながら，言葉で伝えようとしたり，ともに考え合ったり，一緒に体を動かしたり，心から喜び合ったりすることを通して，体や心の健康を促進していきます。そして，このような一貫性をもった計画によって，協同性が育っていきます。

　幼児期に育った協同性は，小学校の学習の基盤となります。小学校の学習は，集団で学び合う体験です。一人の考えが，他の子どもの考えを深め，意見を交わし合うことで，学習の基本的な道具としての言葉が育っていきます。そのためには，友達の言葉に耳を傾けるともっと面白くなる，多少の意見の食い違いがあっても，それをぶつけ合うことによってより多くのことがわかる，学べるという嬉しい体験の積み重ねと実感が必要です。

　3，4，5歳児の指導計画をていねいに考え，小学校への接続を見通しておくことで，遊びや生活を通して子どもにとっては無理のない形で，協同性が育ち，5領域に示されたねらいや内容が達成されるようにすることができるのです。

さらに学びたい人のために

・小川博久『保育援助論』萌文書林，2010年
　特に，3～5歳児の時期に，保育者の援助をどのように考えるかを論じてある本です。遊びと援助の関係を考える手がかりになります。
・文部科学省『幼稚園教育要領解説』フレーベル館，2008年
・厚生労働省『保育所保育指針解説書』フレーベル館，2008年
　どちらも基本の文献なので必ず見ておくとよいでしょう。特に3～5歳児の保育については，『幼稚園教育要領解説』の方が例も多く書かれています。

演 習 問 題

1. 第Ⅲ部にある3, 4, 5歳児の指導計画を見て，3, 4, 5歳児らしい特徴がどこにあるか，友達と話し合ってみましょう。
2. 第Ⅲ部にある3, 4, 5歳児の指導計画を見て，保育者が子どもの姿をどのように見て，何を育てようとして計画を立てているのかを考えてみましょう。
3. 実習で立案した指導計画について，この章の視点で見直してみましょう。実習園の保育者の動きを思い出し，その行動の背景にどのような指導計画があったのかをそれぞれ例をあげて話し合ってみましょう。

第5章

小学校における計画との関係

　毎年10月頃から多くの地域で「就学時健診」が実施され，年度末に向けて「保幼小連絡協議会」といった就学にあたっての情報交換が行われます。そこでは，入学後の学級編成をどうするのかを念頭に，個々の子どもの様子や家庭状況を知ることが重要だという小学校側の認識があります。一方，就学時健診の話題をきっかけに「小学校ごっこ」の活動が展開される幼稚園・保育所もあります。小学校入学による生活や環境の変化を，子どもたちのさらなる成長への契機と捉え，大きく成長してほしいという願いが込められています。

　子どもたちには，小学生になることへの喜びと期待があります。しかし，それまでの遊びを中心とした生活から学習を中心とした生活への移行は子どもによっては段差が大きく，保育者や教師の期待とは裏腹に成長が停滞することも起こりえます。

　この章では，保・幼・小の連携・交流活動の実際から，小学校における計画と保育における計画との関連を捉え，さらには入学前後の「接続期」のあり方について，考えていきましょう。

コマ1

先日の学校訪問（アウェー）では楽しませていただきました

早く小学生になりたいなーっ
2+3=5点だよっ
楽しーい
コリントゲーム

園児さんでも楽しめる企画だったでしょ？

コマ2

ええ 今度の園訪問（ホーム）。でも、負けないくらい楽しみますよっ

お兄さんお姉さんすごーい！
ドロンコ遊び
楽しーい
キャー
ボクもやるー

あひゃ〜

第5章　小学校における計画との関係

第1節 「接続期」をめぐって課題となっていること

Work 1　皆さんが小学校に入学した頃のことを思い出してみましょう。小学校に入って初めて経験したこととして，どのようなことを憶えていますか？

▶1　接続期
小・中学校への入学前後の，人間関係や生活環境の変化が大きい時期を接続期と呼び，期待や不安，緊張をていねいに受け止め，主体的な学びの姿勢へとつなげることを目指した，保育所を含めた学校間の連携・交流が求められています。

❶小学校入学期の子どもの生活

　Work 1のような質問には「ランドセル」「筆箱」「教科書」「算数セット」「鍵盤ハーモニカ」などにまつわる思い出が語られることが多く，小学校に入って初めて使うようになった物への印象が深いことがうかがわれます。特に「算数セット」は一つひとつが小さなもので，そのすべてに自分の名前が書き込まれていくのがうれしかった，という思い出には共感する人も多いでしょう。

　わが国では，小学校への入学は子どもの成長の一つの節目として受け取られています。そのためランドセルを用意したり，たくさんの教科書に名前を記入したりすることは，家族の幸せを実感するひと時として記憶されるのでしょう。

　一方で小学校入学期は，子どもにとって初めて経験することが爆発的に増える時期でもあります。たとえば，保育所では乳児も一緒に生活しているため室内では素足で生活してきた子どもたちが，小学校では昇降口で上履きに履き替えるようになります。教育実習などで出会った，幼稚園や保育所での絵を描く活動の場面を思い出してみましょう。絵の具や筆，パレットといった活動に必要な用具は，保育者が行う環境構成として，必要な数量が用意されることが多かったのではないでしょうか。ところが，多くの小学校では個人持ちの「絵の具セット」を使って図画工作の授業が行われます。つまり，小学校に入学すると「自分の持ち物」を自己管理する場面がそれまで以上に増えるのです。先ほどのWork 1で「忘れ物調べ」を思い出した人もいたのではないでしょうか。

I 保育にかかわる計画についての理論

❷小学校1年生の授業風景

小学校では，学習指導要領に基づいて具体的な学習活動が計画されます。そして，実際の授業場面では個々の教師によるさまざまな工夫が取り組まれています。ここでは2つの小学校での1年生の算数の授業風景を見ていきましょう。

写真5-1 小学校1年生の授業風景

➡2 第1学年算数科の内容（整数）
1年生の算数では，数（かず）と呼びながら，具体物を操作する活動を通して，1つの数を合成や分解によって構成的に理解することがその内容となっています。

Episode 1

小学校1年「算数」の授業風景（11月頃）

「今日は，算数セットのオハジキを使って勉強します。机の上に算数セットを置きましょう。」
　教師は，すべての子どもが算数セットを机の上に置くのを確認しています。
「まず，オハジキを4個机の上に並べましょう。そのときに，オハジキは縦に並べます。」
　教師は，机の間を回って歩きながらオハジキの並び方を確認し，横方向に並べている子どもには，縦に並べ直させます。みんながオハジキを縦に4個並べ終わるまで，多くの子どもたちは教師の次の言葉を待っています。
「次に，オハジキを3個，右側に縦に並べましょう。」
　子どもたちからは「4たす3は7」という言葉が聞こえてきます。なかには，初めに並べたオハジキにつなげて7個のかたまりにしている子どももいます。それに気づいた教師はその子の机に行き，縦に4個と縦に3個とに並べ直させます。すべての子どもが机の上に4個と3個のオハジキを並べ終わるまで子どもたちは次の教師の言葉を待っています。
「これから先生が聞きますから，わかった人は手を上げてください。さて，オハジキが4個とオハジキが3個並んでいますが，どちらがいくつ多いでしょう。」

Episode 2

小学校1年「コリントゲームで遊ぼう」活動風景

　このクラスでは，先週から4グループに分かれて大きなコリントゲームをつくって遊んでいます。今日は1時間目の国語の時間が終わると「コリントゲームで遊ぼう」の時間です。

　コリントゲームとは，板段ボールを斜面にして，ところどころにプリンやヨーグルトのカップを貼り付け，上からビー玉を転がす遊びです。ビー玉が障害物にぶつかり弾かれながら斜面を下っていきます。ゲームのルールはグループで相談して決めました。あるグループでは斜面の一番下に取り付けたお菓子の小さな箱にビー玉が入ると得点になるというルールになりました。

　1年生の教室のとなりは空き教室になっていて，大きなコリントゲームが4台置かれています。そこは生活科や図画工作の時間の活動場所になっていますので，コリントゲームで遊ぶ時間が終わってもそのまま残しておくことができるのです。

　昨日は教師の発案で，1グループをさらに2チームに分け，チーム対抗で得点を競うゲームにしました。今日も子どもたちは，国語の時間が終わると早速その教室にやってきて，ゲームの台にしている積木を積みかえ，ビー玉が転がるスピードを調整しています。転がり方の面白い速さがあることに気づいているようです。

　今回，教師は得点ボードを用意しました。横長のマグネットシートが10マスに区切られていて，2色の丸いマグネットも用意されていました。2チームが交互にビー玉を転がし得点すると，得点ボードの左右から丸マグネットを貼り付けていきます。

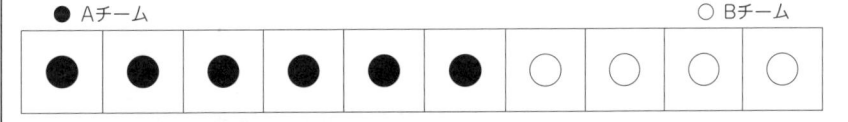

● Aチーム　　　　　　　　　　　　　　　　　　　○ Bチーム

●	●	●	●	●	●	○	○	○	○

　10マスすべてを埋めるまでゲームを続けると，たとえば上の図のように「6対4でAチームの勝ち」といった結果になります。各グループに得点ボードは3枚配られましたので，3回戦を行うことになります。

　さて，最後に各グループの対戦結果が得点ボードを使って報告されます。教師は黒板にそれぞれの得点ボードを貼りつけ，ボードの上に「6対4」などと板書しました。

　この日は「5対5」「6対4」「7対3」の組み合わせがほとんどでした。子どもたちからは「7対3と3対7って一緒じゃない」「違うよ！　勝ちと負けが違うよ」といった声が聞こえてきます。ここで教師から次のような質問が投げかけられました。

　「今日は5対5の引き分けや6対4，7対3の勝負があったね。ところで，今日はなかったけど，そのほかには何対何の勝負があると思う？」

　「8対2！」「10対0もあるよ！」「9対1も！」

「そうだね，8と2，9と1，7と3，6と4，5と5。2つの数の組み合わせを見ていて気づいたことはないかな？」
「ハイ，8と2を足しても10だし，9と1を足しても10だから，2つを足すと10になる組み合わせになっています！」

Work 2

【Episode 1】【Episode 2】は，ほぼ同じ時期の小学校1年生の授業風景なのですが，2つのクラスの子どもたちの様子には大きな違いがあります。気づいたことを話し合いましょう。

【Episode 1】【Episode 2】とも，子どもたちが具体的な物（オハジキ・得点ボード）を操作することを通して数（かず）の意味が理解できるように授業が工夫されているといえます。そして，数の合成や分解の理解は，たとえば「8は10より2少ない」ことを「10−2」と表すことなどにつながっていきます。

ところで，【Episode 1】は明らかに算数の時間でした。一方で【Episode 2】では，子どもたちには算数の時間という意識はなかったのですが，教師の側では，一連の「コリントゲームで遊ぼう」の時間は算数科・図画工作科・生活科の時間を合わせたものとして計画されていました。[3]

→3 合科・教科横断
いくつかの教科の内容が関連づけられて授業が展開されることを，「合科」「教科横断」などと表現します。

❸学習指導要領などで示された「接続期」について

2008年の幼稚園教育要領の改訂では小学校とのつながりが強調され，子ども同士の交流や教師間の連携が求められています。同時に改定・改訂された保育所保育指針と小学校学習指導要領においても，そのことに対応した内容が示されています。

①幼稚園教育要領

改正学校教育法で，「幼稚園の目的」として新たに「義務教育およびその後の教育の基礎を培うこと」が加えられたことを受けて，幼稚園教育要領では，「総則」の「第2 教育課程の編成」のなかにそのことが明記され，具体的には小学校教育との連携を進めていくことが示されています。また，「第3章 指導計画及び教育課程に係る教育

時間の終了後等に行う教育活動などの留意事項」の「第1　指導計画の作成に当たっての留意事項」「2　特に留意する事項」の(5)において「小学校との連携」について以下のように示されています。

> 「2　特に留意する事項」
> (5)　幼稚園教育と小学校教育との円滑な接続のため，幼児と児童の交流の機会を設けたり，小学校の教師との意見交換や合同の研究の機会を設けたりするなど，連携を図るようにすること。

②保育所保育指針

第4章「保育の計画及び評価」の内容として「小学校との連携」という項目があり，次のように示しています。

> 「小学校との連携」
> (ア)　子どもの生活や発達の連続性を踏まえ，保育の内容の工夫を図るとともに，就学に向けて，保育所の子どもと小学校の児童との交流，職員同士の交流，情報共有や相互理解など小学校との積極的な連携を図るよう配慮すること。
> (イ)　子どもに関する情報共有に関して，保育所に入所している子どもの就学に際し，市町村の支援の下に，子どもの育ちを支えるための資料が保育所から小学校へ送付されるようにすること。

(ア)については，幼稚園教育要領とほぼ同様の内容であることがわかります。また，(イ)に示された「子どもの育ちを支えるための資料」とは，具体的には「保育所児童保育要録」を小学校に送付するということです。保育所においても就学に際しての資料を進学先の小学校に送付することを義務づけることで，地域のすべての子どもたちの発達や学びの連続性を保障していくことが図られたといえます。

③小学校学習指導要領

小学校学習指導要領ではこれまでも，「幼児」や「幼稚園」などと示されている箇所があり，地域の幼稚園と小学校とが連携を深め，子どもの発達や学びの連続性が保障されることを重視してきました。しかし，このことは幼稚園のみを連携の相手として重視していたわけではなく，実際には地域の保育所との連携を視野に入れた取り組みが行われてきました。ただし，行政の所管が同じ（教育委員会）であることから，いずれの地域でも，公立小学校と公立幼稚園の間での連携・

➡4　幼稚園では，幼児の指導の記録を作成することが義務づけられています（幼稚園幼児指導要録）。進学や転入学（園）の際には相手先の学校（園）に対して，幼児・児童・生徒の指導要録の写しまたは抄本を送付しなければなりません。

I 保育にかかわる計画についての理論

→5 保育所保育指針に示されている保育内容は，幼稚園教育要領の内容との整合性が図られているので，ここに保育所の保育内容も含まれることになります。

表5-1 2008年小学校学習指導要領改訂のポイント

1．「指導計画の作成等に当たって配慮すべき事項」のなかに保育所を含めた表現をすることで，保育所・幼稚園と小学校が連携することを明確に示した。
2．幼児と小学校児童との交流について，生活科と特別活動の章に具体的に示した。
3．小学校1年生のいくつかの教科で，幼稚園教育の内容との関連に配慮する→5ことを示した。

交流が先行して実施されてきたという経緯があります。

そこで，2008年の改訂では，保育所も含めた幼児期の教育の成果を踏まえて小学校教育が実施されることが強調されました（表5-1）。

このように，小学校教育の各教科の内容のなかに，保・幼・小のつながりについて具体的に明記したことが，2008年の改訂の1つの特徴といえます。さらに，小学校入学当初は，生活科を中心に合科的に行うことが大事であることが以下のように示されています。

「小学校学習指導要領」：生活科「指導計画の作成と内容の取り扱い」
国語科，音楽科，図画工作科など他教科等との関連を積極的に図り，指導の効果を高めるようにすること。特に，第1学年入学当初においては，生活科を中心とした合科的な指導を行うなどの工夫をすること。

「小学校学習指導要領解説生活科編」
児童の発達の特性や各教科等の学習内容から，入学直後は合科的な指導などを展開することが適切である。例えば，4月の最初の単元では，学校を探検する生活科の学習活動を中核として，国語科，音楽科，図画工作科などの内容を合科的に扱い大きな単元を構成することが考えられる。こうした単元では，児童が自らの思いや願いの実現に向けた活動を，ゆったりとした時間の中で進めていくことが可能となる。大単元から徐々に各教科に分化していくスタートカリキュラムの編成なども効果的である。このように総合的に学ぶ幼児教育の成果を小学校教育に生かすことが，小1プロブレムなどの問題を解決し，学校生活への適応を進めることになるものと期待される。入学当初の生活科を中核とした合科的な指導は，児童に「明日も学校に来たい」という意欲をかき立て，幼児教育から小学校教育への円滑な接続をもたらしてくれる。

→6 小1プロブレム
小学校に入学したばかりの1年生が，授業中座っていられない，話を聞けない，集団行動がとれないなどの状態が数か月継続することです。以前は1か月程度で落ち着きをみせるとされてきましたが，長期間継続するようになっています。

先に紹介した小学校1年生の「コリントゲームで遊ぼう」という学習活動はまさに，生活科を中心に図画工作科の内容を合科的に扱いながら，子どもたちの興味・関心を徐々に算数科の内容に結びつけ，教科として分化させていくカリキュラムとして編成されていることがわかります。

第5章 小学校における計画との関係

第2節 「計画」をめぐって，交流・連携の場で実際に起きていること

❶ 「指導案」の形式をめぐって

　ある幼稚園と小学校とが，幼児と児童の交流活動を計画しました。第1回目の交流活動は5歳児と5年生の間で行うことになりました。それは小学校に入学すると，1年生と最高学年の6年生の関係になるからです。

写真5-2　5歳児と5年生の交流

Episode 3　幼稚園5歳児と小学校5年生の交流活動

　上履き袋を手にした5歳児が2クラス，幼稚園を出発しました。その幼稚園と小学校とは住宅街のなかにあり，小学校までは数区画ほど歩く必要があります。

　5歳児たちは2人の担任の先生に引率されて，小学校の昇降口で上履きに履き替え，体育館に向かいました。体育館にはすでに5年生が待ち構えていました。小学生の姿が見えて5歳児たちからは「あのお兄さんたちだね」「あ，この間の先生だ」といった声が聞こえます。体育館の壁には，5年生の手づくりのプログラムが貼られていて，この後交流活動がどのように進められていくのかがわかります。5年生も5歳児もニコニコとした表情で，この交流活動をどの子どもも楽しみにしていることが伝わってきます。対面式に並び，さあこれから何が始まるのかなと期待が膨らみます。

　ところが，なかなか口火が切られません。互いにニコニコとしてはいるのですが……。どうやら，5年生の役割分担の一つとして司会係があって，その係の児童たちと担任とが手順を確認しているうちに5歳児が登場してしまったようです。

89

I 保育にかかわる計画についての理論

Work 3

小学校と、幼稚園・保育所にはそれぞれの目的や目標があり、それぞれの年齢に応じた発達の特性を捉えた指導方法が工夫されています。そのことが「指導案の形式」として表現されているともいえます。活動計画・指導案の例を見て、小学校の指導計画の形式にはどのような特徴があるのか話し合いましょう。

5年生の総合的な学習の時間の年間計画（表5-2、5-3）などからは、単発の交流活動ではなく、小学校の6年間を通して、あるいは5年生の1年間を通しての連続した「学び」として捉えられていることがわかります。

また、今回の交流活動の指導案（表5-4）からは、5年生が中心となって進めることができるように、「幼児が理解しやすい話し方」や「グループ分け」などについて意見を出し合うといった事前の学習活動が組み込まれていることもわかります。

その後の司会係の進行の様子からは、幼児が理解しやすい言葉を使

表5-2　第5学年「総合的な学習の時間」年間活動計画

1学期	2学期	3学期
大単元「人にやさしく　心豊かに——さまざまな人との交流を通して」（18時間）		
「昔遊び集会」（全校） （6月・4時間）	「幼稚園児と遊ぼう！」（5年） （9月・4時間） 「○○小まつり」（全校） （11月・8時間）	「ふれあい集会」（全校） （1月・4時間）

表5-3　小単元「幼稚園児と遊ぼう！」活動計画（4時間）

	〈学習のねらい〉	〈留意事項〉
きっかけの学習 （1時間）	「いろいろな立場の人とのかかわり方を考えよう」 「○○幼稚園の子どもたちと遊ぶ計画を立てよう」 「当日の交流会の分担を決めよう」	自分より年下の子と接するときは？ 遊ぶ内容・グループなど 司会進行の係を決める
交流活動 （2時間）	「幼稚園児と遊ぼう！」	はじめの会 自由に遊ぶ 運動遊び（リレー） 終わりの会
つながりの学習 （1時間）	「幼稚園児との交流を通して、感じたことをまとめよう」	これからの生活にどう生かしていくか 小単元「障害のある方とのふれあい」との関連はどうだろう？ 幼稚園の運動会に参加しよう 学習発表会に招待しよう

第5章 小学校における計画との関係

表5-4　「幼稚園児と遊ぼう！」指導案

1．小単元のねらい
(ア) 関心・意欲・態度
・幼稚園児との交流を通して，年少者について理解しようとすることができる。
・幼稚園児とのかかわりのなかで，自分の課題を見つけることができる。
(イ) 思考・判断
・年少者へのかかわり方を工夫することができる。
・幼稚園児との交流を通して，自分の考えを広げることができる。
(ウ) 技能・表現
・自分の考えや思いを，幼稚園児にわかりやすく伝えることができる。
(エ) 知識を応用し，総合する力
・学習を振り返り，課題について自分の考えをまとめ，これからの生活や次の課題に生かすことができる。

2．小単元設定の理由
　これまで，「ふれあい集会」で障害のある方と，「昔遊び集会」で地域の高齢者の方との交流を行ってきた。このような活動を毎年行うことによって，児童はいろいろな立場の人がいることを理解し，自然なかかわりをもつことができている。今回は，今まで行ってきた大人との交流だけでなく，自分より年下の幼児とかかわることによって，より広い視野に立って自分の身の回りの生活や環境，人とのかかわりを見つめ直す機会としたいと考え，本単元を設定した。

3．児童の実態
　本学級の児童は，弟妹がいる児童が比較的多く，年下の子とのかかわりも積極的にもつことができる。また，5年生になり縦割り班の班長として低学年に接する機会も多くなり，集会などでは低学年のことも考えながら行動しようとする姿勢が見られるようになってきた。しかし，自分から積極的に年下の子とかかわることを恥ずかしがる児童もいる。

4．本時の展開

学習活動	教師の支援と評価（◇支援☆評価）
○学習のめあてを確認する。 ○はじめの会（司会：5年生） ・幼稚園児との顔合わせ ・各ペアごとに自己紹介をする ・手遊びをして交流する ・一緒に歌を歌う（「手のひらを太陽に」「にじ」） ○校庭で遊ぶ。 ・各ペアごとに校庭で自由遊び （以下省略）	◇幼稚園児を知るために，自分からかかわりをもつように助言する。 ◇各自グループがわかる色別の名札を着用する（メンバーは事前に知らせておく）。 ◇司会，はじめの言葉など5年生で担当し，自分たちの思いを伝えられるようにする。 ◇手遊びや歌などで緊張をほぐすようにする。 ☆自分から幼稚園児にかかわろうとすることができたか。 ◇校庭の遊具，教材園などを案内し，一緒に遊びを楽しむように声かけを行う。 ☆幼稚園児に自分の思いや考えが伝わるように，かかわりを工夫することができたか。 （以下省略）

➡注：実際の交流活動の計画において作成された指導案を元に内容を変えている。指導案の内容についての責任は，本章の執筆者にある。

って話しかけるように工夫されていました。また，「どの子と一緒に遊ぶのか」ということが5年生の児童の間でしっかりと了解されていました。教師が願っていることが子どもたちのなかに達成されるためには，手順を確認することが大事なプロセスになるということが教師の意図としてはっきりとあり，そのことが指導案に表現されているといえます。

I 保育にかかわる計画についての理論

Episode 4

5歳児担任の思い

　5年生の先生と私たち年長組の担任2人とで，指導案を書いて検討しました。そのときに，こちらが何を言いたいのかが伝わらないような気がしたので，5年生指導案の形式に合わせてこちらも書いてみようということになりました。小学校の先生は幼稚園の指導案の形式には慣れていないだろうなと思ったからです。

　ところがこれがとても難しくて。たとえば，小学校の指導案には必ず，評価という項目があって，学習のねらいがそのまま「～できていたか」という形で語尾が変わっているので，同じようにやってみたのですが，書いてみると，いつもだったらこんな考え方はしないな，と思えてきたのです。

　もちろん私たちも，ねらいをもって環境構成をしますけど，一人ひとりの子どもが環境にかかわって生み出す活動はその時によって違うものが出てくるかもしれないって思いますよね。

　「～できていたか」「～できていなかったか」というとらえ方をしてしまうことに，とても抵抗がありました。書きにくいなあって思ったのはそこでした。

　改めて，幼稚園と小学校との計画の捉え方の違いを感じました。

Work 4

　5歳児担任が感じた「困惑」には，計画の捉え方の違いが原因となっています。計画を立てる際にはその年齢に応じた発達の特性が生かされなければならないのですが，5歳児の発達の特性としてどのようなことを大事にしていたために，このような困惑が生じたのでしょうか。話し合ってみましょう。

❷交流活動における「子どもたちの出会い方」

　交流活動が終わり，その日の夕方，小学校の会議室に幼稚園と小学校の教員が全員集まって，事後の協議会がありました。そこで話題となったのは，体育館に幼児たちが入ってきた「出会いの場面」についてでした。

第5章 小学校における計画との関係

Episode 5

交流活動の事後の検討会で

幼稚園担任A「5年生も年長さんも，始まらないねっ，という雰囲気になって，あれっていう感じじゃありませんでした？」

5年生担任「そうなんです。司会係の子たちがつくったプログラムを壁に貼って，手順を確認していたらもう来ていて。他の5年生たちは，司会係が始めの言葉を言ってから始まると思っているから，目の前に年長さんたちが来ているので手を振ったり笑顔を向けたりしながらいましたけど，司会係を待っている時間になってしまって」

幼稚園担任A「それで私が耐え切れなくなって，5年生に話しかけて間を持たせようと……」

幼稚園担任B「幼稚園の子どもたちは，小学校の先生が遊びに来てくださったことを憶えていて，この間の先生だって言っていましたから，そこからスタートした方がよかったのかもしれませんね」

幼稚園担任C「子どもたちのなかにあるワクワク・ドキドキといった気持ちに添って計画することが大切なんだなって改めて思いました」

4年生担任「交流活動って，出会い方がすごく大事なのかもしれませんね」

幼稚園担任C「次回は4歳児と4年生ですよね。4歳児はもっとそうかもしれません」

　さて，この1か月後に4歳児と4年生による交流活動が行われました。4歳児たちが小学校に到着して4年生の教室に行ってみるとそこには誰もいませんでした。「どこにいるのだろう？」ということで，学校のなかを探してみようということになり，階段を上ったり下りたりするうちに校舎の広いスペースにいる4年生を発見しました。ようやく見つけた4年生たちは新聞紙やガムテープを使って何かをつくっていました。「何をつくっているのだろう？」と自然と話しかけるうちに，4年生から「一緒につくって遊ぼう！」と誘われました。

　今回の交流活動では，幼児の自然な気持ちの流れにそった活動が展開されるように工夫することが，4年生担任との間で話し合われました。また，事後の協議会では，4年生担任から，4歳児の気持ちの流れに沿うことは4年生にとっても相手へのかかわり方が意識しやすくなる結果につながったということが報告されました。

I 保育にかかわる計画についての理論

Work 5

【Episode 4】からも，連携することとはどちらかがもう一方に譲歩し合わせることではないといえるのですが，4歳児との交流では，4年生側が譲歩して相手に合わせたことになるのでしょうか？ 話し合ってみましょう。

第3節 「発達の連続性」をともに考えるための工夫

　これまで見てきたように，保育所・幼稚園と小学校での「計画」の考え方には，それぞれの時期の発達の特性が反映されています。そのため，連携交流の場面では互いの専門性の違いからときには困惑が表れるのだともいえます。

　双方の教師・保育者がそのことを互いに尊重することが大切なのですが，そのためには，幼児期の発達と学童期の発達とがそれぞれ別のものとしてではなく連続していることを「実感」として捉えられる「経験」が必要となります。その点で，双方の専門性には共通したものがあるはずです。そのための工夫のポイントとなることを，連携の実際から見ていきましょう。

❶保育所と小学校との交流から

　保育所では，長時間にわたる保育を行っているため職員の勤務体制も複雑です。そのため，小学校の教師との意見交換や合同の研修会の必要は感じていても，そのための時間をつくり出すことの難しさがあります。

Episode 6

　ある地域の保育所と小学校では，小学校の夏休み中に小学校教師による保育参加を行いました。「2歳児がこんなにたくさんのことができることを知らなかった」「年長児が掃除をしている場面を見て，1年生を見くびっていたかもしれないと思った」などの感想が寄せられたそうです。さらに保育士の勤務体

制の実態もわかり，意見交換や研修会などは，なるべく保育所へ赴いて行ってくれるようになったそうです。

　このエピソードには裏話があります。実は，小学校長と保育所長との間で，「どうしても保育士の側が萎縮しがちなので，小学校の会議室での協議会のような形だけではなく，互いに行ったり来たりするホーム＆アウェイになるようにしましょう」ということが事前に了解されていたのです。そして小学校側が保育所に来るときにはなるべく少人数になるように配慮されていたのでした。このことは，お互いの「生活」や「学び」のあり方を理解し発達の連続性をともに考えられるようになるためには，双方の1日の流れ全体を踏まえられるような工夫とともに，相互の関係性への配慮が大事であることを示しています。

❷幼稚園と小学校との交流から

　ある小学校と幼稚園では，子ども同士の交流活動に保護者が参加しやすいようにしています。次第に，保護者が企画した交流活動も盛んに行われるようになったそうです。

　これも実はその小学校長が，幼稚園の3年間の指導計画のなかに保護者支援の視点が組み込まれていることを知り，保護者自身の育ちにも連続性があることを学んだ結果でした。

　このことからは，保育所・幼稚園がもっている保護者支援のノウハウが生かされるような連携・交流のあり方をどうデザインしていくのかが1つのポイントとして浮かび上がってきます。

I 保育にかかわる計画についての理論

さらに学びたい人のために

・ベネッセ教育研究開発センター「情報誌ライブラリ」
（http://benesse.jp/berd/center/open/keyword/yousyou_renkei.shtml）
「幼小連携」などのキーワード，日本各地の取り組み事例の紹介記事を読むことができます。
・文部科学省，厚生労働省「保育所や幼稚園等と小学校における連携事例集」
（http://www.mhlw.go.jp/houdou/2009/03/dl/h0319-1a.pdf）
各地域における連携の事例が紹介されています。行政が作成したものであるため，巻末資料に法令や，審議会答申などがまとめられています。

演 習 問 題

1.【Episode 2】では「遊び」の要素を取り入れた学習活動が計画されています。このような「遊びの要素を取り入れること」と，幼稚園や保育所が大事にしている「子どもの主体的な活動としての遊び」との違いについて，考えをまとめてみましょう。
2. 教師・保育者間の意見交換や合同の研究会を行うなかで，お互いが相手のことを理解することが求められています。そのためには，意見交換の場ではどのようなことを大事に進めていくとよいのかについて，考えをまとめてみましょう。

第6章 保育における計画の変遷

　みなさんは，歴史を学ぶことの意味をどのように考えていますか。歴史の勉強とは，年号とそれぞれの時代に起こった出来事や，歴史上の人物の名前を「覚える」ことと考える人もいるかもしれません。しかし歴史を学ぶということは「覚える」ことだけではありません。

　保育における計画の変遷についても，これまでどの年代にどんな計画が立てられたかをただ覚えるのではなく，それぞれの時代における保育の計画の考え方や，なぜ当時そのような計画が必要とされたのか，その背景について知ることが必要です。

　なぜなら，現在の保育の計画の考え方と内容がどういうものであるかは，これまでの保育の計画のそれと比較することを通して，初めて明確に認識し，理解することができるものだからです。過去と現在を切り離して考えるのではなく，現在を深く理解するために，過去を学ぶのです。

　したがって本章の目的は，歴史を学ぶことを通して現在の保育の計画の理解をより深めていくものです。計画の歴史を振り返りながら，現在における計画の意味を考えていきましょう。

> そう 保育内容によって傾くの
>
> あっ やじろべえですね
>
> 時代によって「指導」に傾いたり「放任」に傾いたりしてきたんですよね
>
> おかたづけでしょ?
>
> はーい
>
> 今でもバランスが難しい

第1節 明治から大正期の保育内容の変遷と計画

❶日本で初めて幼稚園が開設された頃
──恩物中心の保育内容と計画

　図6-1は，ある遊びの遊び方を示したものです。みなさんはこれを見てどんな遊びを想像しますか。

　1876（明治9）年，日本で最初の幼稚園といわれている東京女子師範学校附属幼稚園が開設されました。この遊びはその附属幼稚園の首席保母であった松野クララが，当時，保育内容の中心であったフレーベルの考案した教育遊具である恩物，なかでも球を用いた遊びを，運動遊びとして保育に取り入れたものです。松野クララは，子どもには身体を動かして遊ぶ遊びが必要だと考え，特に女児の運動不足の問題を解消するため，こうした遊びを保育に取り入れようとしていたようです。しかし，当時は碁盤の目のように正方形の線が引いてある机（恩物机）に子どもが行儀よく座り，保育者の指示にしたがい恩物を使いながら，算数の初歩や日常生活で使う道具の名前などを教えてもらうといった方法が主流で，松野クララのような考えはあまり受け入れられませんでした。

　東京女子師範学校附属幼稚園が開設された当初，幼稚園の1日の流

> 1　松野クララ（1853-1941）
> 　日本の幼稚園教育の基礎を築いた先駆者で，主に保母の指導にあたり，指導に際して「子どもと親しみ，子どもから学ぶこと」「雨天以外は戸外での遊びを重視すること」「子ども本位に自然に親しませ，その世話を怠らぬこと」の3点を伝えたといわれています。

> 2　フレーベル（1782-1852）
> 　ドイツの教育者で，世界最初の幼稚園を創設した人物です。彼の死後，幼稚園は世界的に広まり，日本にも明治初期に導入されました。主著に『人間教育』（1826年）があります。

> 3　恩　物
> 　恩物とは，ドイツ語のガーベ（Gabe）の和訳で，神が子どもに賜った遊具という意味です。日本では，遊具の総称であるとともに，保育内容そのものを指し，二十恩物（第一恩物は6色の毛糸で包んだ珠）に対応する「二十遊嬉」が保育科目となります。

> 4　松野久良々「母のつとめ」『婦人衛生会雑誌』第32号，1892年，p. 19.

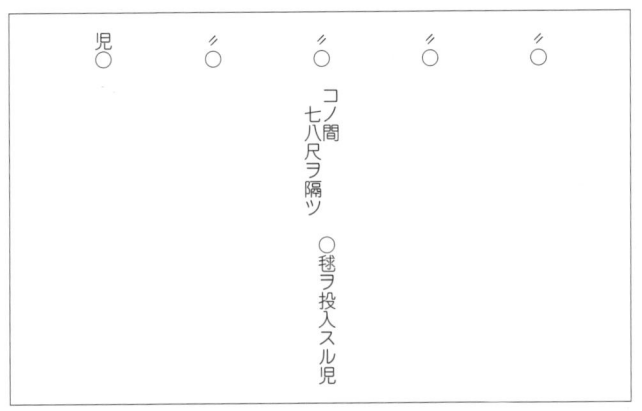

図6-1　第一恩物を用いた毬投げゲーム（1878年）
出所：氏原鋹『幼稚園方法（三丁）』1878年より作成。

れは「登園・整列・遊嬉室─唱歌・開誘室─修身話か庶物語（談話あるいは博物理解）・戸外あそび・整列・開誘室─恩物─積木・遊戯室─遊戯か体操・昼食・戸外あそび・開誘室─恩物・帰宅」という一連の活動を，それぞれ20分ないし30分順番に行うというもので，これを毎日繰り返すというのが当時の主な保育の計画でした。[5]

　ではなぜ，当時の保育内容や計画が恩物を用いた活動を中心に展開されたのでしょうか。ひとつの背景として，日本にとって初めての幼稚園を開設するにあたって参考とした外国の文献のなかで，わかりやすく，しかも数多く掲載されていたのが恩物に関する記事だったことがあげられます。したがって，当時の保育に携わる者たちの関心は，必然的に恩物に集中するようになります。このような事情から，明治後期くらいまで，恩物中心の保育が展開されたのでした。

> 5　文部省『幼稚園教育百年史』ひかりのくに，1979年，pp. 56-57.

❷明治期に求められた早期教育

　東京女子師範学校附属幼稚園では，開設翌年の1877（明治10）年には園規則が制定されました。規則における保育時間表を見ると，先に述べたように恩物中心に展開されています。[6]

　この規則は1881（明治14）年と1884（明治17）年に改訂され，保育科目に「数え方」「読み方」「書き方」が加わるようになります（表6-1）。当時，幼稚園の年長組は小学校1年生と同じことをやることで，幼稚園を完全に修了すれば小学校1年生も終わったことにし，2年生からの入学を認める，という試みがなされていました。この背景には，当時の社会的傾向として早期教育を志向し，就学前の幼児を小学校へ入学させる傾向が強くなっていたことがあげられます。こうした早期教育志向に対する保護者の要望もあり，「数え方」「読み方」「書き方」が幼稚園で指導されるようになりました。当時，模範的・中心的な存在であった東京女子師範学校附属幼稚園で，これらを指導したことは他の幼稚園に多大な影響を与え，多くが「数え方」「読み方」「書き方」の科目を設け，指導するようになっていきました。

> 6　同上書, pp. 58-59.

❸恩物中心保育からの脱却
　──「幼稚園保育及設備規程」と保育項目

　恩物中心の保育は，明治30年代頃まで続きました。しかし恩物のな

第6章　保育における計画の変遷

表6-1　東京女子師範学校附属幼稚園の保育課程表（1881年）

（表中ノ数字ハ毎週保育ノ度数ヲ示ス）

類別	會集	修身ノ話	庶物ノ話	木ノ積立テ	板排ヘテ	箸排ヘテ	鐶排ヘテ	豆細工	珠繋ギ	紙織リ	紙摺リ	紙刺シ	縫取リ	紙剪リ	畫キ方	讀ミ方	書キ方	唱歌	遊嬉	通計（保育ノ時間）
六ノ組	六	三	五	二	一	一	‥	二	二	‥	‥	一	‥	一	‥	‥	六	六	○	四〇
五ノ組	六	三	五	二	一	一	‥	二	二	‥	‥	一	‥	一	‥	‥	六	六	○	四〇
四ノ組	六	三	四	二	一	一	‥	二	二	‥	‥	一	一	‥	‥	‥	六	六	○	四〇
三ノ組	六	四	四	二	一	一	一	二	二	一	一	二	二	一	‥	‥	六	六	五	四〇
二ノ組	六	四	四	二	一	一	一	二	二	一	二	三	二	一	‥	三	六	六	五	四〇
一ノ組	六	四	二	二	一	‥	一	二	‥	一	二	三	二	一	三	五	六	六	五	四〇

（保育ノ時間ハ修身ノ話、庶物ノ話、唱歌遊嬉ヲ各二十分トシ、他ノ課ヲ各三十分トス）

出所：ひかりのくに『月刊保育とカリキュラム別冊　幼児教育百年の展望』1976年

---

7 同上書，p. 68.

8 自由教育思想
児童中心主義ともいいます。子どもの興味や自発的活動に基づいた保育理念や保育実践を行おうとするものです。アメリカではデューイやパーカーらによって新教育運動となり，日本の保育界においても大正デモクラシーの思潮とも重なり合って，多大な影響を及ぼしました。

9 遊嬉
保育項目における遊嬉は随意遊嬉（戯）と共同遊嬉（戯）に分けられます。このうち前者はいわゆる「自由遊び」のことです。当時，幼児の自発的活動としての遊びが重要視されるようになったことから，随意遊嬉を含んだ「遊嬉」が4項目の最初におかれたのです。

10 宮内孝「保育史講座　歴史から学ぶ⑦」『月刊保育とカリキュラム』ひかりのくに，1980年，pp. 34-35.

11 会集
全園幼児が遊戯室など一室に集まり，行儀や作法，あいさつなどについてのやさしい注意や，その日の報告事項が話されるものです。

かには子どもにあまり適さないもの，子どもがあまり好まないもの，子どもにとって難しすぎるものがあり，幼稚園に行くのを嫌がる子どもも出てきたようです。その結果，恩物に対する評価は次第に低くなっていきます。

そうした流れを受け，1899（明治32）年に文部省が国の基準として初めて制定した「幼稚園保育及設備規程」では，保育項目として「遊嬉」「唱歌」「談話」「手技」の4つが示され，恩物はそのなかの「手技」として，ひとまとめにされました。また，アメリカの自由教育思想が入ってきたことなどにより，子どもの遊びや自発的活動が重視されたことを受け，「遊嬉」が4項目の最初におかれました。保育項目を4つとしたのは，当時の小学校の必修科目が4科目であったことと関係があると考えられています。

実際の保育案では，必ずしも4項目通りというわけでもなかったようで，表6-2のように，従来通り恩物を取り入れたり，「会集」を毎日1時間目に設定するなど，「幼稚園保育及設備規程」にこだわって

➡12 文部省『幼稚園教育百年史』ひかりのくに，1979年，p. 150.

➡13 宮内孝「保育史講座　歴史から学ぶ⑩」『月刊保育とカリキュラム』ひかりのくに，1981年，pp. 148-150.

➡14 倉橋惣三（1882-1955）
大正から昭和にかけての日本の幼児教育界における中心的な指導者。幼児の「さながらの生活」を重要視し，そこでの自発生活を尊重して「生活を，生活で，生活へ」と導いていくことが大切だとしました。著書に『幼稚園雑草』（1926年）『育ての心』（1936年）など多数あります。

➡15 幼稚園保育法真諦
1930年の倉橋惣三の著書で，大正中期より積み重ねられてきた実践と思索の結論といえます。「誘導保育論」は，この書において公にされており，初版では「幼稚園保育誘導論」となっています。現在は，フレーベル館『幼稚園真諦』（1976年）で読むことができます。

➡16 誘導保育論
誘導保育論では，子どものありのままの生活が尊重され，自発的な活動が重んじられることから，子どもの自由な遊びが1日の大部分を占めます。とはいえ，すべて子どもの自由な活動に任せきりというわけではなく，誘導保育においても保育者のねらいや計画があり，長期にわたる活動の展開があります。そこでは，

表6-2　柳池幼稚園二之組保育案（1899年）

柳池幼稚園の明治三十二年度二之組保育按

日時	月	火	水	木	金	土
第一時	会集	同	同	同	同	同
第二時	説話	同	同	同	同	
第三時	積木	環排	貼紙	織紙	画方	豆細工
第四時	唱歌	同	同	同	同	
第五時	摺紙	板排	積木	貼紙	箸排	
第六時	遊戯	同	同	同	同	

➡出所：文部省『幼稚園教育百年史』1979年

はいません。当時の幼稚園の多くは，こうした柔軟な保育の計画を立てていたようであり，これが一般的な姿であったようです。➡12

❹柔軟な保育の計画の模索
──「幼稚園令」と倉橋惣三の「誘導保育論」

1926（大正15）年，「幼稚園令」および「同施行規則」が制定されます。そのなかで保育項目では，従来の4項目に「観察」が加えられ，「遊嬉，唱歌，観察，談話，手技等トス」と表記されました。「観察」というと，自然観察を想像しがちですが，ここでは自然観察と社会観察の両方の意味を含んでいます。1907（明治40）年の「小学校令」で，尋常小学校の教科に「日本歴史」「地理」「理科」が加えられるなど，当時，科学振興が日本の社会的機運として高まっていました。そうした背景により，幼児に対しても科学的認識能力の基礎を培おうという意識が，保育項目に表れたものと考えられます。➡13

もうひとつ「幼稚園令」で注目すべき点は，「……等トス」の文言が盛り込まれたことです。「幼稚園令」の制定における中心的指導者であった倉橋惣三➡14は，1934（昭和9）年に「幼稚園保育法真諦」➡15において「誘導保育論」➡16を唱え，その考え方が「幼稚園令」の「……等ト

第6章　保育における計画の変遷

保育項目を個別に考えるのではなく、また突発的に子どもに課していくのでもなく、あるひとつの主題を設定して誘導していくことが重要視されています。

ス」という文言に反映されました。子どものありのままの生活が尊重され、自発的活動を重んじる誘導保育論の立場に立てば、保育内容は「遊嬉、唱歌、談話、手技」の4項目にしたがって展開していたのでは、もはや表しきれない多くの内容を含んでいました。したがって5つ示した保育項目に限定しない自由な保育が展開できる可能性を、この文言で示したのです。これによって、ようやく自由な保育が公然と可能になったのでした。

第2節　小学校以上の教育との連続性と独自性の模索——戦後から1989(平成元)年改訂前

❶幼稚園教育の独自性の模索——「保育要領」の刊行

　第二次世界大戦が終わり、日本では1947(昭和22)年に学校教育法が制定され、そのなかで幼稚園は学校の一つとして位置づけられました。これを受けて、文部省は1948(昭和23)年「保育要領——幼児教育の手引き」を刊行します。これは、幼稚園教育の実際についての基準を示すもので、それぞれの幼稚園で「保育要領」を参考にしながら、その実情に即して教育を計画し実施していく手引きとなるものでした。このなかで幼稚園は、小学校と中学校、中学校と高等学校のように小学校に直結するものではなく、あくまでも具体的な目的や内容、方法には小学校以上のそれとはかなり違いがあるとの認識があり、保育要領の「まえがき」でも、幼稚園は「幼児期に適切な、それ独自の意義と使命を持った教育施設であることを見のがしてはならない」[17]と述べられていました。

　「保育要領」では「楽しい幼児の経験」として「1．見学、2．リズム、3．休息、4．自由遊び、5．音楽、6．お話、7．絵画、8．製作、9．自然観察、10．ごっこ遊び・劇遊び、人形芝居、11．健康保育、12．年中行事」[18]の12項目があげられています。これらは、子どもが「楽しい」と感じる経験を大事にする、子ども中心の考え方が反映されたものでした。したがって幼稚園における日々の計画も「一日を特定の作業や活動の時間に細かく分けて、日課を決めることは望ま

[17] 文部省『幼稚園教育百年史』ひかりのくに、1979年、p.534.

[18] 同上書、pp.533-534.

しくない」として，時間の枠のなかにはめるべきではなく，子どもの生活の流れに応じて立てるものであるとされていました。そこには，幼稚園が学校という位置づけがなされても，その教育方法は小学校以上のとは異なる，保育という方法で行うという認識が保育に携わる者の間で広くもたれていたことが，背景としてあったのです。

❷小学校教育との連続性の重視
―「幼稚園教育要領」の刊行

そうした子どもの自由な活動と個性を重視した「保育要領」には批判もありました。小学校教育に携わる者からは「小学校の教科との連続性がわかりにくい」，保育現場からは「保育内容が系統的，組織的でないから，カリキュラム作成に非常に不便である」「カリキュラム作成の方法について何の示唆も与えられていない」などといったことです。特にカリキュラム作成に関する批判の背景には，当時，保育におけるカリキュラムづくりや研究が盛んに行われるようになっていたことがあげられます。1947（昭和22）年，小・中学校において教育内容の基準として「学習指導要領」が示され，新しい学校教育に対応するカリキュラムを模索する動きが見られていました。そうした小学校を中心としたカリキュラム運動の影響から，保育に携わる者たちの間でカリキュラム・ブームが起こりました。

そうした批判とカリキュラム・ブームの流れを受けた形で，1956（昭和31）年「幼稚園教育要領」が公刊されます。それまでの「保育要領」は手引きだったのに対し，こちらは国の基準という位置づけがなされました。

ここでの特徴の一つは，幼稚園と小学校との一貫性が重視されたことです。戦後間もない時期は，あくまでも幼稚園は小学校とは別種の教育施設として扱われていましたが，「保育要領」の批判もあったことから，ここで幼稚園教育は小学校教育の前段階であるということで，教育内容に一貫性が求められるようになったのです。

特徴のもう一つとして，「保育要領」に盛り込まれていた12項目が活動や経験の羅列であったのに対し，幼稚園教育要領では，小学校の教科との連続性をもたせるという意味から「健康」「社会」「自然」「言語」「音楽リズム」「絵画製作」という6つの領域が示されました。領域という考え方が用いられた背景は，「保育要領」で「保育内容が

[19] 同上書，p. 551.

[20] 宮内孝「明治31年以降の幼児教育〈幼稚園教育要領〉」『月刊保育とカリキュラム別冊 幼児教育百年の展望』ひかりのくに，1976年，pp. 64-74.

[21] 6つの領域
幼稚園教育の目標を具体化して指導内容を導き出し，「望ましい経験」として分類したものです。本文にあるような弊害が起こったため，1964年の改訂で領域は，幼稚園教育における幼児の活動を分析し，そこに含まれる具体的なねらいをまとめたものとされました。

系統的，組織的でないから，カリキュラム作成に非常に不便である」という批判があったことを受けて，保育内容を組織的に考えて指導計画を立案するためであったといわれています[22]。

表6-3は，当時の保育雑誌に掲載された，6領域を取り入れた指導計画の一例です。

領域という考え方は，確かに保育を評価するときに便利であり計画を立てやすくなりました。しかし，一方で小学校の教科そのままに捉えて，活動を領域ごとに細切れに分けて計画を立てたり，いくつかの領域にまたがる経験や自由遊びなどはおろそかにされがちでした。

[22] 柴崎正行（編）『保育内容と方法の研究』（戦後50年史第2巻）栄光教育文化研究所，1997年，p. 136.

❸ 幼小の連続性と幼稚園教育の独自性を求めて
—— 「幼稚園教育要領」の改訂

このような領域別の指導計画や指導実践が一般的になってくると同時に，新たに批判も出されるようになってきたことを受けて，1964（昭和39）年に幼稚園教育要領が改訂されることとなりました。

この新しい幼稚園教育要領では，小学校的でない，幼児の本質を十分捉えた幼稚園教育にするべきであるという方針が，第1章総則で述べられています[23]。この改訂で，6領域という分類の仕方は踏襲されましたが，その考え方は1956（昭和31）年の教育要領とは趣を異にしています。指導計画に関しては，計画に取り入れる望ましい経験や活動は，大人が選んだものではなく，あくまでも子どもの生活のなかから生まれてくるものを重要視するという考え方が強調されました。

また1965（昭和40）年に厚生省より，保育所における初めての国の基準である「保育所保育指針」が通知されました。「保育所保育指針」では，2歳までの乳幼児は「生活」「遊び」の2つの領域，3歳では「健康」「社会」「言語」「遊び」の4つの領域，4，5，6歳では幼稚園教育要領と同じ6領域，というように各年齢の子どもの発達に応じて，いくつかの領域に分けて保育内容が示されています。これまで保育所に関しては，1950（昭和25）年厚生省児童家庭局による「保育所運営要領」や1952（昭和27）年「保育指針」などがありましたが，保育内容全般について系統的な記述がなく断片的なものでした。この「保育所保育指針」によって，保育所における保育計画と指導計画作成の必要性もはっきりと打ち出されることとなりました。

しかし，保育現場へ改訂の趣旨が明確に伝わらなかったことから，

[23] 文部省『幼稚園教育百年史』ひかりのくに，1979年，p. 652.

I　保育にかかわる計画についての理論

表6-3　岡山市立三勲幼稚園

【研究資料】　1月の保育計画

日	主題	目録	幼児の経験	経験内容 健康	経験内容 社会
5	お正月　寒さに負けない　（2月につづく）	○儀式を経験させる。 ○お正月のよろこびを味わわせる。	○お正月の式をする。 ・先生や友だちに新年の挨拶をする。 ・君が代やお正月のうたをうたう。 ・園長先生のお話をきく。 ・お祝のものをいただく。 ○始業式をする。		○新年の式を経験する。 （式の雰囲気に柔かくひたらせる。） ○始業式をする。 ○手袋はひもでつないで糸で記名してもらう。
10		○楽しいお正月の遊びを経験させる。 ○遊びを通じて，数や文字に興味を持つように導く。 ○遊びのルールを守って友だちとなかよくあそぶ。 ○自分で作った作品で遊ぶ楽しさを味う。 ○元気よく活動的な遊びをさせる。	○お正月の遊びをする。 ・お正月を中心に経験したことを話し合い絵に表現したり，こまや，凧，風船等作って遊ぶ。 ・かるたや，羽根つき，絵合せ等でなかよくあそぶ。 ・「凧と羽根」，「ねずみの飾引き」，等の童話をきいたり，紙芝居や幻灯を見たりする。 ・「花咲爺」の話をきいて，話し合いをして，面を作ったりして劇あそびをする。 ・「凧」，「ちゅうちゅうねずみ」等の歌やリズム遊びをする。	○寒さに負けず戸外で元気に遊ぶ。 ・凧・風ごま・羽根つき・まりつき・紙ひこうき，相撲，おしくらまんじゅう，なわとび，雪なげ等（マット上で危険のないように思う存分相撲させる。）	○楽しくお正月遊をする。 ・自分の思っていることははっきりいう。決して無言で首をふったりしない。 ・相手の顔をよく見て静かに話をきく。 ・グループ遊びの中で自分勝手のわがままをいわない。 ・遊び道具や，材料をたいせつにする。
15			○郵便ごっこをする。 ・年賀状について話し合う。 ・郵便屋さんについて話し合ったり，絵本を見たりする。 ・はがきに絵や文字をかいて，ポストに入れる。 ・郵便屋さんになって楽しく遊ぶ。		○郵便ごっこをする。 ・いろいろの役割を知って，楽しく遊ぶ。 ・ハガキ，切手，手紙等の使い方や出し方を知る。 ○かわり合って郵便屋さんになって遊ぶ。 ・遊んだ後は自分から進んで片づける。 （規則を守って遊ぶことが，よけいに楽しく遊べるものだということを理解させる。） ○成人の日を大体知る。 ・成長した，身近な人のよろこびを知る。 ○楽しく誕生会をする。 ・いたずらや私語等をしないで大勢の友だちと楽しい集りをする。 ・歌やリズムをする。（お正月等） ・楽器遊びをする。（おもちゃのマーチ） ・共作の紙芝居をする。（白雪姫，笠じぞう） ・劇あそびをする。（花咲爺） ・其の他いろいろ（大小の積木遊びや，相撲遊び等協力して遊ぶ。大きなグループの中では，互にゆずり合ったり，がまんをしたりして，目的に向って，楽しい遊びが続くよう適当な指導に重点をおく。）
20		○冬の衛生に留意させる。 ○健康の良習慣がつくように導く。	○冬の衛生について気をつける。 ・登園したとき，帰ったときに，うがいをする。 ・風邪を引いたときや，流行しているときは，マスクをする。 ・手をよくふいてからストーブや火鉢にあたる。 ・ストーブや火鉢の近くで危険な遊びをしないで静かに遊ぶ。 ○成人の日の話をきく。 ○戸外で友だちと元気に遊ぶ。 ・相撲の初場所の話をきいたり，写真や絵を見る。 ・お友だちと相撲をする。 ・相撲とり人形の歌やリズム遊びをする。 ・戸外で元気に，なわとび，おしくらまんじゅう，其の他いろいろな集団遊びをする。 ○楽しく食事をする。 ○正しい姿勢で歩いたり腰かけたりする。	○冬の衛生に気をつける。 ・寒くても顔を一人であらう。 ・すっぽりとえりまきに着がえる。 ・あまり厚着をしない。 ・暴飲暴食しないで楽しく食事する。 ・登園，帰宅時にうがいする。 ・風邪を引いたら早く手当をする。 ・咳が出る時は口に手をあてる。 ・手をよくふいてからストーブや火鉢にあたる。 ・手をよくこすって，凍傷にならないようにする。 ・ストーブや火鉢の近くでは，危険な遊びはしないで静かに遊ぶ。 ・凍った道や雪道は特に気をつける。 ・ポケットに手を突込んで歩かないこと。 ○戸を開け放しにしない。 ○姿勢に注意させる。 ・正しい姿勢で歩く。 ・腰かけた時の姿勢も正しくする。 ○避難訓練をする。 （素早く，あわてないで真面目に教師の合図による行動をとらしめる。）	
25		○冬の自然現象に関心をもつように導く。	○冬の自然現象に興味をもつ。 ・雪あそび，氷あそび等をする。 ・寒暖計をみる。 ・霜，霜柱，氷，つらら，あられ，雪，等について話し合ったり，見たりする。 ・冬の草木を注意して見る。 ・福寿草，水仙，梅等の栽培に関心をもって見る。 ・冬の歌をうたったり，リズム遊びをする。 ・「雪姫」等のお話をきいたり，雪に関した，紙芝居や，幻灯を見たりする。 ・「白雪姫」等の話をきいて，紙芝居をして遊ぶ。 ・雪降りの様子を描いたり，雪を使って，製作したりする。 ○動植物の世話をする。		
31					

➡出所：学習研究社『幼児の指導』1957年

第6章 保育における計画の変遷

1月の保育計画（1957年）

岡山市立三勲幼稚園

自然	言語	音楽リズム	絵画製作	摘要	行事
○お正月がいつもと大へん違っていることに気づく。 ・日の丸・しめなわ・門松・新しいカレンダー・おぞうに・餅・福寿草・水仙・梅の花等 ○お正月遊びをする。 ・自分で作った，トランプで遊ぶ。 ・カルタや双六・こま廻し，羽根つき，まりつき，字合せ，絵合せをして遊ぶ。 （自分で作った凧を，よくあがるようにいろいろ工夫させる。凧と風の関係，凧と糸目との関係などいろいろ疑問を起させ，幼児の科学する芽生えを養う。）	○新年の式をする。 ・先生や友だちに新年の挨拶をする。 ・君が代や，お正月の歌をうたう。 ・園長先生のお話をきく。 ・今月は何月何日という話し合いをする。 （きのう，きょう，あした，ひる，よる，なんがつ，なんにち，なんようび等簡単な日常用語がだんだん理解出来るようしむけ使えるように導く。） ○お正月の遊びをする。 ・楽しかった冬休み中の経験を話し合う。 （発表力の旺盛な幼児ばかりに話させないで消極的な幼児を先に立たせて身近な生活経験なら話すことができる自信を持たせるよう工夫する。） （すごろく，かるた，トランプ（五までの自作のもの）等いろいろの遊びを通じて，文字や数に関心をもたせるようにしむける。） ・ねずみのもち引き・凧と羽根・雀とやっこ凧・鶴の恩返し等お正月に因んだ話をきいたり，紙芝居，幻灯を見る。 ○年賀状や郵便屋さんについて話し合ったり絵本をみる。 ○郵便ごっこの相談をする。 ○ハガキを売ったりする。 ○ハガキに絵や字をかいてポストに入れる。 （売買ごっこをすることで物のねうちと金銭の関係を知ることになり，自然に数的な遊びへと導く。） ○いろいろなことば遊びをする。 （生活の場での話し合いや経験発表の時の話しことばの使い方を反省させ，正しいことばをわからせる。幼児相互の話し合いが上手にでき遊びが発展していくよう導く。） ○童謡，童話，童詩をきく。 （美しい冬の自然や，お正月をうたった，きれいな童謡，童話，童詩をよんできかせたりして美しい楽しいことばへ興味を呼び起させる。） ○「花咲爺」の劇あそびの相談をして，役割をきめたり，せりふを考える。 ○「白雪姫」や「笠じぞう」の自作の紙芝居をする。 ○冬の衛生について話し合う。 ○冬の動植物や，自然現象について話し合う。	○新年の式の歌を楽しく歌う。 ・君が代。 ・お正月の歌。 ○お正月遊びの歌やリズムをする。 ・凧あげ，はねつき，まりつき。 ・こままわし，おしくらまんじゅう。 ・相撲とり人形，なわとび。 ・ちゅうちゅうねずみ等の自由表現をする。 （発音，音程，リズムを正しくはっきり歌わせる。） ○いろいろの楽器で楽し合奏する。 ・お正月，おもちゃのマーチ，ちよがみ，ぎっこんばったん，等2/4，3/4，4/4の歌や曲に合せてリズム打や拍子打をする。 （歌や曲に合せ工夫してクズい楽器をつかわせる。楽器をたいせつに使う習慣を身につけさす。） ○よい音楽をきく。 ・うたのおばさん，幼児の時間クレコスポスト，ガボット等を興味をもってきく。 （歌曲の気持ち，内容がわかるような，よい雰囲気の中できかせ，自由に動作に表現せしめる。） ○音感あそびをする。 （主和音をはっきり表わした遊びをおもしろくさせる。）	○お正月遊びのものを作る。 ・トランプ，凧，風船，風ごま。 ・紙飛行機。 （面白く遊べるように工夫させる。） ・相撲あそびの軍配を考えて作る。 （材料をむだにしないように，道具をていねいに取扱うようにしむける。いつも自由に製作できるように，豊かに材料を取り揃えておく。） ○郵便ごっこに必要なものを作る。 ・ポスト，郵便局，はがき。 ・切手，封筒，かばん。 ・スタンプ等。 （材料も作り方も，グループで十分に工夫させる。） ○「花咲爺」の劇あそびのお面を作る。 ・各々の役によるお面を考えて作る。 ○「白雪姫」や「笠じぞう」の話をきいて，紙芝居を自作したり，共作したりする。 （この時，一人も忘れられた幼児のないよう，又，自信のない幼児には，特に愛情をもって楽しくグループの一人たらしめる様，心細やかな指導を要す。）	○式場の準備をする。 ○お正月の壁画をはる。 ○日の丸の旗を立てる。 ○お祝品の用意をする。 ○お鏡餅，お飾りをする。 ○新しいカレンダーをかける。 ○お正月のあそびの材料を豊富に用意する。 ○絵葉がきを主として表書きは教師や字のかける子が手伝う。 ○相撲に関する絵本や新聞の写真等を用意しておく。 ○戸外遊びの道具を用意する。（なわとびのなわ，ボール等） ○洗面器に浅く水を入れて，その中に花を入れ，夜，外において翌日，きれいに氷の張った様子を見せる。 備　考 （ ）内は指導上の留意点です。	新年祝賀式 （七くさ） 始　業　式 成　人　の　日 保育参観日 誕　生　祝 身長体重 測　　定 駆虫剤服用 講　演　会 講　師 （三勲小学校長）
○冬の自然現象に興味をもつ。 ・冬の草木の様子を注意して霜の降りている様子や，朝日に次第にとけていく様子を見たり，虫めがねで見たりする。 ・霜柱・氷・つらら・あられ・氷等について話し合ったり，見たりする。 ・池や水たまりの氷がはっている様子を見る。 ・氷にストローで息を吹きかけて穴がおもしろくあくのを見る。 ・寒暖計の下降状態を見る。 ・春を待つ地下の営みに気づかせるようにする。 ・みかんを食べて，他の果物との違いを話し合ったりする。 ○動植物の世話をする。					

I 保育にかかわる計画についての理論

依然として領域を教科同様に扱って計画を立案する園が多く存在していたようです。また領域における「ねらい」も，子どもが夢中になって取り組む活動や経験からの結果というよりも，あらかじめ大人が「望ましい」と思う「ねらい」を設定し，それに見合った経験や活動を，大人が選んで計画に取り入れるということが数多くあったようです。

第3節 子どもの主体的活動を生かす
――1989（平成元）年の改訂以降

❶自発的な活動としての遊びの重視
――「幼稚園教育要領」25年ぶりの改訂

下のエピソードは，昭和50～60年代に保育の現場でよく聞かれた話です。これを読んで，みなさんはどんなことを考えますか？

Episode

ある幼稚園教諭の話から

その日A幼稚園の5歳児クラスでは，みんなでグループに分かれてお店屋さんごっこをしていた。このお店屋さんごっこは，3日前に散歩で町の商店街を通ったときに子どもたちがいろいろな店を見学した機会を生かそうと，保育者が計画したものであった。

しばらくすると2人の男児が組板で鉄砲を作って遊び始めた。すると担任の保育者は，彼らの所に行って声をかけた。「あんたたち，今何をするのかわかっているの？」

お店屋さんごっこも終盤に差しかかった頃，ある女児が担任保育者に尋ねた。「先生，もう砂場へ行って遊んできていい？」

遊びが子どもにとって大事なことであり，幼児期の特徴的な活動の姿であることは保育に携わる者は，当時誰でも認識していました。しかし当時の保育現場では，何をして遊ばせようかという発想が少

なからずあり，エピソードのような場面もよく見られました。また「体育遊び」「数遊び」「言葉遊び」というように，何でも「遊び」という言葉をつけると遊ぶということになるという考え方もあり，実際は子どもが遊んでいるのではなくて，ただ言葉を教えたり，数を数えたりすることが遊びのような形をとっているだけ，という活動も多くあったようです。幼稚園教育要領における，そうした遊びの位置づけの不明瞭さが現場の混乱を招いたことから，1989（平成元）年の幼稚園教育要領の改訂では，幼稚園を幼児の主体的な生活の場にしていくことを大きな目的とし，これまで小学校教科と混同されやすかった6領域を，こうした幼児を捉える視点として「健康」「人間関係」「環境」「言葉」「表現」の5つの領域に編成し直されました。また，本来幼児の活動は幼児が主体的にかかわることによって生まれるものであるとの立場に立ち，幼稚園教育の基本を「環境を通して行う保育」とし，幼児の自発的な活動としての遊びが重視されました。このような改訂を受けて指導計画の作成についても，幼児一人ひとりの生活体験や発達課題を考慮しながら，幼稚園生活の自然な流れに組み込まれるような具体的なねらいや内容を設定し，それにふさわしい環境が構成されるような計画が求められるようになりました。

この幼稚園教育要領の改訂に続いて1990（平成2）年に保育所保育指針も改訂されます。幼稚園教育要領と同様，3歳以上児の保育内容において教育の面は5領域とし，3歳未満児については5領域を配慮しつつ養護にかかわるものと共に示すこととしました。また，「環境を通して行う教育」「遊びを通しての総合的な指導」などの基本的な考え方もそのまま生かされています。

こうした改訂により，保育雑誌などに掲載される計画も「環境構成」に重点がおかれるほか，その環境に幼児が主体的にかかわるためにどのような保育者の援助が必要なのかということにも重点がおかれるようになりました（表6-4）。

❷幼稚園教育要領の趣旨をより明確に
——1998（平成10）年の改訂

こうした指導計画の考え方や様式が変わってきたのに伴い，かつて多くの幼稚園で作成されていた領域ごとに経験や活動を設定するような計画もしだいに作成されなくなっていきました。

➡24　5つの領域
　幼児が主体的に活動に取り組むなかで，どんなことに興味や関心をもち，どんなことを幼児自身が経験しているかという，幼児自身にとっての活動の意味を捉える視点が必要との見方から，幼児を捉える視点として編成したものです。

➡25　指導計画
　1989年改訂版幼稚園教育要領の第3章では「指導計画は，幼児の発達に即して一人一人の幼児が幼児期にふさわしい生活を展開し必要な体験を得られるようにするために，具体的に作成すること」「指導計画作成に当たっては，次に示すところにより，具体的なねらい及び内容を明確に設定し，適切な環境を構成することなどにより活動が選択・展開されるようにすること」と明示されています。

I 保育にかかわる計画についての理論

表6-4 幼稚園・保育所それぞれにおける1日の保育案（1994年）

●12月19日の計画　幼稚園

	内容
ねらい	○寒さに負けず、戸外で身体を動かし、ルールのある遊びを楽しむ ○グループの友達と相談して、遊びを進める楽しさを味わう
指導内容	○友達といっしょに戸外で身体を動かす遊びを楽しむ ○グループの友達と話し合いながら、表現遊びを楽しむ ○手洗いやうがいの必要性を知り、進んでできる ○自分の考えを伝えたり、友達の考えをよく聞いたりして遊びを進める
参考	○遊びに必要な物を作る

環境を構成するポイント	予想される幼児の活動と保育者の援助
○戸外では危険のないよう、それぞれの遊びの場を十分に確保し、約束を守って遊ぶようにする ○いろいろな遊具（ボール、竹馬、こま、など）は、子どもたちと話し合い、取り出しやすいように整理しておく ○チームに分かれるときは帽子の色で分けたり、得点表を数名意し、興味が持続するようにする ○かぜの予防のポスターを掲示し、進んで手洗いやうがいができるようにする ○それぞれの遊びに必要な物を子どもたちといっしょに話し合いながら準備したり、遊びのヒントになるような絵本を見やすい所に置いておく ○自分の考えを言ったり、友達の考えを聞いたりできるよう、十分に話し合いの時間を設けるようにする	○登園する ・保育者や友達とあいさつを交わし、持ち物の始末をする ・当番活動をする ○活動的な遊びを選んで遊ぶ （竹馬、サッカー、中当て、ドッジボール、こま、ダンス、楽器、人形劇ごっこ　など） ○かたづけをする ○ドッジボールをする ・チームに分かれる ・ゲームをする ○手洗い、うがいをする ○食事をする ○グループに分かれて遊ぶ 劇遊び、手遊び、合奏など（手品） ・遊びに必要な物を作る ○降園準備をする ・今日の遊びについて話し合う ○歌をうたう ○おべんとうのうた （ローソク、クリスマスの鐘　など） ○絵本を見る （サンタさんがきたよ　くん） ○降園する

（幼児発達研究会・第1グループ）

●12月9日の計画　保育所

	内容
ねらい	○戸外で身体を動かして遊ぶ ○自分の考えを言ったり、相手の考えを聞いたり、友達と一緒に遊ぶ楽しさを味わう
指導内容	○サッカーごっこのなかで、ルールを知ったり、自分たちでルールをつくったりする ○風の冷たさなどを肌で感じる ○友達と身体がふれ合って暖かく動くなることを知る
参考	

環境を構成するポイント	予想される幼児の活動と保育者の援助
○登園時には、室内が暖かくなるよう、気温に応じた換気にも気をつける ○サッカーごっこは、初めからルール決めておかず、チームや同人数に分かれ、ゴールを確認することなど、気楽に楽しくスタートする ○遊びが盛り上がるよう、保育者も子どもの興味に合わせ、本気になったり、ゲームを一緒に楽しんだりする ○遊びのようすをよく見ながら、ラインを引いたり、合図を笛に変えたり、ルールも子どもと進めるようにする ○昼食前に、今日のサッカーごっこについて話す時間を設け、感想やルールの確認などをし、また明日もやりたいという気持ちを持たせていく	○順次登園し、遊びの始まりをする ○好きな遊びをする ・室内で遊ぶ ・園庭で遊ぶ ○サッカーごっこをする ・2つのクラスに分かれる ・帽子の色に分かれ、青チームと黄色チームのゴールを決める ・ルールをつくっていく ・遊んでいくうちに、自分たちのルールをつくっていく。ゴールキーパーは手を使ってもよい、手は手にボールが触ったらゴールに行く　など ○足などが汚れた子、服が汚れた子は、自分であらうよう、ぬらしたぞうきんを用意しておく ○給食を食べる ・食べられない子は減らしてもらったり、おかわりをしたりする ○昼寝をする ○おやつを食べる ○迎えが来るまで、好きな遊びをする	○ほかのクラスが園庭に出ていない時間を使用し、また、クラスごとの言いことを話しておく ○暑くなったら1枚脱ぐなど、衣服の調節を促して、危険のないように行く ○汗をかいた子、服が汚れた子は、着替える ○自分で食器の片付けやすいよう、盆を置く場所などに配慮する

（鈴木しのぶ）

出所：ひかりのくに『月刊保育とカリキュラム』1994年

しかし，これまでとは別な問題も出てきました。たとえば幼児の主体的な活動を尊重し環境を通して行う保育を，保育者が何もしないでただ見ているだけの保育と捉えられたりしたことです。また，幼児が主体的に活動に取り組める環境や，自由になる時間を十分用意さえすれば，計画を立てる必要はないという主張もなされました。その原因として新しい幼稚園教育要領では，環境構成や保育者の援助，そして計画に対する共通理解がされにくかったことがあげられます。そうした問題点を見直し，幼稚園教育要領の趣旨をより明確に実践していくために，改訂が行われることとなりました。

このように，前回改訂の幼稚園教育要領をより明確にわかりやすくということが，この改訂の主な目的であるため，内容の大幅な変更はあまりみられず，5領域など従来の幼稚園教育要領の考え方をほぼ踏襲したものとして公刊されました。したがって指導計画も，1989（平成元）年改訂時期と同様に，環境の構成や保育者の援助に重点がおかれた様式のものが多く見られます。この改訂に続いて，1999（平成11）年に保育所保育指針も改訂されました。

そして2008（平成20）年，幼稚園教育要領と保育所保育指針ともに，さらなる改訂が行われました。この改訂に際し，特に保育所保育指針では従来の「保育計画」という名称が，「保育課程」に改められました。

これは「保育計画」という名称が，厚生労働省による待機児童の解消計画と紛らわしいことや，0〜6歳までの子どもの育ちを通して養護と教育を行うためには，より一貫した課程を編成する必要がある，という考え方によるものだとされています。

こうして，保育所保育指針における保育の計画は，新たに「保育課程」と呼ばれることとなりました。

これまで子どもを取り巻く社会や生活は，さまざまな変遷をたどってきました。そしていつの時代も，子どもにとって何がよいのか，何が必要なのかを考えようとする努力が重ねられてきました。その成果がそれぞれの時代の保育の計画の考え方や内容に反映されているといってよいでしょう。

これから社会がどのように変化していくのかはわかりません。大切なのは，その変化に流されることなく，その時々の子どもの生活にとって何がよいのか，常に問い直し考え続けていくことなのです。

Ⅰ 保育にかかわる計画についての理論

さらに学びたい人のために

- 岡田正章他『戦後保育史』全2巻，フレーベル館，1980年
  終戦直後から昭和50年代までの日本の保育の変遷を，証言や資料を基に詳しくまとめられています。保育内容や計画だけでなく，幼児文化や保育文化にも言及しており，戦後の保育の歴史を幅広く理解することができます。
- 橋川喜美代『保育形態論の変遷』春風社，2003年
  日本における明治期からの保育形態の変遷について，アメリカの幼稚園改革運動の影響を受けて急速に確立してきたその実態を，時代背景や社会状況を踏まえながらまとめられています。その時代になぜ，そのような保育形態が求められたのかを詳しく学ぶことができます。
- 文部省『幼稚園教育百年史』ひかりのくに，1979年
  保育における計画のみならず，明治期から昭和期までの保育全般の歴史が体系的にまとめられており，日本の保育がどのような変遷を辿ってきたのかの理解を深めることができます。

演 習 問 題

1. 恩物中心の保育内容と計画から脱却し，子どもの自発的活動としての遊びが重要視されるようになった経緯について，当時の時代背景や社会状況を踏まえながらまとめてみましょう。
2. 1956年改訂の幼稚園教育要領における保育計画の考え方と1989年改訂のものとを比較し，その異同を考察してみましょう。
3. 現行の幼稚園教育要領における保育の計画の考えた方と，明治期から平成期までの考え方とを比較しながら，現在の保育の計画のあり方を話し合ってみましょう。

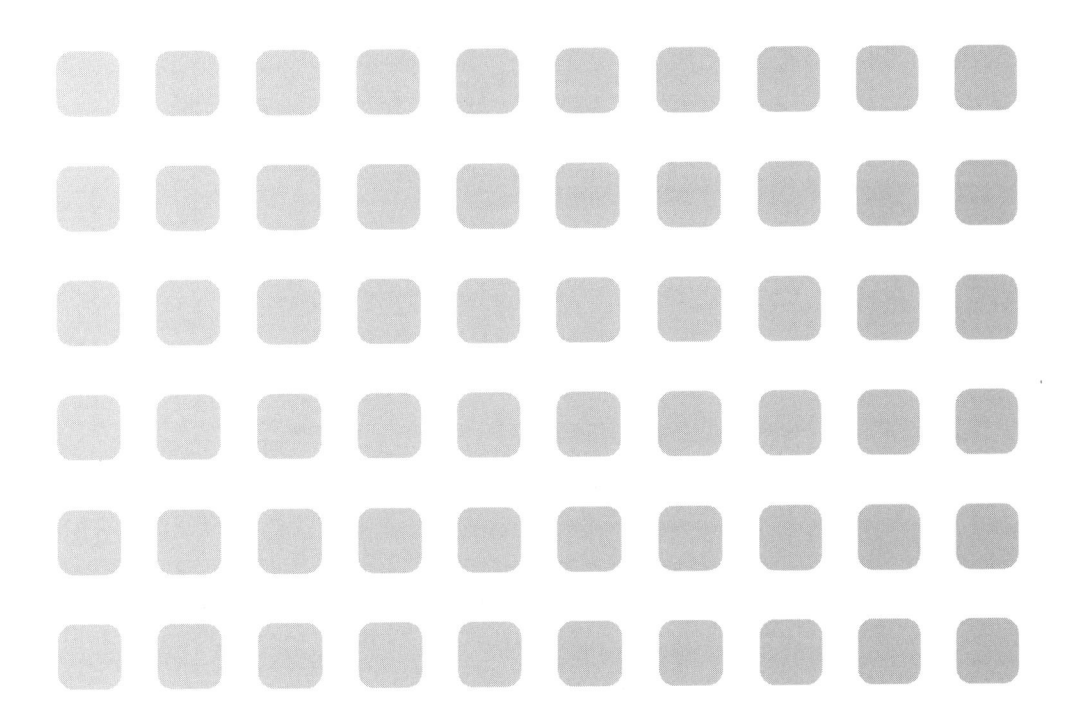

II 計画の作成の実際

第7章

日案から週案の作成
――幼稚園4歳児の場合――

　これまで保育にかかわる計画についての理論を学んできました。実際には，保育者は日々どのように子どもの姿を捉え，短期の指導計画である日案や週案を作成しているのでしょうか。本章では幼稚園4歳児のある時期の週日案を例に取り上げ，そのプロセスを詳しく見ていくことにします。また，週日案の作成の際に長期の指導計画をどのように活用しているのかについても考えていくことにしましょう。

2人とも
はやーい！
ガンバレーッ
負けない
ぞーっ
キコ
キコ
キコ
キコ
キコ
5/8 4歳児クラス記録
活動
経験
三輪車
速さを楽しむ

この記録から明日の
日案を立てるのね
速さにこだわりを
見せていたから…
よし!!
世界ギネスに
挑戦!!
ドーンと！
4歳児
ギネス？

第7章 日案から週案の作成──幼稚園4歳児の場合

第1節 ある日の子どもの姿から日案の作成へ

　日案とは，登園から降園まで，保育者がその日どのように保育を行うのかをシミュレーションしたものです。このベースとなるのは，前日の子どもの姿となります。ある幼稚園の4歳児11月下旬の日案を取り上げて考えていくことにしましょう。

○事例のプロフィール
・2，3年保育4歳児。在籍20名（男児14名　女児6名）。
・男児が多く，活発な子どもが多いが，全体的に安定して過ごしている。
・休み明けの月曜日は遊び出しには時間がかかる。保育者の誘いで遊び始める姿が多い。
・一つの遊びにじっくりかかわる子どもの姿が多くなってきている。
・前週は，遠足や誕生会，祝日が入った週だったが，子どもたちはお化け屋敷ごっこ，ドングリを使った遊びを中心に行っていた。

11/20（月）～11/24（金）の子どもの姿（経験していること）
・中型積み木で場をつくったお化け屋敷ごっこが続いていた。それは5歳児の遊園地ごっこが影響している。<u>5歳児の遊園地のお化け迷路を再現</u>（積み木で迷路の道をつくる，入り口でチケットの穴を開ける，年長児のつくった火の玉やお化け人形などを借りて動かすなど）して遊ぶ。
・女児3人はどんぐりや小枝等を丸形の段ボール片にボンドで貼り付けてクッキーやケーキづくりを楽しむ。<u>自分なりに付け方を工夫している</u>。
・他の子どもは，遠足で拾ってきたドングリで<u>マラカスをつくったり</u>，斜面の上から一握り分の<u>ドングリを転がしたりする</u>ことを楽しむ姿が見られた。
・11/24はこの前の週から始めた助け鬼を楽しむ姿が多かった。<u>ルールが定着し，保育者がいなくても遊びが続く</u>。
・男児4人は園庭の木製の固定遊具をお家にして遊ぶ。<u>遊びに必要なものを保育室からもち出して場をつくっている</u>。
・11/24の誕生会で，5歳児のペープサート劇「おおかみと7ひきのこやぎ」を喜んで観ていた。

Ⅱ　計画の作成の実際

```
┌─記録する──────────┐      ┌─翌日の日案作成へ──┐
│ 前日の保育を振り返る   │      │ 翌日のねらいへ      │
│ 子どもの経験しているこ │ ──▶ │ 予想される遊びへ    │
│ とは何か               │      │ 翌日の環境構成・援助へ│
│ 自分の援助はどうだったか│      └──────────┘
│ 手立ては何か           │               │
│ 明日はどんな遊びが予想 │               ▼
│ されるか               │         ┌─保育の実践─┐
└──────────────┘         └───────┘
                                        │
                                        ▼
                            ┌─記録する────┐    ┌─翌日の日─┐
                            │ 今日の保育を振り│──▶│ 案作成へ │
                            │ 返る           │    └──────┘
                            └─────────┘
```

図7-1　日案作成のプロセス

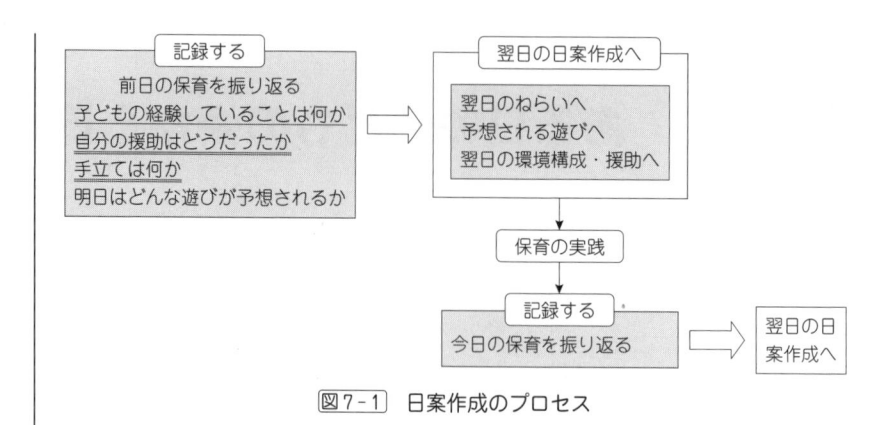

❶記録から子どもの姿を捉える──実態を把握する

　前日の子どもの姿から，どのように日案を作成していくのでしょうか。それは，保育を振り返り，子どもの遊ぶ姿から，どんなことを経験しているのかを読み取ることから始めます。日案作成のプロセスは，図7-1のように表すことができます。

　それでは，11/27（月）の遊びの様子から，子どもがどんなことを経験しているのかを読み取ってみましょう。

11/27（月）の記録（経験していること　援助の振り返りと手立て）

○先週のケーキづくりやお化け屋敷ごっこで使うものを目につくところに出しておいたが，遊ぶ姿が見られない。月曜日という遊び出しの遅い日。遊びを探している子どもを誘うが，気持ちが乗らない様子。

○先週（金）の誕生会の「おおかみと7ひきのこやぎ」の刺激を生かしたいと考えお面を準備しておく。保育者が誘うと，アン，リョウコ，チイ，リョウ，ミキヤ，トモが加わってくる。子どもたちは「広い家をつくろう」と言い，つくり始める。アンは「先生がお母さん，子どもはこやぎ」と言い，リョウも「おおかみが来ちゃうから急げ！」と慌てて家づくりを進める。よく知っているお話なので，ストーリーの展開も大まかに共通になっている。その後保育者がおおかみのお面をつくっていると，あわてながらも保育者が来るのを楽しみにしている。ストーリーやお話にそって遊ぶことを繰り返し，保育者が抜けても，役を変えて遊んでいた。遊びの途中で引っ張りすぎかもしれないという思いがよぎる。しかし，やりとりや動き方など保育者の様子を見たり，真似たりして，子どもたちに共通のものとなっているようだ。新たな遊びの刺激が必要ではないかと感じていたが，こういう保育者の動きが必要だったのかもしれないと感じた。

・ヒロ，シュン，ヤスはそばで見ているが，声をかけても加わってこな

> い。彼らがしたいと思ったときにできるようにあせらず見守りたい。
> ・イメージで遊ぶことが楽しい様子だったので，おおかみの白い手となる軍手，紙でつくった大きめのはさみやはりなど，明日以降の遊びのなかで様子を見ながら提示していこう。
> ○男児4人のままごとは園庭の木製遊具を中心に自分たちで場をつくる。今日は砂場でつくったご飯をもち込んだり，入口にきちんと靴を並べたりする。洗濯物を干したいというので，近くの木にひもをくくりつけると，脱いだ靴下を干し始める。
> ○園庭に陣地となる線をかいておくと，誘い合って助け鬼が始まる。線が消えてくると自分たちでチョークをもち出し上からなぞり続行する。

　このなかで＿＿で示しているのが「子どもの経験していること」です。その日の姿だけではなく，その前の日，前の週にどんな遊びでどんな姿が見られたかを含めて読み取っていくことが大切です。これが実態を把握するということであり，翌日の日案につながる部分です。

❷記録のなかで自分の援助を振り返る

　その日どのような保育が展開されたのかは，通常保育後に記録します。この記録は，「反省・評価」というものです。子どもがどんな遊びをし，どんなことを経験しているのか，そして，自分は子どもの姿をどのように捉え，援助していたかという自分の保育の振り返りも記入していきます。先ほどの記録のなかの＿＿が，保育者の援助の「振り返り」と明日どのように援助していこうかという「手立て」を記した部分です。「子どもの経験していること」の読み取り，「援助の振り返りと手立て」が翌日の日案の「ねらい」や「援助・環境の構成」につながっていくのです。

❸記録から翌日の日案へ

　実際の例から考えていきましょう。保育者は11/27（月）の子どもの遊びの姿から，今日11/27（月）の遊びが明日11/28（火）も引き続き出てくると予想しました。そして，11/27（月）の経験していたこと（＿＿）から，共通に経験していることを見出し，翌日の「ねらい」を立て，援助の振り返りと手立て（＿＿）から「援助・環境の構成」を考えました（図7-2）。

Ⅱ　計画の作成の実際

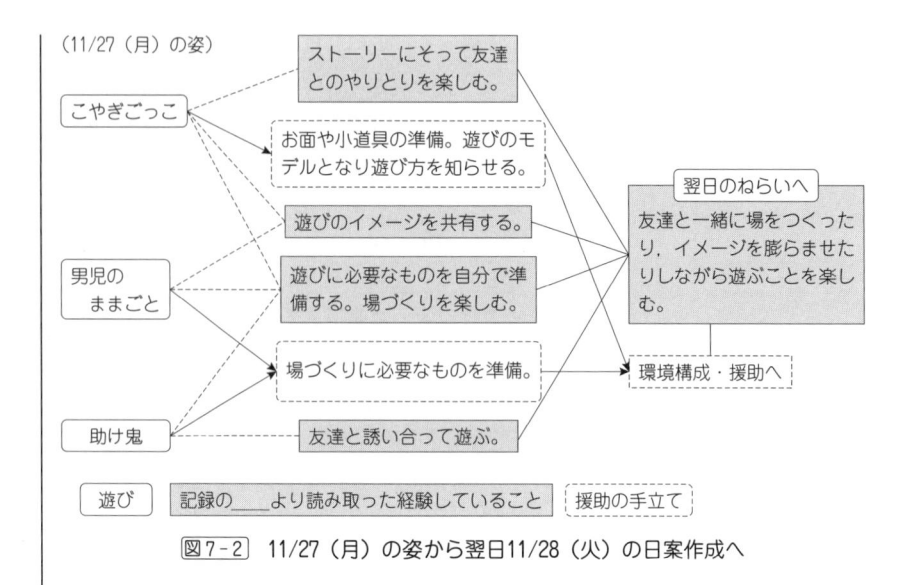

(11/27（月）の姿)

こやぎごっこ
- ストーリーにそって友達とのやりとりを楽しむ。
- お面や小道具の準備。遊びのモデルとなり遊び方を知らせる。
- 遊びのイメージを共有する。

男児のままごと
- 遊びに必要なものを自分で準備する。場づくりを楽しむ。
- 場づくりに必要なものを準備。

助け鬼
- 友達と誘い合って遊ぶ。

翌日のねらいへ
友達と一緒に場をつくったり，イメージを膨らませたりしながら遊ぶことを楽しむ。

環境構成・援助へ

| 遊び | 記録の＿＿より読み取った経験していること | 援助の手立て |

図7-2　11/27（月）の姿から翌日11/28（火）の日案作成へ

11/28（火）日案

ねらい
○友達と一緒に場をつくったり，イメージを膨らませたりしながら遊ぶことを楽しむ。

遊びの予想・環境構成・援助
・ごっこ遊びや助け鬼などで，自分たちで必要なものを準備し，場づくりが楽しめるよう，子どもの目のつくところによく使うものを準備する（つい立て，ござ，チョーク）。
・こやぎごっこでは，イメージの膨らむ小道具を準備しておく。遊び出しの様子を見ながら援助していく。やりとりや動き方など一緒に遊びながら知らせたり，共通にしたりしていく。

第2節　週の子どもの姿の捉えから週案の作成へ

　次に週案作成について考えていきましょう。週案も同様に，子どもの姿がベースとなります。週案作成は図7-3のように表すことができます。

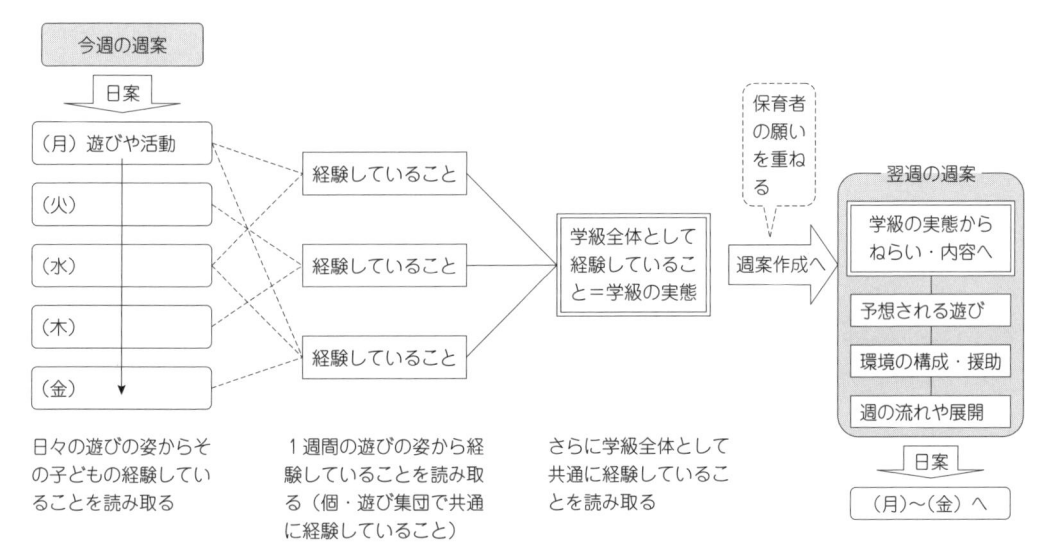

第7章 日案から週案の作成——幼稚園4歳児の場合

図7-3 週案作成のサイクル

❶日々の遊びを捉える——実態を把握する

11/27（月）〜12/1（金）の週の子どもの姿から，どのように翌週の週案につなげていくのか考えてみましょう。この週の遊びから，「おおかみとこやぎごっこ（以下こやぎごっこ）」と「クリスマスの飾りづくりとパーティーごっこ」の2つの遊びを取り上げていくことにします。

> 週の記録「評価・反省」より（経験していること＿＿＿）
> 11/27（月）記録参照（こやぎごっこ：pp. 118-119）
>
> 11/28（火）
> ○こやぎごっこ
> ・雨のため室内での遊び。昨日のメンバーに加え3人ほどお面をつくって遊びに加わった。好きな友達3，4人で積み木やつい立でお家をつくり，ままごとを始める。保育者がおおかみになると，大きめの一つのお家に集まる。おおかみとのやりとりでは，次の展開を予測してスリル感を楽しんでいる。保育者が軍手や手づくりの針とはさみを提示すると，役をかえながらその後も遊びは続く。後半は，おおかみの仲間が増え，おおかみの家をつくって遊び始める。
>
> 11/29（水）
> ○昨日雨で出れなかった分，戸外で遊ぶ子どもが多い。「こやぎごっこ」

121

も場づくりをするのみ。
○ツリーの飾りづくり
・正面玄関に大きなクリスマスツリーが出ていた。しばらくして気づいたチイ、ニイミ、ミズキ、ユウキとともに既成の飾りを付ける。そのほか、アルミホイルでつくる球状の飾りやベルづくりを提示すると、喜んで始める。その後シュンも加わる。チイは、「もっといろんなものをつくりたい」と言う。ニイミはモールをねじったり、つなげたりなど自分なりの工夫を楽しみ、小さな紙に願い事を書いて飾る。シュンは今まで製作の遊びをじっくり行うことは少なかったが、ベルやその後に提示したろうそくづくりを長い時間行っていた。自分から「やってみたい」という気持ちが出てきたのかとうれしく思う。

写真7-1 「クリスマスツリーの飾りづくり」だんだん素敵になってきた。

11/30（木）
○こやぎごっこ
・雨天。こやぎごっこがにぎわう。ヤスは今日から加わったが、自分の思いだけで場をつくるので、トラブルになる。場づくりのアイディアは豊富なヤスだが、自分の思いで動いてしまう。ヤスのいい部分を他の子どもにも広めたい。ヤスには一緒に遊ぶ友達に言葉で伝えていくことを繰り返し伝えていく必要がある。
○ツリーの飾りづくりとパーティーごっこ
・今日もチイ、ニイミ、シュンはクリスマスツリーの飾りづくり。シュンは家でつくってきたベルやアルミホイルの飾りを見せてくれる。昨日の遊びがとても楽しかったのだろう。今日は他の素材や折り紙でつくるサンタクロースを提示する。午後は、チイとニイミは、ツリーを囲んでパーティーをしようと場づくりを始める。2人で好きな色を選

び，円錐型のパーティーの帽子をそれぞれつくる。
○プレゼントづくり
・アンとリョウコは，箱のなかに絵を描いた紙を入れ，プレゼントをつくる。きれいな包装紙を提示すると喜んで使い，リボンも付ける。リョウコが「クリスマスのプレゼント」と言うので，クリスマス模様の包装紙を提示すると，ますますうれしそうにつくる。

12/1（金）
○プレゼントづくりとパーティーごっこ
・アンとリョウコは昨日の続きのプレゼントづくり。アンは白い袋を要求。保育者が「サンタさんみたいだね」というと，「サンタだもん」との声。チイとニイミのパーティーの帽子を見て，サンタの帽子をつくり，赤い洋服もつくる。リョウコもアンと同じようにつくる。
・チイとニイミは「パーティーだからケーキをつくりたい」と言い，ホットケーキをつくり始める。その他，「いいこと考えた」と言ってクレープもつくる。「自分で考えた」というクレープは，なかにクリームやフルーツがトッピングされたもの。イメージしながらつくっていたようだ。
・午後になると，チイとニイミの家に，サンタになったアンがやってくる。チイが，慌てて布団を敷くなど寝床をつくり始める。

写真7-2 「サンタさん来るかな……」楽しみにして眠りのなかへ

・アンに楽器の鈴を鳴らすことを提案する。アンは自分で工夫し，鈴のもち手にリボンを通し首からさげるようにする。アンが歩くたびに，本当にサンタクロースがやってきた演出になり，廊下でままごと遊びをしていた子どもたちも布団を敷き寝始める。

Ⅱ　計画の作成の実際

❷1週間の評価・反省から学級全体の育ちを読み取る

　月曜から金曜までの遊びの姿から，学級全体の育ちをどのように読み取るのでしょうか。それは，遊びにおける子どもの経験していること（　　）から見えてきます。

❸翌週の週案作成へ

　図7-4にあるように，それぞれの遊びの経験していることから，さらに「共通して経験していること」としてⅰ〜ⅲの3つの要素を見出すことができます。これが学級の子どもたち全体の育ち，つまり，この学級の実態となります。これをもとに作成した翌週の週案は表7-1の通りです。

保育者の思い
今週の遊びの経験を生かした活動を展開していきたい。イメージが一緒に遊ぶ友達に伝わって遊んでいくようになるといいな。

11/27（月）こやぎごっこ
11/28（火）こやぎごっこ
11/29（水）こやぎごっこ
11/30（木）こやぎごっこ

経験していること
ストーリーをイメージⅰし，必要なものを取り入れて場をつくるⅱ
友達や保育者とのかかわりⅰや簡単なやりとり
ストーリーにそって動く楽しさⅰ
自分のイメージの実現ⅲ

11/29（水）ツリーの飾りづくり
11/30（木）ツリーの飾りづくり

経験していること
イメージしながらつくる楽しさⅱ
自分なりの工夫やイメージの実現ⅲ

11/30（木）パーティーごっこ
11/30（木）プレゼントづくり
12/1（金）パーティーごっこ
12/1（金）プレゼントづくりからサンタクロースごっこへ

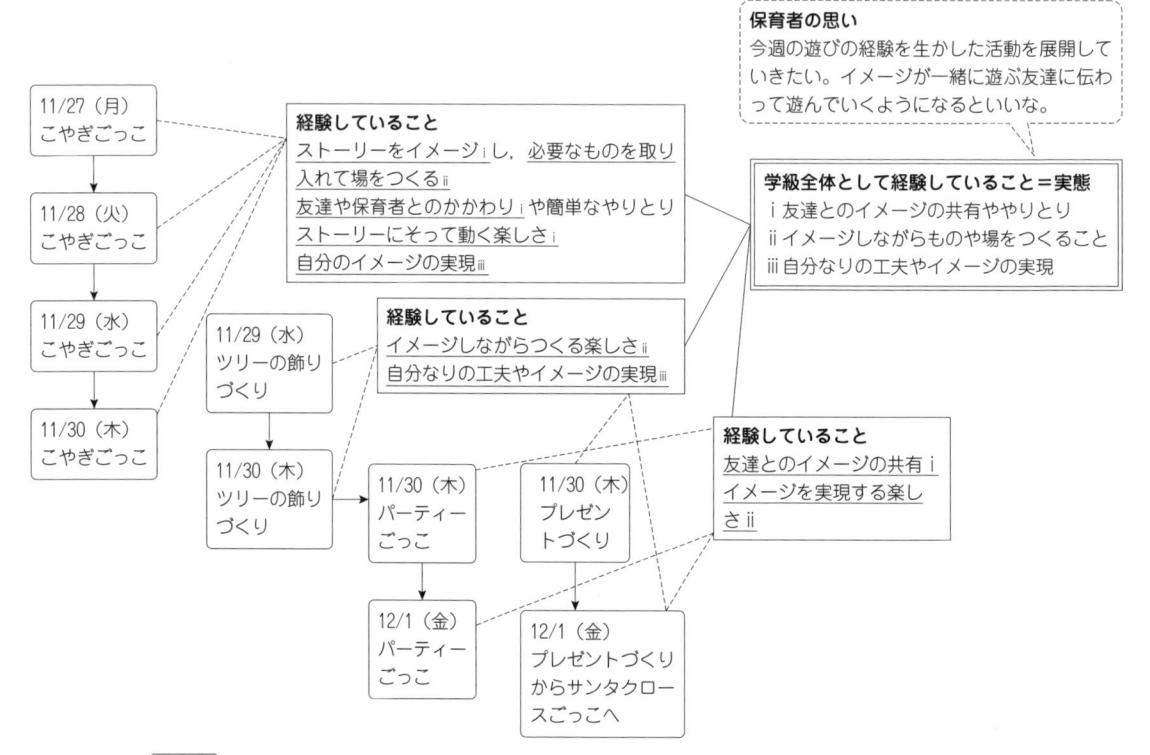

経験していること
友達とのイメージの共有ⅰ
イメージを実現する楽しさⅱ

学級全体として経験していること＝実態
ⅰ友達とのイメージの共有ややりとり
ⅱイメージしながらものや場をつくること
ⅲ自分なりの工夫やイメージの実現

図7-4　それぞれの遊びの経験していることの読み取りから，学級全体の育ちの読み取りへ

第7章 日案から週案の作成——幼稚園4歳児の場合

表7-1 週案（一部抜粋）

4歳　Ⅳ期　12月4日～12月9日	内　容	環境・保育者の援助
幼児の姿　評価・反省	・おおかみとこやぎごっこやクリスマスツリーのパーティーごっこでは友達と一緒に場をつくり、イメージを出して遊ぶ姿が見られた。思いやイメージを言葉に出し、友達に伝わり一緒に遊ぶ楽しさを味わえるようにしていきたい。 ・ツリーの飾りづくり、サンタごっこをきっかけに今週は楽器遊び、クリスマス製作を取り入れていこう。	・自分なりにイメージしたものをつくったり、つくったもので遊んだりすることを楽しむ。 ・いろいろな素材を取り入れて工夫してつくる。 ・遊びの場や必要なものを準備しながら遊び、そのなかで友達とかかわることを楽しむ。 ・自分の思いやイメージを言葉や動きに出したり、やりとりをしたりしながら遊ぶ。 ・友達のイメージを聞いて、自分の思いと重ねたり、膨らませたりし、つながる楽しさを感じる。 ・自分の気持ちを教師や友達に伝えたり、相手の気持ちに気づいたりする。 ・友達や教師と一緒にルールのある遊びをしたり、体を動かし、友達と触れ合うことを楽しむ。 ・リズムに合わせて歌ったり、楽器を鳴らしたり、体を自由に動かしたりして遊ぶことを楽しむ。 ・健康で安全な生活の仕方を知り、自分なりに進んで行っていこうとする（うがい手洗い、衣服の調節など）。	〈生活〉 ・風邪が流行り出している。手洗いうがいの大切さを知らせ、せっけんで手を洗ったり、うがいをしたりしていくように声をかけていく。温飯器や暖房器具も使っているので、安全に気をつけて過ごしていけるように約束を知らせていく。 〈遊び・友達とのかかわり〉 ・イメージのある遊びのなかでは、役になったり、自分なりの思いや考えをもって遊んでいる姿を認める。またより遊びが楽しめるようイメージを投げかけていく。 ・共通のイメージで集まり遊ぶなかでは、イメージの確認をしたり、それぞれのイメージを橋渡しをしたりしながら、一緒に遊びを進めていく楽しさが感じられるようにしていく。 ・自分のしたいことを相手に伝えていけるように場面場面で声をかける。 ・友達の思いを受け入れていく姿を認めたり、周りに伝えたりしていくことで、幼児が一緒に遊ぶ友達の思いを受け入れていけるようにする。 ・助け鬼では、ルールを守らなかったり、タッチの仕方によってトラブルになったりするので、保育者も仲間に入り、ルールを共通にしたり、整理したりする。 ・製作や楽器遊びなどいろいろな活動が入ってくるので、そのなかで自分なりの楽しさや面白さを感じていけるように声をかけたり、一緒に楽しんだりしていく。
ねらい	○友達に自分なりの考えやイメージを出しながら、遊ぶ楽しさを味わう。 ○学級の友達と一緒にいろいろな活動に取り組み、興味や関心を広げたり、力を発揮したりする。		

第3節　長期の指導計画の参照と修正の実際

　これまで、短期の指導計画といわれる週日案について考えてきました。保育を行う上では、長期の指導計画という、子どもの育ちを長い目で見通した計画が必要です。そして、次のように週案を作成するときなどに参照していきます。

➡ 1年間の子どもの姿を発達で区切ったもの。1年を4～5期に分けている園が多いです。

> 長期の指導計画を参照する例
> 1. 年度の初め・期が変わるときに参照する
>   →この学年はどういう育ちをしていくのか、1年を通しての大まかな見通しをもつ。
>   期が変わるときに、この期はどういう育ちをしていくのか、期を通しての見通しをもつ。
> 2. 運動会など大きな行事に取り組む際に参照する
>   →この時期の子どもの育ちを把握し、そのために必要な援助などを週案作成時に参照する。
> 3. 週案を作成するときに参照する

Ⅱ 計画の作成の実際

```
┌─────────────┐
│ 保育者の願い │
│ 当番活動を経験さ │
│ せたい。    │
└─────────────┘
      ↕ すり合わせる
┌─────────────┐      ┌──────────────────┐      ┌──────────────────┐
│ １学級の実態 │ ──→  │ ２指導計画を参照する │ ──→  │ ３手立てを考える │
│ 保育者の手伝いをした │      │ 指導計画Ⅲ期       │      │ 指導計画を参照し，手立てを考える。│
│ がる，一緒にしようと │      │  保育者のしていることを見て，気づい │      └──────────────────┘
│ する。      │      │  ていく時期       │              ↓
└─────────────┘      │ 指導計画Ⅳ期       │      ┌──────────────────┐
                     │  当番活動が取り入れられている時期 │      │ ４週案を修正する │
                     └──────────────────┘      │ 10月第２週      │
                                                 └──────────────────┘
                                                          ↓
                                      学級の実態（第２週記録より）
                                      ・してみたいという子どもが増えてきた
                                      ・できた，役に立つ喜びを感じている
                                                          ↓
                                                 10月第３週の当番活動へ
```

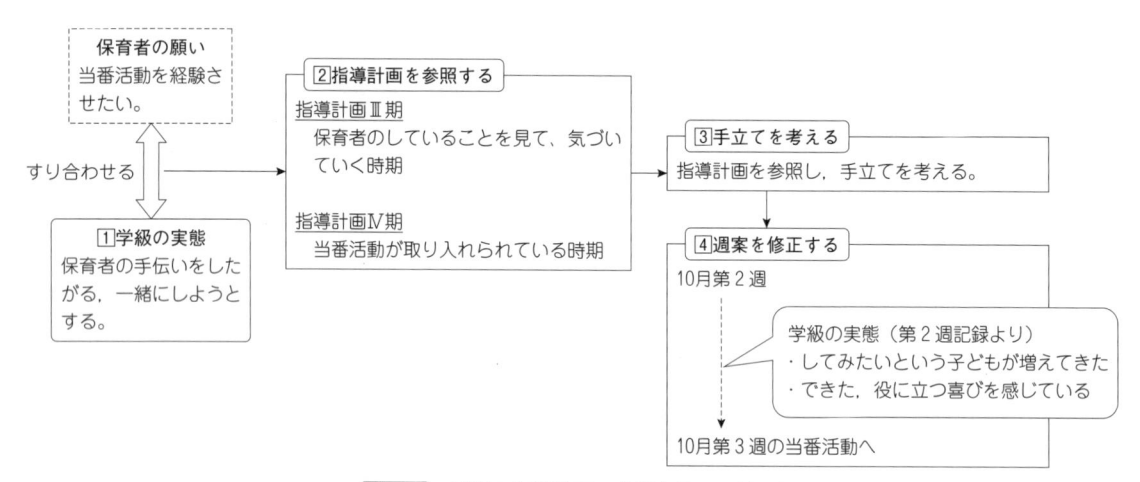

図7-5 長期の指導計画の参照と修正の流れ

ここでは3．について，4歳児10月中旬に当番活動を取り入れるために，どのように長期の指導計画を参照していったのかについて，図7-5にそって見ていきましょう。

当番活動を入れようと考え始めた9月下旬の学級の実態はどうだったのでしょうか。

１学級の実態：9月下旬（当番活動にかかわる部分のみ）

・保育者のしていることを手伝いたがる。弁当時の机ふきでも「ふきたい」という姿が出てきた。また，お茶の入った大きなやかんは保育者が取りに行くが，保育者と一緒に運ぼうとする姿が見られる。

２指導計画を参照する（文京区立小日向台町幼稚園の指導計画より4歳児の当番活動にかかわる部分のみ抜粋）

	4歳児Ⅲ期9月上旬〜10月中旬	4歳児Ⅳ期10月中旬〜12月下旬
幼児の実態		・お弁当の準備やお休み調べなど，当番活動を心待ちにし，自分なりにしようとする姿が見られる。
ねらい	・生活の仕方や流れを感じ取って自分たちで動こうとする。	・幼稚園の生活に自分なりの見通しをもって自分で行動しようとする。
内 容	・大まかな生活の流れがわかり，自分からしようとする。 ・保育者のしていることを見て，学級の生活に必要なことがあることに気づいていく。	・保育者や友達と一緒に当番活動に取り組みながら，仕方がわかり，自分から行おうとする。
環境・保育者の役割	・弁当のテーブルふきや飼育物の世話など，生活に必要なことを自分たちでしていこうとする気持ちがもてるように保育者が言葉や動きで気づかせ，自分から動いていく機会を大切にする。	

Ⅲ期は,保育者のしていることを見ることを通して,生活に必要なことがあることに気づいていく時期と読み取れます(Ⅲ期___)。またⅣ期には,当番活動が取り入れられています(Ⅳ期___)。このⅢ期とⅣ期の指導計画から,次のような手立てを考えました。

③ 手立てを考える

・保育者の姿を見せることで,自分からしてみようとする気持ちがもてるようにする。
・手伝ってくれる子どもの姿を十分に認めていく。役に立つ喜びを感じ,「またしたい」という気持ちにつなげていく。また他の子どもが気づくきっかけになるのではないか。

そして次のように週案に取り入れていきました。

④ 週案を修正する

10月第2週の週案から(当番活動にかかわる部分のみ抜粋)

内 容	・生活に必要なこと,身のまわりのことを自分で気づき,しようとする気持ちをもつ。
援助・環境構成	・保育者のすることを手伝う姿を十分認め,役に立つ喜びが感じられるようにする。また,保育者の気持ちを言葉で返していくことで,他児が注目するきっかけとなるようにする。

↓

10月第2週の記録から抜粋

・手伝う子どもを認めると,他の子どもからも「手伝う」という姿が出てくる。お茶のやかんも3人くらいで上手にもてるようになる。「子どもだけでもてる」と友達と力や心を合わせて上手に運び,できた・役に立つ喜びを感じている。毎回保育者とともにやかんを取りに行く人数が増え,やかんをもつには十分すぎる数になってきた。

このような実態から10月第3週の週案を次のように立て,やかんのお茶を取りに行く当番活動を取り入れていきました。

10月第3週週案(当番活動にかかわる部分のみ抜粋)

内 容	・弁当時のお茶を取りに行く当番のする内容がわかり,喜んで行う。
援助・環境構成	・仕方や手順などの説明では,わかりやすく絵で表示したものを提示していく。 ・小さめのやかんにお茶を小分けしてグループごとに順番にできるようにする。 ・保育者も一緒に行い,具体的な場面でていねいに伝えていく。できた部分は十分に認めていく。

Ⅱ　計画の作成の実際

このように短期の指導計画（週日案）を作成する際に長期の指導計画を参照していくのです。

さらに学びたい人のために

・戸田雅美『保育をデザインする——保育における「計画」を考える』フレーベル館，2004年
　指導計画作成のなかでも短期の指導計画（週日案）の作成について学ぶことができます。環境の構成についての写真資料が多く，保育の参考になります。
・河邉貴子『遊びを中心とした保育』萌文書林，2005年
　保育記録の大切さと記録と日々の保育とのつながりについて学ぶことができます。
・『ピコロ』別冊付録「ピコロ・カリキュラム」学習研究社
　週日案の作成時の参考に。保育経験1〜3年目の先生向けの指導計画が年4回付録についています。

演 習 問 題

1. 子どもとかかわり，かかわったあとに記録を書いてみましょう。そして，次のことを考えてみましょう。
    ・子どもはどのようなことを楽しんでいたか，どのようなことを経験したのかを考えてみましょう。
    ・明日かかわるとしたら，どのような遊びの予想を立てますか。
    ・援助や環境構成について考えてみましょう。
2. この章で取り上げた日案作成のプロセス，週案作成のサイクルなどの図表を使って，このテキストの資料の週案や日案，記録をたどってみましょう。

第8章

日案から週案の作成
——保育所3歳児の場合——

　近年保育所では，長時間の保育を希望する保護者が多く，子どもが保育所で生活する時間は長くなってきています。朝7時に登園し，夜の7時に降園する子どももいます。長時間の生活のなかで，子どもたちは実にさまざまな表情，姿を見せてくれます。元気いっぱいに登園し遊び始めたり，沈んだ表情で登園したり，またクラスの友達や異年齢の子と遊んだり，保護者の迎えを待ちわびたりなどさまざまです。

　3歳児は年度当初は，生活のなかで保育者の援助を多く必要としますが，次第に自分でできることが増え，友達とのかかわりを求めのびのびと遊び始めます。一方で，長時間過ごすなかで大人に甘える姿も多く見られます。

　喜び，悲しみ，甘えたい気持ちなどをもつ子どもたちが，保育所で安定して生活し成長していくために，子ども一人ひとりの発達を踏まえた計画が必要といえるでしょう。

Mちゃん、ここ何日も
保育者とのかかわりだけだね
どーぞ、コーヒーとジュース
中期の指導計画は?
記録
あ!
「友だちの遊びに
興味を持ち
かかわろうとする」
…それを踏まえて
日・週案——
ですね
4〜6月
まあっ
Aくんたち
恐竜!?
そうだ Mちゃん
コラボよっ!!
恐竜ジュース
作って!!
これは
売れるワッ
恐竜
カフェ!!
保育者以外の
才覚もあった
のね…

第1節 1日をコーディネイトする

　保育所では0歳から就学前までの子どもたちが生活しています。保護者の就労などの理由で、家庭で保育ができない子どもの保育を行い、情緒の安定や健康・安全に関する養護の側面と教育とを一体的に行います。子ども一人ひとりの情緒が安定し、保育所でのびのびと生活するためにも、子どもをていねいに見つめ保育をすることが求められています。

❶実態を読み取る

　保育の計画を立てるという点で、月案という形で指導案を立てている保育所もあるかと思いますが、筆者の勤めている保育所では、日案、週日案という形で短期の指導計画を立てています。月案では大まかな見通しは立てやすいのですが、毎日変化していく子どもたちの姿や遊びをていねいに捉えることができない場合があるからです。日案を作成する際まず大切なのは、子どもたちの実態に合っているかという点です。3歳児クラスといっても、4月生まれと3月生まれではほぼ1年間の発達の差があるわけですし、また兄弟の有無や家庭環境などによっても発達には個人差があります。また、一人ひとりの性格を理解することで、援助の方法も考えやすくなります。ここでは、筆者が3歳児17名を実際に保育していたときの子どもたちの様子、筆者の実態の把握などを通して、日案の作成を考えてみたいと思います。次のエピソードは、4月7日の子どもの姿です。

Episode 1

4月7日の子どもの姿

①夕方保育室が変わることに戸惑う新入園児（S子ほか数名）が多い。夕方担当の保育者には慣れておらず、担任が一緒に保育室に入り、遊ぶ（保育者に絵本を読んでもらったり、一緒に絵を描いたりする）ことで少し安心する。他児の保護者が迎えに来ることで、「まだかな〜」と保護者が来るのを不安になりながら待つ（新しい環境に対し不安があるようだ）。

> ②進級したことを喜び、喜んで登園する。登園するとすぐに2歳児の保育室になかった玩具や遊具を出し、使ってみたりもち歩いたりする。他のクラスに自由に行き来できる環境になり、興味をもって覗きに行くなど、行動範囲が広がる（新しい環境に興味がある）。一方で、進級児のなかにも環境が変わったことに戸惑い、保育者と一緒にいたり特定の玩具をもっていたりすることで安定する子（K男）がいる。また好きな友達と一緒にいることで安心する姿（T男）もある（これまでの慣れた環境に安心する）。

ここにあげた子どもの姿は一部分です。子どもが17名いれば17名分だけの姿が見られます。その姿一つひとつをていねいに見て、実態を把握していくことが大切です。

❷ねらいを決める

先ほどあげた子どもたちの姿に対して、保育者は「早く保育所に慣れてほしいな」とか、「楽しく遊んでほしいな」などの願いをもちます。子どもの姿一つひとつに対して、願いをもちますが、子どもたちの姿を見てみると、共通する点があることが多いです。その共通する姿から、ねらいを考え、そのねらいを達成するための内容を考えていきます。筆者は4月8日のねらいと内容を次のようにしました。

幼児の実態	保育者の思い
①新しい環境に興味をもっている子と不安に思っている子がいる。 ②自分でしようという気持ちと甘えたい気持ちがある。 ③新しい環境に慣れず疲れる子がいる。 ④生活習慣の面では自立している子とそうでない子がいる。	○新入園児も進級児も新しい保育者・環境に慣れて安心してほしい。 ○保育所での生活の仕方を知ってほしい。 ○自分の好きな遊びや場所を見つけてほしい。 ○次第に生活習慣が自立できるようになってほしい。

【ねらいと内容】

ねらい　○安心して保育所で過ごす。
　　　　○自分の好きな遊びや場所を見つける。
　　　　○保育所での生活の仕方を知る。
内　容　・困ったことや不安なことを保育者に受け止めてもらう。
　　　　・自分の気持ちを言葉や態度で表す。
　　　　・気に入った玩具や遊具で遊んだり、保育者と一緒に過ごしたりする。
　　　　・保育者と一緒に、所持品の片付け、給食準備、着替え、排泄などをする。

❸援助と環境構成

　【Episode 1】で示した子どもの姿①では，夕方の延長保育の時間になり，保育室が変わることに不安を感じている姿が見られます。S子がねらいにある通り，「安心して保育所で過ごす」ためには，どのような援助が必要なのかを考えていきます。保育所では長時間の保育のため，夕方には，担任の保育者が帰ってしまうこともあります。場所が変わり，保育者が変わることにも不安を感じています。担任である保育者が，S子と一緒に延長保育室に入り，「先生も一緒だよ」と伝えることでS子は安心して遊び始めるかもしれません。また夕方疲れてきたときに，ホッとできる環境，たとえばソファやじゅうたんを置くなど家庭的な温かい雰囲気のある保育室をつくることも必要でしょう。さらに，この部屋にしかない玩具を置くことで，「夕方はこれをしよう」と子どもが自ら目的をもてるようにしました。

　また，5時半に保育者が入れ替わるのではなく，延長保育を担当する保育者に4時に来てもらい，不安になるS子と一緒に遊んでもらうことで，生活の流れのなかで自然に保育者の入れ替わりができるように考えました。また，友達の保護者が迎えに来る場面を見ると，「自分はまだか」と不安になりやすいものです。迎えに来た保護者には保育室前で待っていただくよう伝え，保育者が子どもを呼ぶなど，まだ迎えが来ていない幼児が不安にならないように配慮することにしました。

　【Episode 1】で示した子どもの姿②では，新しい環境に興味をもって自分からかかわっていく幼児と，一方で不安を感じ，保育者と一緒にいることで安心する幼児の姿がありました。この子たちが，「安心して保育所で過ごす」ために，保育者は不安を受け止めると同時に，興味をもって環境にかかわれるように，楽しいと感じられる遊びが見つけられるように援助や環境構成を考えていかなくてはなりません。そのために，遊びやすいような場所をつくっておいたり，保育者が楽しそうに遊びながら，子どもがやってみたいと感じられるように援助したりすることが必要です。遊びへの援助については日案の「遊びの環境構成と援助」に記載しています（表8-1）。

Ⅱ 計画の作成の実際

表8-1　4月8日（火）わかくさ組　日案

3歳児　男児10名　女児7名　計17名

実態	○進級児は、進級したことを喜ぶ。連級児のなかには（D男・O男・S子）、不安になりずつしずつ安心して過ごすことでやや安心していっている姿もみられる。新入園児5名、洋服の着脱では、これまでできている幼児もいれば、保育者に甘えようとする幼児もいる。○環境が変わったことで、トイレに間に合わなかったり、甘えが多くなったりする幼児（O男）もいる。○家庭での過ごし方が優先し、午前中の保育時間が延びたこと、疲れやすくなったり眠くなったりする姿（D男・S子・O男）がある。○夕方保育室が変わることに戸惑い保護者の迎えを待ちながらも不安になりながら待つ姿もみられる。	ねらいと内容	○安心して保育所で過ごす。○自分の好きな遊びや場所を見つける。○保育所での生活の仕方を知る。○困ったことや不安なことを言葉や態度で保育者に受け止めてもらう。○自分の気持ちを保育者に受け止めてもらう。○気に入った玩具や遊具で遊んだり、保育者と一緒に過ごしたりする。○保育者と一緒に、所持品の片付け、給食準備、着替え、排泄などをする。

時間	幼児の活動	援助・配慮点	遊びの環境構成と援助（・：予想される幼児の姿、○保育者の援助）
7：00	○順次登園する（延長時間の保育室で過ごす）	・温かく迎える。延長保育者と連携を取り、他の保育者も連携を取りながら受け止め、対応する。	
8：30	○わかくさ組保育室へ移動する ○所持品の片付けをする ○好きな遊びをする（主に園舎内）	・所持品の片付けは保育者と一緒に行いながら、やり方を伝えていく。自分でしようとする意欲を認め、自信や意欲につながるようにする。・遊びははじめやすいように場を設定する。一緒に遊びながら遊びを楽しさを伝えていく。・保育者間で連絡を取り、幼児がどの場所で遊んでいるのかを把握する。	
10：00	○片付けをする	・片付けの場所を伝えながら、保育者も一緒に片付け、きれいになった気持ちよさを伝えていく。	
	○朝の集まり（絵本、水分補給、排泄）	・みんなで集まることが楽しくなるよう、歌を歌ったり絵本を見たりする。・トイレ排泄が成功したら、自信や意欲につなげるようにする。	
10：30	○戸外遊びをする ・砂場・固定遊具・スクーター・ヒーローごっこ ○好きな遊具で遊ぶ（手洗い・うがい・排泄）	・一緒に遊びやすいように、遊びに誘ったり、声をかけたりし、絵で伝えたりする。・片付けが見つからない幼児や他の幼児の様子を見たり興味のあるものに誘ったりする。・給食の準備をしやすいように、個々の体調を把握する。	
11：30	○昼食を食べる	・食事の量を見ながら、個々の体調に合わせて対応する。	
12：45	○午睡準備をする、着替	・早く眠くなった子は先に午睡できるようにするなど、体調により対応する。	
14：45	○順次起床する	・自分で着替えようとする姿を認め、できないところを手伝う、一緒にする。	
15：30	○おやつを食べる	・甘えたい気持ちを受け止め、一緒に食べられるようにする。・楽しい雰囲気で食べられるようにする。・トイレトレーニング中の幼児の排泄について、保育者間で連携しながら、排泄のリズムを大切にする。	
16：00	○降園準備をする	・3〜5歳児の保育者間でかかわりながら、それぞれがのびのびと遊んだり、他学年同士でかかわるようにする。	
17：00	○好きな遊びをする ○保育室移動・順次降園する（延長時間の保育室で過ごす）	・楽しい雰囲気で過ごせるよう、ゆったりとしないように、保育者の迎えを見て不安にならないよう、個々の迎え時間に配慮しながら対応する。	
19：00		・他保育者と連携を取り、保護者の迎えを安心して待てるように対応する。	

遊びの環境構成と援助：

- お気に入りのお面をつけて遊ぶ。
- 楽しく動いて観ているときもある。
- 保育室内で観ているときもある。
- ご機嫌をつくって保育者に食べさせたり、ベビーカーで散歩したりする。
- 携帯電話で保育者とのやり取りを楽しみ、保育者も遊びに加わるようにする。多い時は遊具を用意する。

ホール　廊下　ヒーローごっこ　ロッカー　まちごとコーナー

2F保育室　製作コーナー　絵本棚　ブロック　積み木　トランポリン　滑り台

- 輪をつくって楽しむ幼児が絵本を見に行く。
- 本棚の横にイスを置いたりして、落ち着ける環境を置いたりする。
- 無理に遊びに誘わず、本人のペースで過ごせるようにする。
- 柱上、お絵かきなどをする。・絵本を一緒にしたり絵を描いたりして、一緒に過ごせるように共感する。
- ブロックで武器をつくったり道路をつくったりして遊ぶ。・ブロックやミニカーをめぐってトラブルになることがある。
- 遊びを見守りながら、ブロックやミニカーが足りないときは足していく。

玄関　ウサギ　園庭　砂場　花壇

- 泣いていた幼児や不安な幼児も目分たちのエサをウサギが食べると喜ぶ。何度もエサをやろうとしたりする。
- 満足できるまでかかわれるように、エサを多めに用意する。
- 好きな友達と一緒に家のなかに入って家族ごっこをすることに、新入園児が入ろうとすることをきっかけに言って拒否するうとしたりする。・新入園児も入れるようにする。
- 砂の感触を楽しんだり、ケーキをつくったりする。・うまくつくれない子に一緒につくって遊ぶ。・道具がどこにあるのか伝えていく。

❹日案を作成する

　日案は1日の流れに沿って書いていきます。登園から降園までの流れのなかで，ねらいが達成できるように，環境構成や援助を考え，記していきます。

　朝，子どもたちはさまざまな思いで登園してきます。朝の受け入れは非常に大切です。1日「楽しく遊ぼう」と意欲的になるか，「保育所はイヤだな」と思うかの分かれ道です。また，保護者も出勤前であわただしくなりがちです。子どもも，「早く早く」とせかされて登園していることも少なくありません。朝の子どもの気持ちを受け止め，1日をよい気分でスタートできるような援助が必要となります。

　午前中のクラスの遊びでは，その時間が充実したものになるよう，子どもが環境にかかわって自分から遊びを見つけられるような環境構成や援助が必要となります。また，同じクラスの友達と一緒に遊ぶ楽しさを感じられるように配慮していきます。単に遊んでいればいいのではなく，保育者も子どもたちが何を楽しみ，何を経験し，成長しているのかをていねいに見ることが必要となってきます。また，クラスで集まり，みんなで絵本を見る経験や，歌をうたったり，ゲームをしたり，製作をしたりなど，その時期に合わせた保育を組み立てていきます。

　昼食から午睡にかけては，昼食，手洗い（歯みがき），排泄，着替えと子どもにとって次々に行うことがあります。また，食堂や，午睡の部屋に移動するなど場所も変わり保育者もついつい子どもを急がせてしまい，気ぜわしくなりがちです。子どもたちが自分で生活の流れがわかるように絵で提示したり，わかりやすい言葉で伝えたり，一人ひとりのペースに合わせられるように，ゆとりをもった時間配分を考えたりしています。

　おやつ後の好きな遊びの頃になると，降園する子どももいます。クラス単位の活動ではなく，異年齢でかかわったり，園庭や保育室でのんびりと遊びたい気持ちにも対応できるように職員同士で連携をしあったりし，元気に遊びたい子，ゆったりと過ごしたい子に合わせた保育をしています。また，延長時間になると，保育者の入れ替わりもあるので，保育者間で連携を取り，保護者のお迎えまで保育をしています。

保育時間が長い分，体調管理も大切になります。また保護者もすぐに会社を休めないことも多く，なるべく風邪をひかないでほしいという思いもあるようです。元気がない，食欲がない，いつもより寝起きが悪いなどの様子をていねいに見て対応することも大切です。また，あらかじめ家庭から，風邪気味である，体調が悪いなどと伝えられる場合もあります。そのときの体調に合わせた配慮も必要でしょう。

表8-1の4月8日の日案を再度確認しましょう。

第2節 保育と反省

❶実践する

保育をする前に，計画を立てました。この計画をもとに保育を行っていきます。しかし，計画を立ててもなかなか思ったとおりに実践はできません。8日は雨だったため，「戸外遊び」をすることができませんでした。また雨で外遊びができないため，男児を中心に体を動かし，巧技台でヒーローごっこをし始めました。そこで，保育室ではなく，廊下に巧技台を出し，のびのびと十分に気持ちを発散して遊べるようにしました。

計画はあくまでも計画です。子どもの思いや，体調などによってその時々で変化していきます。予定では片付けの時間でも集中して遊んでおり「もっと遊びたい」という思いが出たり，たまたま虫を見つけ，興味をもったりすることもあるでしょう。そのときの子どもの思いを大切にし，柔軟に対応することが大切です。

❷反省をする

では，反省を見てみましょう。【Episode 2】は4月8日の反省の一部です。

Episode 2

4月8日（火）反省　雨

- おっとりとした幼児や新入園児らも絵を描いたり，粘土をしたり，ままごとコーナーで遊んだりと，個々に安定する場所を見つけようとしている。描いたものをほめられると喜んだり，母親に見せたがったりする。飽きると場所を移り，また別の遊びをする。一人ひとりの気持ちを受け止め信頼関係を築けるようにしたい。保育室での遊びとヒーローごっこで，1階まで目が届かない。ウサギを見ていたい幼児（O男，T子，D男）の思いを受け止め，園長や事務の先生にお願いしながら対応する。またエサやりに満足した頃を見計らい2階の遊びに誘うようにしたい。
- S子は延長保育室に，担任保育者が一緒に入ることでそれほど不安感はなかったようだ。またA先生（延長保育の先生）の膝に乗せてもらい絵本を見ると嬉しかったようで，2冊3冊と絵本をもってくる。S子とA先生がつながりをもち始めている。

　反省から新入園児はまだまだ場に慣れることで精一杯なこともわかります。進級児の元気な遊びと場所を分けることで双方が楽しめるような環境構成が必要なことがわかりました。また，保育者2人も，新入園児の思いをていねいに受け止められるように，遊びに応じて分担してかかわることにしました。そして新入園児のそれぞれの思いに対応するため，園内の他の先生と連携を取って対応することにしました。また，S子は延長保育室に不安をもっていましたが，担任保育者と一緒に保育室に入ること，また担任保育者に見守られながらA先生に絵本を読んでもらうことで，A先生に親しみをもち始めていることがわかります。S子ら新入園児が延長保育室に慣れることができるように保育者同士連携を取っていくことにしました。

　このように1日を思い出し反省をすることで，「あの子はウサギが餌を食べてとても喜んでいた」とか，「本物のヒーローになりきって楽しんでいる」「お母さんを思い出して悲しくなっていた」など一人ひとりの気持ちの動きが見えてきます。見えたことであの子にはこうかかわろうといった援助の方向が見えてくるのです。また，保育所では，一人の担任だけでなく複数の保育者が保育にあたることも少なくありません。1日の反省を話し合い，保育者同士が連携し翌日の保育を考えていくこともとても重要になります。

II 計画の作成の実際

第3節 週を通して子どもを捉える

❶前週の育ちを捉える

　日案の書き方を見てきました。生活のリズムは日によって大きく変わることは少ないですが，週によっては他の年齢のクラスと合同で活動したり行事に参加したりすることもあるでしょう。1週間という区切りのなかで子どもを捉え，保育を考えることで，前週とのつながりや変化も見えてきます。

　ここでは，7月の子どもの様子から週日案を考えていきます。4月当初は子どもたちの情緒の安定，排泄や身支度などの生活習慣に関する援助が多くなされていました。しかし，7月の半ばに入ると子どもたちも園に慣れ生活の仕方がわかるようになり，保育者との信頼関係もできてきます。同時に次第に友達とかかわりが増え，遊びも継続するようになってきます。計画でも遊びの内容が多く占めるようになってきます。しっかりと前週の実態を捉えていくことが大切です。

Episode 3　7月7日（月）～7月12日（土）の子どもの姿

①ヒーローごっこのM男，K男，T男は登園するとお面をつけ，ままごとコーナーでお家ごっこをよくするようになる。ヒーローとして戦いたい思いもあり3人で戦う場を廊下に出すと，体を動かして楽しむ。巧技台からK男は船をイメージし，それを友達に一生懸命話す。まだ保育者の仲介が必要な部分もあるが，K男は自分の思いを友達に伝えるようになってきており，成長が感じられた。

②S子，M子はままごとコーナーが使われていたことを残念がる。保育者がロッカーの間にじゅうたんを敷くと，気に入ったのか，お家ごっこを始める。2人でままごと道具をもってきたり，保育者に「2階をつくりたい」と積み木で2階をつくったりする。翌日もM子はS子を誘い遊び始める。同じ場にじゅうたんを敷き，必要なものをもち込む。同じ鞄をもち，「ディズニーランド」や「ピューロランド」に出かけて楽しむ。

ここにあげたものは一部ですが，子どもたち同士のかかわりが多くなり「友達と一緒」に遊ぶことを楽しみ始めたことがわかります。

❷週日案の作成

表8-2は7月14日（月）からの週日案です。週日案を書くにあたっては，日案同様，実態からねらい・内容を決め，環境構成と援助を考え，1週間の流れとなっていきます。先ほどの実態からねらいにも友達とのかかわりについて「自分の好きな遊びを見つけ十分楽しんだり，保育者や友達とのかかわりを喜んだりする」「クラスのみんなで遊ぶことを楽しむ」と書かれており，援助も記されていることがわかるでしょう。

この計画をもとに，1日1日保育を実践し反省し，計画とのずれを修正しながら1週間を振り返り翌週の週日案を作成していきます。

第4節 長期の指導計画との関係

これまで述べてきた，日案や週日案は短期の指導計画です。長期の指導計画は，年，学期，月などのある程度の大きな見通しをもった計画です。どの園にも長期の指導計画があり，各年齢の各時期の姿が示されています。

実際に短期の指導計画だけを頼りに保育をしていくと，長期的な視野に立って子どもの育ちを見通せず，毎日が過ぎることで安心してしまったり，子どもの姿の後追いになってしまったりし，教育的な視点を見失ってしまう場合があります。そこで，日案や週日案を作成する際には，長期の指導計画との関連を見ることも大切です。7月の週日案であれば，Ⅱ期の指導計画と照らし合わせ，自分の保育が適切かどうかを振り返ることも大切でしょう。表8-3はⅡ期の長期指導計画です。

長期の指導計画を見ることでその時期に応じた援助の参考になりますし，また，行事や季節の事象に関して見通しをもった活動がしやすくなります。こういった意味でも，長期の指導計画を日々の保育と絶

Ⅱ　計画の作成の実際

表8-2　7月14日（月）～7月19日

	3歳児　わかくさ組	ねらいと内容
幼児の実態	○登園すると，多くの幼児がしたい遊びを見つける。ままごと，ヒーローごっこ，小麦粉粘土，ジュース屋などをする。2，3人で一緒の場にいることを好んでいる。 ○女児を中心に，ハサミを使ったご馳走づくりを行う。M子，S子はハサミに慣れているが，他の幼児はさほど使っていないので，今後の遊びのなかで様子を見ていく。 ○色水遊びはとても楽しかったようで，どの幼児も集中して遊ぶ。色を混ぜながらなんとなくできた色を，「コーラ」「オレンジ」などと言いながらジュースに見立てて楽しんでいる。 ○土曜日の夏祭りで，どの幼児もゲームや模擬店を楽しんでいた。盆踊りでは，保護者が見に来てくれたことを喜ぶ幼児もいたが，K男，I男は保護者から離れたがらず，緊張して踊りたがらなかった。 ○T子は欠席が続いたことで登園を渋っている。I男はその日の状態にムラがあり，所持品の片付けをしなかったり，座り込んでいたりする。保育者と一緒に所持品の片付けをしたり遊びに興味が向いたりすると動き出せる。	○自分の好きな遊びを見つけ十分楽しんだり，保育者や友達とのかかわりを喜んだりする。 ・ままごと，ヒーローごっこなど保育者や友達と一緒に遊ぶ。 ・小麦粉粘土，色水づくり，水遊びなど感触を楽しんで遊ぶ。 ・年中年長児のお祭りごっこに保育者と一緒に参加する。 ・ハサミやテープなどを使って自分の必要なものを保育者と一緒につくる。 ・虫を見つけたり，体をのびのびと動かして遊んだりする。 ○身の回りのことを自分でする。 ・登降園時の身支度を自分でする。 ・水着やパジャマへの着脱を自分でしようとする。 ・トイレに自分で行ったり，保育者と一緒に行ったりする。 ○クラスのみんなで遊ぶことを楽しむ。 ・歌やダンスをする。 ・誕生会に楽しく参加する。

	14日（月）おみこし巡行	15日（火）	16日（水）身体測定
一日の流れ	7：00　○順次登園する 8：30　○わかくさ組へ移動 　　　　○好きな遊び（・小麦粉粘土　・ままごと　・ジュース屋　・ヒーローごっこなど） 9：45　○片付けをする 　　　　○おみこし巡行（近所散歩） 10：30　○水遊び・プール遊び 11：40　○昼食を食べる 12：45　○午睡準備をする 14：45　○順次起床する 15：30　○おやつを食べる 16：00　○降園準備をする 　　　　○好きな遊びをする 17：00　○保育室移動，延長保育 　　　　　順次降園する	9：50　○幼稚園へ移動，幼稚園プール 11：20　○保育所へ戻る 11：40　○昼食を食べる 虫ごっこ　　粘土 ままごと　　製作 ままごと	10：15　○身長体重測定 10：30　○色水遊び，プール遊び
反省・評価	・お祭り明け，4，5歳児のお祭りごっこに興味をもつかと思ったが，すぐに自分たちの遊びを始める。 ・S子，H子はままごとコーナーで，紙のご馳走をつくり始め，なべに入れて料理をしたり，皿にのせたりして楽しむ。T男とK男は先週一緒につくったカブトムシやクワガタを積み木にもち込み，エサ（焼きそば）をやって楽しむ。W子，H男，O男，Y男は粘土に取りかかる。U男は何かしようと積み木で場づくりをしたものの，次のイメージが出てこなかったのか，遊びが進まない。何をしたいのかよく読み取りながら援助する必要がある。 ・近所をおみこしを担いで回る。憧れのおみこしを担がせてもらいうれしかったようだ。来年以降自分たちでつくりたいと思えるとよい。 ・疲れもあるのか，I男は登園するなり，床に突っ伏して寝てしまう。あまりにも眠そうだったので，保健コーナーでお昼まで寝てしまう。保護者に家庭での様子を聞いておきたい。	・粘土に色をつけたものを出すと，「何で？」と興味をもつ。またできたての粘土の気持ちよさを感じ，何度もこねたり粉をつけたりして楽しむ。2色できたことでクッキーやケーキをつくる姿も多くなる。 ・カブトムシたちの家づくりをする。保育者に「どんな家？」と聞かれると，「土の家」と言い，茶色のダンボールのついたてを出すと，そのなかにカブトムシを入れて動かして遊ぶ。エサも必要になり，木づくりやゼリーづくりにつながった。 ・初めての幼稚園プール。使い方や手順をていねいに伝えたつもりだが，聞いていなかったり，聞いていてもわからなかったりして支度に時間がかかった。保育所プールよりも広く，喜んでいた。水温も冷たくなかったため，入りやすかったようだ。幼稚園の夏休み中，継続して利用するなかで使い方を伝えていく。また，浮き輪などを使い水に浮く気持ちよさも感じてもらいたい。幼稚園からの帰り道は疲れもあり歩く速度がゆっくりになるので，保育者同士連携をとって危険のないようにする。	・好きな遊びのなかでは，紙を切ってご馳走にしてよく遊んでいる。いろいろな色を使って，「肉，野菜，トマト」などと見立てている。男児はハサミに興味をもち始め，使うが，もち方が危なかったり，力で切ろうとしたりする姿もある。今は遊びのなかで伝えているが，そろそろ学級全体にハサミの使い方を伝えることも必要かもしれない。 ・いつもの着替えの前に身体測定をする。保育者が先に身体測定をすることを伝えるとよく話を聞いており，戸惑わずに着替える幼児が多かった。またパジャマの着替えの際にはグチャグチャに服をしまう姿もあったが，全体に，きれいにたたむことを伝えると大方の幼児がきれいにたたむことができた。パジャマへの着替えの際にも声をかけていく。 ・色水遊びを行う。前回はすべての色を混ぜて汚い色になってしまう幼児が多かったが，今回は色を意識してつくろうとする姿もあった。継続して遊びながら色の変化や混ざり方に気づけるようにしたい。

第8章 日案から週案の作成――保育所3歳児の場合

（土）わかくさ組　週日案

環境と援助	
○好きな遊びが始めやすいように，粘土，ジュース，虫づくりの材料などを目につきやすい場所に用意しておく。また，ままごとなどの場づくりがしやすいようについたてやじゅうたんを多めに用意する。自分で場づくりをし始めている幼児は見守り，つくれない場合には援助する。 ○ハサミで切ることを楽しんでいる幼児も多いので，切りやすい紙を多めに用意する。また一緒に遊びながらハサミの安全な使い方，片付け方を知らせていく。 ○継続している遊びでは，幼児の様子を見ながら必要に応じてイメージが広がるような言葉がけをしたり物の提示をしたりする。また幼児と一緒に必要なものをつくりながら，幼児自身がつくれるようにつくり方を言葉に出して伝えながらつくっていく。 ○遊びのなかでトラブルになったときには，ていねいに気持ちを受け止めながら対応する。手が出てしまったときには，そのときの気持ちを言葉で代弁して相手に伝えながら相手の痛かった気持ちを伝えるようにする。 ○4, 5歳児のお祭りごっこに行きたい幼児と一緒に遊びに行きながら，「～を下さい」など必要な言葉を伝え，かかわりがもてるようにする。 ○所持品の片付け等は自分でできた姿を認めていく。おしゃべりをしていたり気持ちが乗らず遅くなりがちな幼児には，次の楽しい活動を伝えたり，手伝ったりしていく。	〈歌〉 ♪水遊び ♪おつかいありさん ♪いるかはザンブラコ （1番のみ） 〈ダンス〉 ♪手のひらを太陽に ♪ディズニー体操

17日（木）	18日（金）	19日（土）
10：30　○水遊び・プール遊び	10：00　○誕生会 11：00　○色水遊び・シャボン玉遊び 11：50　○昼食を食べる	合同保育
・所持品の片付け後，昨日の続きを始める。S子はM子と遊びたい気持ちがあり，登園するまで待っている。M子が登園すると一緒にままごとを始める。遊びのイメージはM子が出すことが多く，S子は一緒のものをもったり真似したりする。遊びのなかで思いがそれぞればらばらなこともあるが互いにそれほど気になっていない様子。2人の様子を見守っていく。 ・T子は登園後，「遊びたくない」と言って座っている。しばらく友達の動きを見て興味をもつと遊び始めているので無理に促さず，受け止めながら本人が動き出すのを待つようにする。 ・A子はW子と一緒にぬいぐるみをもち，「お熱です」と保育者にもってくる。紙で作った冷却シートをつけてあげると，保育者を医者に見立て，怪我や病気を見せに来る。2人で遊べてうれしかったのか，その後も食事やトイレのときにも「W子と一緒」と喜ぶ。 ・O男はパンツにおしっこをしていても気にせず遊び続けている。またぬれていて着替えを促すと遊びを邪魔され怒ることが多い。ぬれたら着替えないとよくないこと，着替えの気持ちよさを伝えていく。個別に遊びの合間にトイレに誘いなるべく遊びの邪魔にならないようにしたい。	・小麦粉粘土で新しい色をつくりたいというS男。相談し，新しい粘土をつくる。T男，H子，Y男も遊びはじめS子も目新しさからかかわるが，S子はM子が登園すると，昨日の遊びに戻っていく。粘土では，ネックレスや腕輪，時計など身につけて遊んだり，昨日見た絵本からパンをつくって遊んだりする姿が多かった。 ・誕生会では，集会の流れがわかってきていた。一方で，友達の保護者が来ているためか，はしゃぎすぎる男児の姿もあった。 ・曇り空で時間も少なかったため，プールに入らず色水遊び，シャボン玉遊びを行う。色水では，コップを多く出したことで，ペットボトルから移し変えてジュースを飲むまねをしたり保育者や友達に飲ませてくれる姿があった。またジュースも自分なりにこのジュースを「つくろう」と意識し，つくり始める姿も出てきた。偶然H男がジュースのコップの上にシャボン玉をつけると，「アイスみたい」と大声をあげる。保育者や友達に驚かれ，うれしかった様子。他児も真似しようとする姿も見られた。継続してシャボン玉をすることで，H男は水の上でシャボン玉が壊れないことを知り，試したようだ。一人ひとりがじっくりとかかわれる時間が大切だと感じた。	

Ⅱ　計画の作成の実際

表8-3　Ⅱ期の指導計画

	Ⅱ期（6月～8月）
幼児の実態	○保育者と遊んでいた幼児も気になる友達ができ，友達同士のかかわりが増える。 ○友達とのかかわりのなかで，物をめぐってトラブルが増える。 ○自分の思いや要求を保育者に言葉で伝えるようになるが，友達とのトラブルの場面では難しいことが多い。 ○好きな遊びでは遊具を使い，登園すると積極的に遊び始める。 ○年中や年長の遊びに興味をもち，仲間に入れてもらおうとしたり真似して遊んだりする。 ○砂，水，泥遊びの感触を楽しむ。プール遊びでは個人差はあるものの興味をもって遊ぶ。 ○学級の皆で音楽やリズムに合わせて，踊ったり，歌ったりすることを楽しむようになってきた。 ○さまざまな素材に興味をもち，テープやハサミを使って自分なりにつくることを楽しんでいる。 ○生活の仕方がわかり，着替え，食事の準備，片付け，排泄などを自分でしようとすることが増えた。
ねらい	○生活の仕方がわかり，身の回りのことを自分でしようとする。 ○自分の好きな遊びを見つけ，十分に楽しむ。 ○保育者や友達とのかかわりを楽しみ，一緒に遊ぶ。 ○新しい環境に興味をもち，保育者や友達とかかわりながら遊びの場を広げる。 ○いろいろな感触を楽しみながら，全身を動かして遊ぶ楽しさを知る。
保育者の援助	○身の回りのことを自分でしようとする気持ちを受け止め，できないところを手伝う。できた喜びを感じられるようにする。 ○好きな遊びを一人ひとりが楽しめるように，時間を確保したり場や物の数を用意したりする。 ○素材や道具を必要に応じて出し，使い方をていねいに伝えていく。 ○「友達と一緒」という気持ちがもてるように，同じものを身につけたりもったりできるように遊具を工夫する。 ○水遊び，砂，泥を全身で感じ楽しめるよう，遊具や場所を用意する。抵抗がある子には，保育者が楽しんで遊ぶ姿を見せながら興味をもてるようにする。 ○トラブル時，互いの思いをていねいに聞き，保育者が子どもの代弁をしたりしながら対応する。 ○感染力の強い病気（プール熱・とびひ・水いぼ・ウイルス性結膜炎など）には十分注意し，朝の健康観察をていねいに行うとともに，着替えのときなどにも，子どもの健康状態をこまめにチェックする。 ○水遊びや暑さの疲れも出やすいので，午睡や休憩の時間を体調に合わせて取っていく。 ○保育者や友達と一緒に踊ったり歌ったりしながら皆で活動する楽しさを味わえるようにする。
行事	じゃが芋ほり・プール開き・夏祭り・避難訓練・誕生会

えず照らし合わせて保育をすることが大切なのです。

　この指導計画は1年ごとに修正されていきます。1年間を振り返って，実際の保育と照らし合わせながら長期の指導計画を園内で検討し修正していきます。筆者の勤める園では，各年齢が1クラスのため，他の年齢のクラスの保育者と話し合いながら，年齢ごとの育ちを確認したり，他の年齢のクラスとのつながりを確認し合ったりしています。

さらに学びたい人のために

- 『月刊 保育とカリキュラム』ひかりのくに
  月ごとに，0〜5歳までの指導計画が掲載されています。実際に指導計画を作成する際の参考になると思います。
- 乳幼児保育研究会『発達がわかれば子どもが見える』ぎょうせい，2009年
  0〜6歳までの育ちがイラスト入りでわかりやすく書かれています。
- 厚生労働省（編）『保育所保育指針解説書』フレーベル館，2008年
  保育士の役割や子どもの育ちが詳しく書かれています。

演 習 問 題

1. 子どもたちの遊びの様子から誰がどこで何をして遊んでいたのかを記録してみましょう。
2. 子ども同士のトラブルの際，何が原因でトラブルになりましたか？ そのとき保育者はどのようなかかわりをしていましたか？

第9章

教育課程の見直し

　幼稚園には，教育課程があります。これは，それぞれの園で，園長をはじめすべての教職員が叡智を出し合って「私たちの幼稚園では，入園から修了までのすべての期間を通して，子どもたちがこんな風に育っていくように，心を込めて保育をします」という誓約書のようなものです。誓約をする相手は，保護者をはじめ，地域や社会のすべてです。また，幼稚園の教職員にとって教育課程は，さまざまなことが起こる保育の日常のなかで，迷ったときにも常に方向を決める指針となるので，幼稚園における憲法のようなものです。

　けれども，教育課程は憲法とは違って，常に見直しをしていくものです。なぜなら，保育という営みは子どもの姿に合わせて創造していくものだからです。社会の変化や地域の人々や保護者の状況によって，子どもの姿は変わっていきます。そのようなときに，子どもを中心に考えてよりよいものにしていく必要があるからです。

コマ1
教育課程の見直し したけど とても全部 やれそうもないよね
ほんと サクッと反故に しちゃいた〜い
□□幼稚園

コマ2
サクッと反故なんて！ 教育課程は園の **憲法**なのよ！ マニフェストじゃない んだからっ
憲法!? そうなんだ！
…ってマニフェストは 反故にして いいんだっけ？

第1節 「私たちの幼稚園ってどんなところ？」を捉える

第9章 教育課程の見直し

　教育課程を編成する場合には，改めて「私たちの幼稚園ってどんなところ？」ということを，教職員全員で考えてみることから始まります。それぞれの幼稚園には，それまでの歴史があり，その園のおかれた地域の実情があり，何より子どもたちの特徴があります。また，教職員の構成にも特徴があって，若い教職員ばかりの園とベテランの教職員が多い園とでは違っていて当然です。これらの特徴を捉えずに，いきなり「私たちの園ではこのような保育をしたい」といっても，子どもたちにとっては，嬉しい保育にはなりません。

　ここで取り上げる園は，もりもり幼稚園です。もりもり幼稚園では，園長と教職員が集まって，もりもり幼稚園はどんなところだろうかと，それぞれの捉え方を確認し合う会を開きました。その会のおわりに，

表9-1　もりもり幼稚園の実態

歴　史	50年以上の歴史をもつ幼稚園。公立小学校に併設している。創立以来小学校の校長が園長を兼任してきたが，近年幼稚園専任の園長になった。 現在定員は，3クラス80名。内訳は，3歳児20名，4，5歳児各30名。
子どもたちの姿	家庭や地域で大切に育てられている様子で，明るく人懐こい。他の地域より兄弟のいる子どもが多いが，一人っ子も増えてきている。
保護者の様子	幼児教育に関心が高い保護者が多く，幼稚園に協力的である。PTA活動にも積極的である。祖父母と同居しているか，近くに住んでいる家庭が多く，まったくの核家族は少ない。昔からこの地域に住んでいる保護者が多いが，近年，他地区からの転入者も増加しており，そのような保護者のなかには人付き合いに苦手意識を感じている様子も見られる。
地域の特徴	下町の商店街で町会組織がしっかりしている。自然環境に恵まれているとはいえないが，公園や学校などの樹木を大切にしたり，路地や各自宅前には，鉢植えの植物を育てることが盛んな地域である。 「子どもは地域の宝」という意識が強く，自分の子どもも他人の子どもも分け隔てしない雰囲気があり，だれでも地域の子どもに声をかけ合う。幼稚園に対しても，「私たちの幼稚園」という思いが強い。
幼稚園の環境の特徴	園庭は狭いが，小学校に併設されているので，校庭や体育館，プールなどを借りることができる。プランターで植物を栽培したり，小動物を飼育することで，自然環境を豊かにするように工夫している。
教職員構成の特徴	園長，フリー，担任3名（経験年数約20年，10年，3年），配慮を要する幼児の介助講師1名，事務助手1名，用務主事1名。
教職員全員で考えている願い	遊ぶことが大好きで，友達と心を通わせることができ，幼稚園の生活をともに楽しいものにつくり出せる子どもに育ってほしい。 教職員全員が協力できる幼稚園でありたい。 子どもたちが多様な経験を豊かにできる環境をつくりたい。

Ⅱ　計画の作成の実際

話し合ったことをまとめてみました（表9-1）。このように自分たちの幼稚園についての確認は、教育課程の一部として、とても大切なものになります。

　幼稚園には、それぞれその幼稚園らしい特徴があります。この特徴は、教育課程を作成するときに、改めて教職員全員で捉えなおしてみることが大切です。教職員のなかには、新人もいて、その園についてよくわからないということもありますが、長年同じ幼稚園にいても、新鮮な目で見直したら、地域の状況が変わってきていることに気づいたり、子どもたちの姿が違ってきていることに気づいたりということはよくあることだからです。こうした基本的な捉えを、教職員全員で確認することから、教育課程はつくられていきます。

第2節　教育課程を見直す手がかり

❶日々の保育の反省から

　教育課程を見直す手がかりにはいくつかあります。最も大きいのは、毎日の保育の反省の積み重ねです。保育はさまざまな種類の指導計画を立てて行いますが、毎日の保育の後には、必ずその日の子どもの姿と自分の保育とを記録しながら振り返りをします。その反省を踏まえて翌日の保育の計画を立てるわけですが、それらの積み重ねが、最終的には、教育課程の見直しのきっかけになります。

　こうした反省や振り返りは、一人ひとりの教職員がするだけではありません。週や月、学期といった区切りごとに開かれる職員会議などの機会には、一人ひとりの反省をもとに、みんなで話し合います。職員会議というと、単なる事務的な打ち合わせをイメージするかもしれませんが、本来は、一人ひとりの子どもの捉え方や保育のあり方とその反省評価を教職員全員で行う機会とならなければなりません。そのことによって、教職員間の共通の認識が生まれ、その認識が基盤となって、教育課程の見直しという大きなうねりを生むきっかけとなります。つまり、その話し合いのなかに見直しの手がかりがあるのです。

❷外部評価から

　❶で述べたように教職員が自らの保育を反省し評価することが内部評価と呼ばれるのに対し，外部評価と呼ばれるものがあります。それは，保護者や学校運営委員（基本的に幼稚園に協力する委員，具体的には，地域関係者や学識経験者などに園長が協力を依頼する）による評価や，第三者（幼稚園に直接関係ない幼児教育の専門家，学識経験者など）の評価である第三者評価です。

　こうした外部評価も，教育課程を見直す手がかりとなります。特に，保護者による評価は，教育課程を見直す大切な手がかりになります。一般に，保護者の評価は，学期ごと，あるいは年度末に行われますが，もりもり幼稚園では，保育参観や行事など保護者が直接見ることができるときの感想やアンケートなども利用しています。

　では，もりもり幼稚園で行われた保護者へのアンケートの一部を見てみましょう。このアンケートは，新たな取り組みをしたいと考えたときに，そのことについて保護者にアンケートしたものです。

保護者へのアンケート（一部抜粋）

　幼稚園では，幼児期の成長には，感動する体験や直接体験，自然体験が大切だと考えています。そこで，今後は計画的に幼稚園の外に出かけていく体験を今までよりも増やしたいと考えています。たとえば，遠足，ケアハウスの訪問などです。それには，徒歩で行くものもありますが，乗り物を利用することも考えています。

　このような取り組みについて保護者のみなさんのご意見を伺いたいと思います。

　これに対しては，ほとんどの保護者から，ぜひ積極的に取り組んでもらいたいという回答を得ることができました。しかし，一部の保護者からは，「子どもが疲れてしまうのではないか」という心配の声も寄せられました。

　そこで，幼稚園からはアンケート調査の結果の報告とともに，次のようなメッセージを保護者に向けて発信しました。

保護者へのメッセージ（一部抜粋）

　園外へ出かける体験を増やすことにつきましては，大多数の保護者のみなさまのご賛同をいただきありがとうございました。また，ご心配の

> ありました子どもたちの疲れにつきましては，一人ひとりの様子を見ながら十分な配慮をした上で進めていくように計画していきたいと考えております。また，体調管理につきましては，ご家庭のご協力も必要になるかと思います。どうぞよろしくお願いいたします。

　これは，ほんの一つの例ですが，このようにして，外部の意見を教育課程の見直しにつなげていきます。また，このようなやり取りがあることによって，教育課程の見直しが幼稚園だけのものにならず，家庭や地域の人々に支えられたものになるように配慮していきます。

第3節　教育課程の見直しの実際

　第2節では，教育課程を見直すきっかけや手がかりについて見てきました。では，教育課程の見直しは具体的にはどのように行われるのでしょうか。ここでは，そのすべてをご紹介することはできませんので，教育課程の中心となる教育目標の見直しを中心にしながらその実際を具体的に見ていきましょう。

　はじめにも述べましたが，教育課程は「私たちの幼稚園では，入園から修了までのすべての期間を通して，子どもたちがこんな風に育っていくように，心を込めて保育をします」ということを表現するものです。「こんな風に」とはどのような姿なのか，具体的な子ども像を，互いに話し合って確認する必要があります。そうしないと，教育課程の言葉だけは同じでも，隣のクラスの担任同士，こうなってほしいと考える具体的な姿が大きく違うものになってしまうことになるからです。また，子どもがそのような姿になるような保育は，具体的にはどのように展開すればよいかも考えなければなりません。

　さらに，それをわかりやすく表現することも大切です。どんなによいことを考えていても，外部の人から誤解されたり，何の関心ももたれないようなものであってはなりません。なぜなら，幼稚園の保育は保護者や地域などの支えがあってよりいっそう充実したものになるからです。

❶教育目標の見直し

　教育課程で最も大切なものの一つは，その幼稚園の教育目標です。教育課程に必要な項目はすべて決まっているわけではなく，その園それぞれで必要な項目を立てて編成すればよいのです。教育目標は，どの園でも必要な項目ということができるでしょう。教育目標は，「幼稚園の子どもたちをこのような姿に育てます」という幼稚園全体を通しての最も大きな目標です。その意味では，まさに教育課程の中心です。これは，自分たちはこの幼稚園で，どのような子どもたちを育てていきたいのかという，子どもの姿を明確にする重要な項目です。ここでは，もちろん理想も大切ですが，今目の前にいる子どもたちの現実の姿や保育の実際と大きくかけ離れたものにならないように，考えていくことになります。

　もりもり幼稚園では，ある年の年度末近くに，教職員全員で教育課程の話し合いをしました。そのときに，教育目標についてもさまざまな意見が出されました。幼稚園の教育目標は，その年度まで次のようなものでした。

これまでのもりもり幼稚園の「教育目標」
　人権尊重の精神に基づき，心身ともにたくましく，心豊かで主体的に生活する幼児を育成する。
　〇いっぱい遊ぶ元気な子
　〇友だちだいすきやさしい子
　〇よく見て考えやりぬく子

　この教育目標に対して，教職員からは次々と意見が出てきました。この園の教職員は元気いっぱい，チームワークも抜群です。若い教員も，積極的に意見を言います。

　話し合いでは，時々，話がそれることもあります。「おうちごっこをしていたA君が，いつものようにふざけ始めたらとまらなくなっちゃって。そうしたら，一緒に遊んでいたお母さん役のBちゃんに，怒られたんですね。それが，Bちゃんのお母さんの言い方そっくりで……」「そうそう，私もたまたま通りがかりにその声を聞いたの。とっても迫力があったから，誰が言っているのかしらと振り返ったら，Bちゃんだったから驚いたわ」「あのA君も，その迫力に驚いて，ふ

ざけるのをやめていたからもっとびっくりして。Bちゃんも，遊びが楽しくなくなっちゃうから，何とかA君に伝えたかったんでしょうね」。こんな具合に，子どものエピソードをめぐって，盛り上がったりもします。でも，もりもり幼稚園では，園長も，そういう雰囲気があってこそ若い教員も自由な雰囲気で本音で意見が言えると考えています。ですから，園長自身も一緒に笑ったり，自分もそんな話をもち出したりすることにしています。

　このような子どもの小さなエピソードを共有することと，教育課程を決めることは，実は，根っこのところでつながっています。「今は大事な会議，議題は教育課程の改善」と堅苦しくしてしまうと，形だけの教育課程になってしまうこともあるのです。もりもり幼稚園では，そのようなわけで，こんな脱線も大切にしているのです。

このときに教育目標について話し合われたこと（一部抜粋）

A先生：教育目標ってどこの園も同じ感じに見えるのですけれど，この園らしいものにできないでしょうか？　保護者にとっても，身近に感じられるキャッチフレーズのようなものにしたいと思うんです。

B先生：最近の子どもたちのコミュニケーションが気になるということで，今年度は1年間を通して，みんなで考えてコミュニケーションのできる子どもに育てようと，園内研究として取り組んできましたよね。それに，コミュニケーションは，新しく出された幼稚園教育要領でも重視されているでしょう。だから，この点を教育目標に入れたいですよね。これって，園の特徴になってきましたよね。だからぜひ入れたいです。

C先生：幼稚園教育要領といえば，生きる力ということも強調されましたよね。私たちの幼稚園では，特に，意欲的に遊ぶなかで，主体性を発揮したり，友達と一緒にやっていくために工夫する。そのためには，まず友達と一緒で楽しいという気持ちが育つことも大切だと考えて保育をしているわけです。まさに，生きる力を育てられるような，そんな保育をしたいと思って私たち毎日頑張っていると思うんです。だから，それを表現できる教育目標にしましょうよ。

　これは，ほんの一部なのですが，活発な話し合いの様子がわかっていただけるでしょうか。このような話し合いを通して，教育目標は見直されていったのですが，実は，このような話し合いのプロセスが，教育課程全体を見直していくプロセスそのものともいえるのです。

　今，このテキストで学習しているみなさんにとっても，指導計画，特に明日の保育の計画や来週の保育の計画の立て方には興味がもてて

も，教育課程という園全体の方向性を考えることは，関心がもちにくいのではないでしょうか。園長先生が決めることではないのか……と思う方もいるかもしれません。こうした思いは，幼稚園の現場で保育をするようになっても，あまり変わらないことが多いのです。なぜなら，担任としてクラスの子どもの保育に一生懸命になることで，精一杯になってしまうことが多いからです。

　しかし，そのようなクラスの保育も，園全体の方向性の元にあることを忘れてはなりません。クラスの子どもの姿から，よりよい保育を展開するときに，できれば，少しでも園全体の保育の方向性が子どもたち一人ひとりに合っていることが望ましいわけです。園の方針だから一担任である私には関係がないというわけにはいかないのです。

　ですから，このような話し合いのなかでは，当然のことながらその幼稚園の責任者である園長の思いはどこにあるのかを深く理解することが大切です。しかし，それだけではなく，それぞれのクラスの担任の話に耳を傾けながら，子どもたち一人ひとりにとってよりよい園になるためにはどうしたらよいかを，みんなで真剣に考え合うことが大切なのです。教育課程として完成したものは，その話し合いをまとめた一つの形にすぎません。その意味で，話し合いのプロセスにこそ真の教育課程があるといえるのです。

　さて，もりもり幼稚園の話し合いの内容を具体的に見てみましょう。

　幼稚園には，いつも教育課程があって，そこには教育目標が当然あり，日々その目標の方向に保育は展開していきます。しかし，この園の先生たちは，子どもたちの姿を見ていて，おしゃべりは得意なのに表面的で，本当に心が通い合うようなコミュニケーションができていないのではないかという問題に気づいたのです。そこで，そのことをこの2年ほど園内研究のテーマとして取り上げて，重点的に保育を工夫していきました。その結果，その成果が，この幼稚園の新しい保育のあり方を方向づけていくほどになってきました。B先生の意見は，このことを改めて幼稚園の教育目標に掲げようという提案なのです。

　また，この話し合いでは，幼稚園教育要領の改訂の話が登場しています。みなさんも，幼稚園教育要領も時代の流れに即して，10年に一度くらいの割合で改訂されていることを知っているでしょう。幼稚園の保育は，各幼稚園によって独自性があって当然なのですが，大きくは，幼稚園教育要領に従っていることが求められます。そこで，ここでの話し合いでも，幼稚園教育要領の改訂で新たに強調された点を生

かしていきたいという発言になっているのです。ここでは，B先生とC先生の意見がその例になります。

さらに，幼稚園では，保護者の理解と協力が欠かせません。そのことを考慮して，教育課程も保護者に親しみやすく，目標を共有しやすいものにしたいと考えていることがわかります。最初のA先生の意見はそのことを言っているのです。

さて，このような話し合いから，もりもり幼稚園の新しい教育目標はどのようになったのでしょう。見てみましょう。

> **もりもり幼稚園の新しい「教育目標」**
> 　幼児同士が互いに思いを伝え合い，かかわり合おうとする"心をつなぐコミュニケーション"の育成に努め，主体的な態度を培うとともに規範意識を高め，生涯を生きぬく力の芽を育てる。
>
> 　　つないだ手と手が　　友だちつくる
> 　　　　　いっぱい遊ぶ子　　元気な子
> 　　よく見て考え　　試して気づく
> 　　　　　笑顔が光る　　もりもりっ子

新しい教育目標の前半部分では，園内研究の成果や幼稚園教育要領の重点から，話し合いを通して特にこの園で大切にしたいことをまとめてあることがわかります。また，後半部分は，詩のようなリズミカルな文にすることによって，保護者の方にも親しみやすくしたいという思いを生かしたものになっています。

教育課程については，保護者会で説明をしたりする機会がたびたびあるのですが，そのようなときにも，リズミカルな言葉としてすっと保護者の心に届き，いつでも思い出して共有してもらえるようなものになったと好評だったようです。また，教職員にとっても，ふとした折に，いつでも言葉を思い出し，保育の方向性を確認しやすいものになりました。

当然のことながら，言葉だけをリズミカルなものに工夫すればよいというわけではありません。教職員の話し合いがきちんとなされ，その考えが，表現された教育目標だからこそ，幼稚園の実態にあった教育目標になったということが，大切なポイントだということを，確認しておきたいものです。

❷幼稚園の特色にかかわる見直し

　もりもり幼稚園の教育課程は,「教育目標」のほか,「教育目標達成のための基本方針」「教育課程実施にかかわる指導の重点」「環境構成の工夫」など,さまざまな項目から編成されています。そのなかから,ここでは,「教育課程の特色（魅力ある幼稚園づくり）」という項目の見直しについて見ておきましょう。

　今度は,はじめに,これまでのもりもり幼稚園の「教育課程の特色」と新しく見直された「教育課程の特色」を並べて出してみます。みなさんは比べてみてどのようなことを考えましたか。

　まずは,これまでのものです。

これまでのもりもり幼稚園の「教育課程の特色」

　「幼児と地域の心のオアシス"フラワーガーデン"IN もりもり幼稚園」のテーマで,ファミリーデーなどの保護者,地域,異年齢のかかわりなどの直接体験の機会を通して,幼児の心が揺り動かされる深い感情体験を大切にしながら,幼稚園生活の充実を図り,教育目標を達成する。

・季節に応じた花や野菜の栽培を通して,自然と触れ合い親しみながら,幼児の感性と知的好奇心をはぐくむ。
・保育参加などの親子で一緒に遊ぶ楽しさを共感しあう機会を通して,子育ての楽しさを味わったり,親子のつながりを深めたりしながら,保護者の子育てを支援する。
・地域の行事への参加や人材の活用等による人々とのかかわり合いを通して,心地よさや楽しさをみんなと共感し合いながら,幼児と地域のつながりを深める。

　では,次に新しくなったもりもり幼稚園の「教育課程の特色」はどのようなものでしょう。

もりもり幼稚園の新しい「教育課程の特色（魅力ある幼稚園づくり）」

　"みつけよう　　大好きなこと
　　　　　やってみよう　　むずかしいこと
　はなしてみよう　　友だちと
　　　　　笑顔がつながる　　もりもり幼稚園"

・ファミリーデーでの保護者や祖父母とのかかわりや地域の協力を得

Ⅱ　計画の作成の実際

> て行う伝統文化を知る体験を通して，年長者や地域に親しみをもつ。あわせて，挨拶や礼儀の大切さを学んだり，愛され大切にされている自分を感じることを通して自己肯定感を育てる。
> ・フレンズタイムにおける児童とのかかわりから，憧れをもったり，心がつながる温かい関係を感じ取れるようにするとともに，幼稚園と小学校の学びの連続性を意識した連携を図っていく。
> ・幼稚園内外の自然と触れる直接体験の機会を大切にし，さまざまな感情体験を通して，豊かな感情がはぐくまれていくようにする。

　これまでの「教育課程の特色」と新しくなったものを比べてどのように感じましたか。「どこが違うのかしら？　同じようなことが書いてあるのね」と感じた人もいるかもしれません。細かく点検して，内容が増えていることに気づいたり，書き方が変化したことに気づいた人もいるのではないでしょうか。すでに，述べてきたことから，この間にあった話し合いがどのようなものだったかを，イメージしてみた人もいたでしょうか。そのようなことに気づいたとしたら，それは，教育課程の見直しのポイントがかなりつかめた人といえるでしょう。

　では，実際には，この間にどのような話し合いがあったのかを見てみましょう。この「教育課程の特色」という項目は，幼稚園の特色でもあり，魅力ある幼稚園にするためのポイントを示すものなので，もりもり幼稚園の教職員の話し合いは，とても熱が入りました。

> このとき「教育課程の特色」について話し合われたこと（一部抜粋）
> A先生：ここでも，心をつなぐようなコミュニケーションについては入れていきたいですよね。
> B先生：ファミリーデー（保護者，祖父母などと交流する日）も定着してきて，特に父親参加の会も盛んになって，その分自主的な企画や意見もでてきていますね。
> D先生：フレンズタイム（同じ敷地内にある小学校の児童との交流の時間）もやっと定着して，小学校の教育課程にも位置づけられたんですよね。小学校の先生方も幼稚園の保育に参加するようになってきたし，5年生とは，お互いに年間計画を調整して継続的な活動をするようになってきたし，そのおかげで，小学校へ入学するときの幼児の様子も変わってきました。それに，受け入れてくれる新しい6年生も楽しそうに受け止めてくれるようになりました。幼稚園から発信して始まった交流も，やっとその意味が小学校にも認められたわけだし，これはぜひ特色にしましょう。
> 園長：そうですね。それは，特に，幼稚園教育要領でも重点化されてい

> るところでもありますしね。ぜひそうしましょう。教育目標と同じで，できれば，保護者の方にも，親しみやすい表現も考えましょうね。

　この話し合いを確認して，改めて，もう一度「教育課程の特色」のこれまでと新しいものとを比べてみましょう。そうすれば，なぜフレンズタイムが入れられたのか，なぜ詩のような文が書き出しになったのか，その理由がわかるでしょう。またそれは，教育目標の見直しと別のものではなく，それと一貫性をもって行われていたということも理解できるでしょう。

第4節　生きた教育課程をつくるために

　教育課程は，幼稚園に一つしかない全体的な計画であること，その計画をもとにして，日々の保育の指導計画を立案することになるので，園長だけが編成にかかわるのではなく，全教職員がかかわる必要があることが理解できたと思います。また，教育課程は，一度編成してしまったら変えないというものではなく，常に，子ども一人ひとりにとってよりよい幼稚園になるように見直しが図られていく必要があり，その手がかりになるのは，日々の保育の記録をもとにした話し合いだということを見てきました。

　保育の計画は，ただ単に決まっている教育目標を達成することだけが目的ではなく，実践のなかで，子どもの姿と照らし合わせながら，常に改善を図っていくものです。教育課程もまた，その循環のなかにおかれています。保育はチームでつくっていく営みです。ですから，計画⇒実践⇒反省（見直し）⇒計画という，その循環をつくっていく担い手は，幼稚園の責任者である園長はもちろんのこと，子どもにとって最も身近な担任はじめ教職員の一人ひとりだということなのです。

　最後に教育課程の見直しを行ったもりもり幼稚園の新しい教育課程を示しておきます（表9-2）。

Ⅱ 計画の作成の実際

表9-2 もりもり幼稚園の教育課程

様式Ⅰ

19○も幼　第17号
平成20年 3 月13日

東京都○○区教育委員会殿

幼稚園名　　○○区立もりもり幼稚園
幼稚園長名　森野はなえ

平成20年度教育課程について（届）

このことについて，東京都○○区立学校の管理運営に関する規則に基づき，下記のとおりお届けします。

1　教育目標

(1)　○○区教育委員会の教育目標

> ○○区教育委員会は，子どもたちが心身ともに健康で，人権尊重の精神を基調としつつ人間性豊かに21世紀を創造する人材に成長することを願い，
> ○　互いの人格を尊重し，思いやりの心と規範意識をもつ人
> ○　個性や豊かな想像力，健やかな体をもち，自ら学び，考え，行動する人
> ○　○○区の歴史・文化に誇りをもち，地域社会を愛し，発展に貢献できる人
> の育成に向けた教育を充実する。
> 　また，だれもが生涯にわたり自己実現に生きがいを見出し，学びを継続し，心豊かに人生を送ることのできる生涯学習社会の実現を図る。
> 　そして，○○区基本構想に掲げる「にぎわい　いきいき　したまち　○○」の実現を目指し，区民憲章を実践し，にぎわいと活力のある地域社会の形成と個性豊かな下町文化の継承と発展に努める。

(2)　幼稚園の教育目標
　幼児同士が互いに思いを伝え合い，かかわり合おうとする"心をつなぐコミュニケーション"の育成に努め，主体的な態度を培うとともに規範意識を高め，生涯を生きぬく力の芽を育てる。

　　　　　　つないだ手と手が　友だちつくる　　いっぱい遊ぶ子　元気な子
　　　　　　　　　よく見て考え　試して気づく　　笑顔が光る　もりもりっ子

(3)　教育目標達成のための基本方針
○発達に即した教育活動の充実を図り，基本的な生活習慣の自立や集団生活のルールの習得，自尊感情や互いに思いやる気持ちの育成など，規範意識や人権尊重の意識の芽生えを培う。
○周りの人々との豊かなかかわりを通して幼児が他者の存在に気付き，人とかかわることの心地よさを味わえるよう，言語力の育成を図り，よりよいコミュニケーションを築く。
○生涯にわたって健康で安全な生活を送ることができるよう，家庭との連携を密にし全身を使って遊ぶことの楽しさ等を感じとらせながら，身体諸機能のバランスのよい成長を促す。

2　教育課程編成の基本的な考え方

(1)　園評価の結果を受けた教育課程改善の視点
○幼児理解を深め一人一人の教育課題を明確にし，幼稚園と保護者の連携の絆を強め，教育内容の精選に努め教育効果をあげる。

(2)　教育課程の特色（魅力ある幼稚園作り）
　　　　"みつけよう　大好きなこと　　やってみよう　むずかしいこと
　　　　　　　　　はなしてみよう　友達と　　笑顔がつながる　もりもり幼稚園"
○大園男，祖父母・保護者とかかわる場である「ファミリーデー」や，地域協力者との伝統文化を知る体験や言語活動を通して，年長者や地域に対して親しみをもつ。併せてあいさつや礼儀の大切さを学び，人とのかかわり方や愛されている自分を感じることを通して自己有能感を育てる。
○小学校との「フレンズタイム」における児童とのかかわりから，心と心をつなげたり憧れをもったりする人との温かい関係をつくるとともに，学びの連続性を意識し，幼小の連携を図る。
○幼稚園内外の自然との直接体験の機会を大切にし，さまざまな感情体験を通して豊かな感性を育てる。

様式Ⅱの1

幼稚園名　○○区立もりもり幼稚園

3　指導の重点

(1) 教育課程編成，実施にかかわる指導の重点

○幼児期の発達の特性や一人一人の発達段階を踏まえ，各年齢ごとの指導目標に向けて指導にあたる。

《3歳児》教師や友達と一緒に過ごす中で，安心して遊んだり自分を出したりする楽しさを感じる。
《4歳児》自己を十分に発揮し，友達の思いを感じたり受け止めたりしながら，一緒に遊ぶことを楽しみ，自己を伸び伸びと発揮する。
《5歳児》互いのよさを認め合い生かし合いながら，友達と協力して遊びや生活を進めていくことで，心のつながりや満足感や達成感を味わう。

(2) 環境の構成

○幼児が主体的に環境にかかわる中で，感情体験を豊かにしながら遊びを充実させ発達に必要な経験が得られるよう，指導内容の創意工夫を図る。また，3年間の見通しをもった直接的・具体的体験を豊かにすることが学びの基礎となることをおさえ，小学校への接続を意識する。特に「フレンズタイム」では，幼児と児童の交流をすすめるために，教職員の研修の機会を多く取り入れる。

○特別支援教育の理念に基づき，幼児一人一人の育ちの特質を生かし，ニーズに応じてその能力を助長できるような環境や教材を準備するとともに，関係諸機関との連携を図る。そのために幼児理解や指導の方法・得意分野の研修を深め，教育者としての専門性を高める。

○季節の草花・野菜の栽培や小動物の飼育，土遊びなどの直接体験を通して，知的好奇心や思考力を培うことができるよう，自然環境の充実や環境整備を図る。

○幼児がのびのびと体を動かし，身体諸機能の発達を促すことができるよう，安全に留意しながら併設小学校の施設の活用を図るとともに，近隣施設や公園等での活動，園外保育の充実を図る。

○幼児同士・保護者同士が互いに育ち合うために，教師はそれぞれの役割や能力を生かした組織的な連携を図り信頼関係を築く。特に食育や生活習慣の見直し，規範意識などについては，家庭との連携を密にし実態に即した具体的な啓発活動を推進する。

(3) その他

○幼児の安全確保・安全管理のため，日ごろから関係諸機関との連携を密にし，教職員間の協力体制のもと，施設・設備の安全点検を強化しながら，防災・防火・防犯・交通等の安全教育への意識を高め充実に努める。また保護者対象の講習会や実地指導を取り入れる。

○「ファミリーデー」や昔遊び・「あいさつ運動」・地域行事への参加等を通して，地域や保護者同士の交流を深め，地域ぐるみで子育ての楽しさや子育てを担う役割を共有できるよう，保護者や地域への啓発に努める。併せて，地域に対する親近感や愛着心をはぐくむ。

○教育相談や，保護者同士の交流の機会の提供，預かり保育「ウキウキタイム」，未就園児の会「なかよしクラブ」で園施設の開放などを行い，地域の子育て支援における中心的役割を果たすように努める。

○「心をつなぐコミュニケーション」を研究主題とし，周りの人々とのより豊かなかかわりを通して，人に心を開き気持ちよく人とかかわるために，特に言語力を育てる環境のあり方や指導内容，教師の援助について研究を推進する。

さらに学びたい人のために

・戸田雅美『保育をデザインする――保育における「計画」を考える』フレーベル館，2004年

　教育課程を作成する上で，子どもの姿をどのように見て，環境をどうつくるのかということが具体的に学べます。

・友定啓子・山口大学教育学部附属幼稚園（編著）『幼稚園で育つ――自由保育のおくりもの』ミネルヴァ書房，2002年

　子どもの姿をどのように読みとるのか，発達の道すじがわかりやすいです。教育課程作成時の基本的な幼児の実態把握や理解に役立つ視点がでています。

演 習 問 題

1. グループで，自分たちの理想の幼稚園の教育課程をつくってみましょう。できれば，模造紙などに園舎や園庭の環境なども描いて，ポスター発表をしてみましょう。
2. ポスター発表をするなかで，他のグループの友達にもわかりやすい教育目標の書き方，自分たちの思いを説明する方法などを工夫してみましょう。
3. どこかの幼稚園（附属の幼稚園など）の教育課程をいただいて，その背景にある保育者の思いについて，話し合ってみましょう。もし，その園の先生に来ていただける機会があれば，自分たちで話し合って考えたことをお伝えしながら，質問をしてみましょう。

第10章

保育課程の見直し

　保育課程は，保育所保育全体を統括するものであり，保育の基本となるものです。ですから，保育所保育の及ぶ範囲を明確にすることが必要になります。現在，保育所保育は，定型のクラス保育に限定されるものではありません。延長保育，一時保育，子育て支援の子育てサークルなど，多様な保育が実践されています。保育課程は，それら全体を射程に収めるものです。

　そして，それぞれの指導計画は，保育課程を踏まえて作成されるものですが，そのためには，作成のプロセスが単なる時間順のものになっては難しくなります。そこで，計画作成の一つとして，ウェブ方式を提案します。

　ウェブ方式とは，環境を通して行う保育のあり方を計画に反映させる方法の一つです。この方式に基づいてどのように計画を作成するか，それが保育課程との関係でどのように位置づけられるかを，本章では考えていきます。

キャッ
「蜘蛛の糸」！
もしやおしゃか様の
お慈悲！？

芥川龍之介の？

え？保育課程って一時保育にも関係するの！？
どうやって計画立てたら…

保育課程

水たまり　好奇心　思いやり　草花
水遊び　Web方式だヨ　元気
ごっこ遊び　砂場　色水遊び　テーブルを用意
園児と交流　一時保育の子どもたち　三輪車　ルールを守る

保育のすべてが書き込まれてる…

こんな計画作成方法もあるんだ

第10章　保育課程の見直し

第1節　保育課程を見直すきっかけ

❶保育所保育の多様化

　1990年代を通して、保育所は大きく変化しました。それは、「特別保育事業」が急ピッチで整備されてきたからです。1994年のエンゼルプランをきっかけに、多様化する保育ニーズへの対応とともに、地域の子育て支援を、保育所が担うようになりました。それは一般に「特別保育対策」と呼ばれています。

　特別保育対策には、多くのものがありますが、そのなかでもよく実施されているものが、乳児保育、延長保育、一時保育、地域子育て支援拠点事業などです。そのうち、乳児保育を除いたものに共通する点をあげるならば、定型の枠外の保育ということです。

　定型の保育とは、保育所の入所児を通常の保育時間内で保育するものです。保育所の保育時間は1日8時間を原則とし、1日の開所時間は11時間とするのが一般的です。その時間内で「保育に欠ける児童」を保育することを、定型の保育と呼びます。たとえば、午前7時に開所する保育所の場合、閉所時刻は午後6時となります。

　その場合、午後6時以降も保育を必要とする子どものニーズがあっても対応できません。そこで、午後6時以降の保育を実施することを、延長保育と呼びます。

　また、保育の対象は、入所児が対象ですが、保護者や家庭の事情で一時的に保育を必要とすることもあります。そのような保育を一時保育と呼びます。

　保育に欠ける子どもの保育だけでなく、地域の子育て家庭を支援することも行われています。子育てサークルを運営したり、園庭開放を行ったりすることで、地域の子育ての拠点としての機能を果たしています。

　これらは特別保育対策と呼ばれますが、一部の保育所だけが実施している特殊な保育ではありません。現在では、多くの保育所が、特別保育対策のいずれかを実施しています。1つだけというところもあれ

> ➡1　特別保育対策
> 　2008年度現在、特別保育対策には次のようなものがあります。乳児保育、乳児保育促進事業、障害児保育、夜間保育、延長保育、一時保育、地域子育て支援拠点事業（センター型）、定員の弾力化、小規模保育所、家庭支援推進保育事業、休日保育事業、送迎保育ステーション試行事業、駅前保育サービス提供施設等設置促進事業、家庭的保育事業、認可化移行促進事業、特定保育事業、病児・病後児保育事業。
> 　保育法令研究会（監修）『保育所運営ハンドブック　平成20年度版』中央法規出版、2008年

ば，2つ3つを組み合わせているところもあります。しかし，どれも実施していない保育所は，少数です。現状では，定型の保育に特別保育対策を組み合わせて保育所保育を実施している保育所が，一般的になっています。

❷保育課程の射程

先述したように保育所保育は多様化しています。それに対して，保育課程の射程はどこまで及ぶのでしょうか。この点に関して，『保育所保育指針解説書』の「第4章　保育の計画及び評価」には次のように記述されています。

➡2　ミネルヴァ書房編集部（編）『保育所保育指針　幼稚園教育要領［解説とポイント］』ミネルヴァ書房，2008年，p. 156.

> 「保育課程」は，保育時間の長短，在所期間の長短，途中入所等に関わりなく入所児童すべてを対象とします。保育所の保育時間は，児童福祉施設最低基準第34条に基づき，1日につき8時間を原則とし，地域における乳幼児の保護者の労働時間や家庭の状況等を考慮して，各保育所において定めることとされています。さらに延長保育，夜間保育，休日保育などを実施している場合には，それらも含めて子どもの生活全体を捉えて編成します。

この記述を読むと，保育課程は，保育所の保育すべてが対象になることがわかります。定型の時間の枠を超えた保育である，延長保育，夜間保育，休日保育についても明記されています。

では，一時保育の場合はどうでしょうか。一時保育対象の子どもは，厳密にいえば，保育所保育指針でいう「入所児童」ではありません。というのも，一時保育対象の子どもは，保育所に在籍するための通常の手続きを経ないで，一時的に保育されるからです。

一時保育は，保育所保育指針では，「第6章　保護者に対する支援」において次のように位置づけられています。

➡3　同上書，p. 28.

> 3　地域における子育て支援
> (1)　保育所は，児童福祉法第48条の3の規定に基づき，その行う保育に支障がない限りにおいて，地域の実情や当該保育所の体制等を踏まえ，次に掲げるような地域の保護者等に対する子育て支援を積極的に行うよう努めること。
> 　　ア　地域の子育ての拠点としての機能
> 　　　(ア)　子育て家庭への保育所機能の開放（施設及び設備の開放，体験保育等）

(イ) 子育て等に関する相談や援助の実施
(ウ) 子育て家庭の交流の場の提供及び交流の促進
(エ) 地域の子育て支援に関する情報の提供
イ 一時保育

 つまり，一時保育は，子育て支援の一つなのです。子育て支援とは，保育所に入所していない子どもの家庭への支援です。
 それでは，子育て支援と保育課程との関係はどうなっているのでしょうか。この点に関して，『保育所保育指針解説書』の「第4章 保育の計画及び評価」には次のように記述されています。[4]

> なお，入所児童の保護者への支援，地域の子育て支援は，保育課程に密接に関連して行われる業務と位置づけられます。

 ここに，入所児童の保護者への支援，地域の子育て支援とありますが，それは「保護者支援」を意味しています。そして，保護者支援は，保育課程に「密接に関連して行われる業務」であるという微妙な書き方がされています。
 このことは，保育士の役割と関連します。保育士の役割は，保育所保育指針の「第1章 総則」において，「……，子どもを保育するとともに，子どもの保護者に対する保育に関する指導を行うものである」と記述されています。[5]保育士の役割には，子どもの保育と保護者支援の2点があります。
 保護者支援というと，「保護者に対する保育に関する指導」だけを想定するかもしれません。しかし，実際には，子どもの保育も保護者支援の一環として必要です。
 たとえば，一時保育は，保護者の緊急的事情などに対応するものであり，子どもを1日だけあるいは数日間保育する状況になります。その場合，単に子どもを荷物預かりのように受け取るわけにはいきません。非常に短い時間とはいえ，保育士はその子の保育に携わることになりますが，そこでの保育が入所児の保育と異なるものとなることは，望ましいことではありません。むしろ，入所児の保育と同様の保育を，たとえ1日だけであっても展開することが，保育士の役割となります。
 このことを，「密接に関連して行われる業務」と表現しているのです。そのように考えると，子育て支援事業としてよく実施される子育てサークルの場合も，保育士による子どもの保育がありますので，一時保育と同様のことがいえます。
 つまり，一時保育であれ，子育てサークルであれ，入所していない

[4] 同上書，p. 156.

[5] 同上書，p. 2.

子どもに対しても保育が行われるときは、保育課程と無関係であってはならないのです。むしろ、積極的に意味づければ、入所していない子どもの保育も、保育課程に位置づけられることが必要となります。

第2節 保育課程の見直しのプロセスの実際

❶思考プロセスとしての保育カリキュラム

　保育課程において、入所しているいないにかかわらず、すべての保育が保育課程に編成されていることが必要であることを述べてきました。それは保育所保育指針に記述されているからですが、それだけでなく保育所保育に一貫性をもたらすためにも必要なことです。
　このことについて具体的な実践を通して考えていきます。
　筆者のかかわっているY保育園も、特別保育対策を積極的に推進しています。定型の保育だけでなく、乳児保育、障害児保育、子育てサークル、一時保育、出かけ保育など、いろいろな事業が混在しています。
　ある保育研修会に参加したときのことです。それは、一時保育を実施している保育所の事例発表があり、それに関する討議の場でした。参加者から、「カリキュラムはどうしていますか？」という質問がありました。答えは、「一時保育ですからカリキュラムはありません」というものでした。
　このようなやりとりを聞くと、定型の保育の枠外にある一時保育には、カリキュラムとしての位置づけをする必要がないという意識がうかがえます。しかし、本当にそれでいいのでしょうか。筆者はそのことに疑問を抱きました。
　この研修会ではカリキュラムという発言でしたが、それは保育の計画を意味しています。保育の計画には、保育課程と指導計画がありますが、保育課程に位置づけられていると、それが指導計画に反映されます。保育課程に編成されていないと、指導計画も作成されないことになります。

先述しましたように，保育所保育は，1990年代から非常に多様化してきました。特別保育対策が積極的に推進されてきたからです。Y保育園も例外ではなく，保育の場がさまざまに広がっていきました。そのなかで気をつけたことは，保育実践の理念をゆるがせにしないことでした。

　この点について，子育てサークルを例にあげて考えていきます。子育てサークルでの保育は，入所児の保育と異質なものになるという危険性があります。

　Y保育園の保育は，クラスの枠や時間割の枠にとらわれず，子ども自身が身近な環境にかかわって展開する活動を大事にし，そこでの体験を重視しています。

　ところが，子育てサークルにおいては，子どもの活動を保育者の想定した枠内に設定する傾向が出てきました。というのも，子育てサークルへは自由参加ですので，連続して出席する親子もあれば，不定期に参加する親子もいます。当日にならないと，誰が参加するかわかりません。子どもの年齢や人数を前もって把握することが困難です。

➡6　Y保育園の子育てサークルは，登録制ではなく自由参加です。

　また，子育てサークルには，子どもだけではなく保護者（ほとんどが母親）がいます。そこでの活動は，保育者にとって抵抗感のあるものになります。なぜなら，定型の保育において自分の保育を他者に見られることはありません。それに対して，子育てサークルでは，保育者の子どもとのかかわりは，保護者の視線に曝されることになります。つまり，「見られる」ことへの抵抗感が生じるのです。それを避ける手早い対応は，設定的な活動を用意し，その枠内で子どもを動かすことです。

　しかし，それでは，保育の基本を編成した保育課程に矛盾することになります。保育理念としては子ども中心の保育を謳いながら，子育てサークルの実践では，保育者中心の保育を行うという状態になってしまいます。

　そこから脱却するために，当園の保育は，入所児であるなしにかかわらず，すべて保育課程にのっとるものでなければならないと考えました。すなわち，保育課程の射程は，当園の保育者によるすべての保育に及ぶものとしたのです。

❷ウェブ方式との出会い

　保育課程にすべての保育を位置づけるということは，それに基づいて指導計画を作成することになります。ここでの例でいえば，保育課程に基づいて，子育てサークルの保育についての指導計画を作成することになります。

　ところが，理屈はそうでも，実際に子育てサークルの指導計画を作成しようとして，イメージがうまく浮かばないことに気づきました。何とか作成してみるのですが，指導計画にならず，時間の流れに沿った活動計画表にしかならないのです。それでは，子どものなかから生まれる活動とそこへの保育者のかかわりというものを位置づけることができません。

　そのようなときに，「創発カリキュラム」[→7]に出会いました。子どもの興味・関心に沿った保育を計画する考え方です。保育をそのように考えることに目新しさはありませんが，計画をウェブ（web）[→8]と呼ばれる方式で作成していることに，興味を引かれました。私たちが知っているどんな計画とも異なっていたからです。

　その例として，ここで車イスのウェブをあげてみます（図10-1）。

　英語の例なので理解しにくいかもしれませんが，車イスを中心におき，そこからさまざまな方向に向かってつながりをつくっていきます。

　このようなウェブ方式は，一般に作成された計画とは大きく異なっています。計画をウェブ方式で表現することは，子どものなかから生まれる活動を捉えるのに新たな視点を提供しているように思われました。

❸ウェブ方式の特徴

　このウェブ方式を当園の保育に応用できないかとトライしてみました。最初の試みが，障害のある子どもの保育でした。

　当時，S君（4歳児）という発達障害のある子どもを受け入れていました。障害の度合いが重く，かなり個別のかかわりを必要としていました。その子の月案（2月）をウェブ方式で作成してみたのが図10-2です。

　実際にウェブ方式で計画を作成することによって，従来の計画との

[→7] 創発カリキュラム
"emergent curriculum" の訳です。"emergent" とは，辞書的には「《隠れていた所から》姿を現す」（松田徳一郎他（編）『リーダーズ英和辞典　第2版』研究社，1999年）という意味です。つまり，子どもの内側から外側へ向けて創発する興味・関心を捉えるという点に主眼を置いたカリキュラムのことを指しています。

[→8] web
「クモの巣」とか「網の目」という意味ですが，ここではウェブ方式と呼んでいます。計画作成時にウェブ方式を使うことを，ピーターセンは次のように述べています。
「トピックを選択するプロセスにおいて，ウェブ方式で事前に計画を作成する保育者もいます。それは，興味・関心の主要なトピックを中央に置き，サブテーマや創発カリキュラム，もしくはプロジェクトに発展すると予測された関連トピックに線を引き，結びつけていきます。ウェブ方式の計画作成は，保育者がテーマ情報を組織化し操作するもう一つの方法です」（筆者訳）。
Petersen, E. A. (2003) *A Practical Guide to Early Childhood Curriculum. 2nd ed.*, Allyn and Bacon, p. 98.

第10章 保育課程の見直し

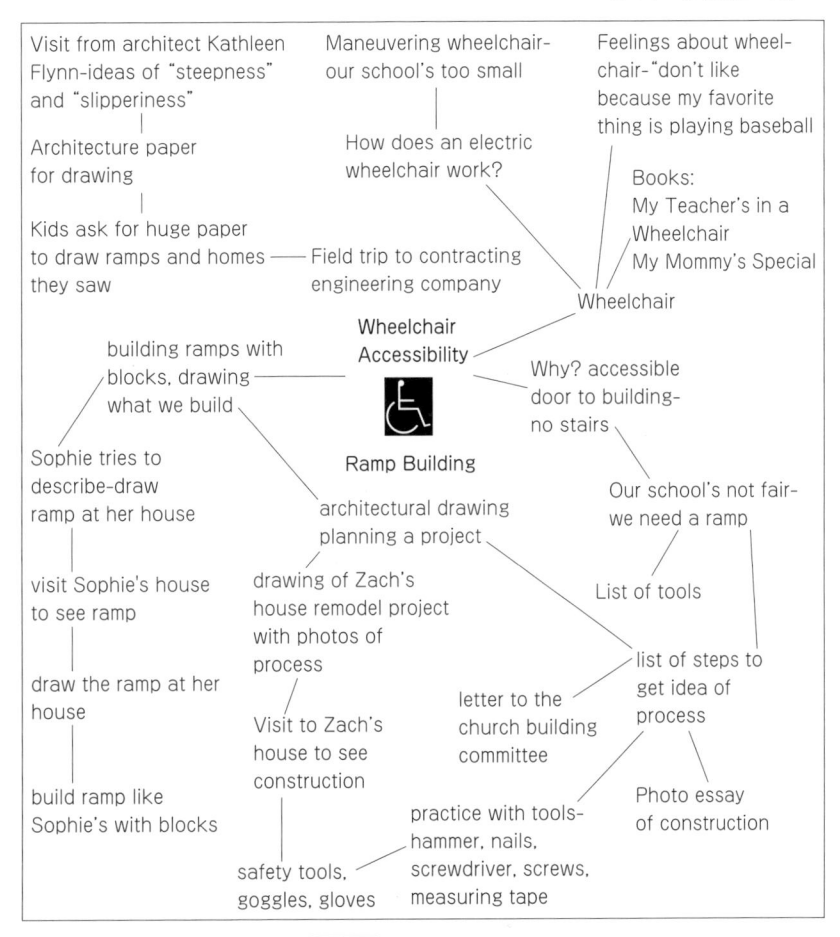

```
Visit from architect Kathleen        Maneuvering wheelchair-    Feelings about wheel-
Flynn-ideas of "steepness"           our school's too small     chair-"don't like
and "slipperiness"                                               because my favorite
        |                              |                         thing is playing baseball
Architecture paper                  How does an electric
for drawing                         wheelchair work?            Books:
        |                                                        My Teacher's in a
Kids ask for huge paper                                          Wheelchair
to draw ramps and homes  — Field trip to contracting             My Mommy's Special
they saw                       engineering company
                                                                Wheelchair
        building ramps with      Wheelchair
         blocks, drawing —     Accessibility      Why? accessible
          what we build                           door to building-
Sophie tries to                                    no stairs
describe-draw                   Ramp Building
ramp at her house                                         Our school's not fair-
                    architectural drawing                 we need a ramp
visit Sophie's house  planning a project
to see ramp                                       List of tools
                 drawing of Zach's
                 house remodel project
draw the ramp at her with photos of             list of steps to
house               process                     get idea of
                                    letter to the  process
                                    church building
build ramp like    Visit to Zach's  committee
Sophie's with blocks house to see               Photo essay
                    construction                of construction
                            practice with tools-
                            hammer, nails,
                 safety tools,  screwdriver, screws,
                 goggles, gloves measuring tape
```

図10-1 車イスのウェブ

出所：Carter, M. & Curtis, D. (1996) *Spreading the News : Sharing the Stories of Early Childhood Education*, Redleaf Press, p. 40.

相違点に気づきました。それは，従来の計画が，時間の流れに沿って作成する傾向にあったことです。典型的には，上から下へ，あるいは左から右へと，時間が流れるような形式になりがちです。

そのことは，保育の流れが一方向になることを意味します。確かに時間の流れは一方向ですが，子どもの活動や保育者のかかわりをも一方向に限定してしまいます。このことは気づかないうちに，保育の流れを限定することになりますし，そこから保育者が子どもへのかかわりをコントロールする意識が強まっていきます。つまり，始まりから終わりまでをスムーズに流そうとする保育になるということです。

ウェブ方式は，時間軸を設定しません。図10-2の例でいえば，中心にS君を置き，S君の園生活と興味・関心の方向，そして保育者のかかわりを，全体に広げていきます。試案は，2月の生活発表会のと

Ⅱ 計画の作成の実際

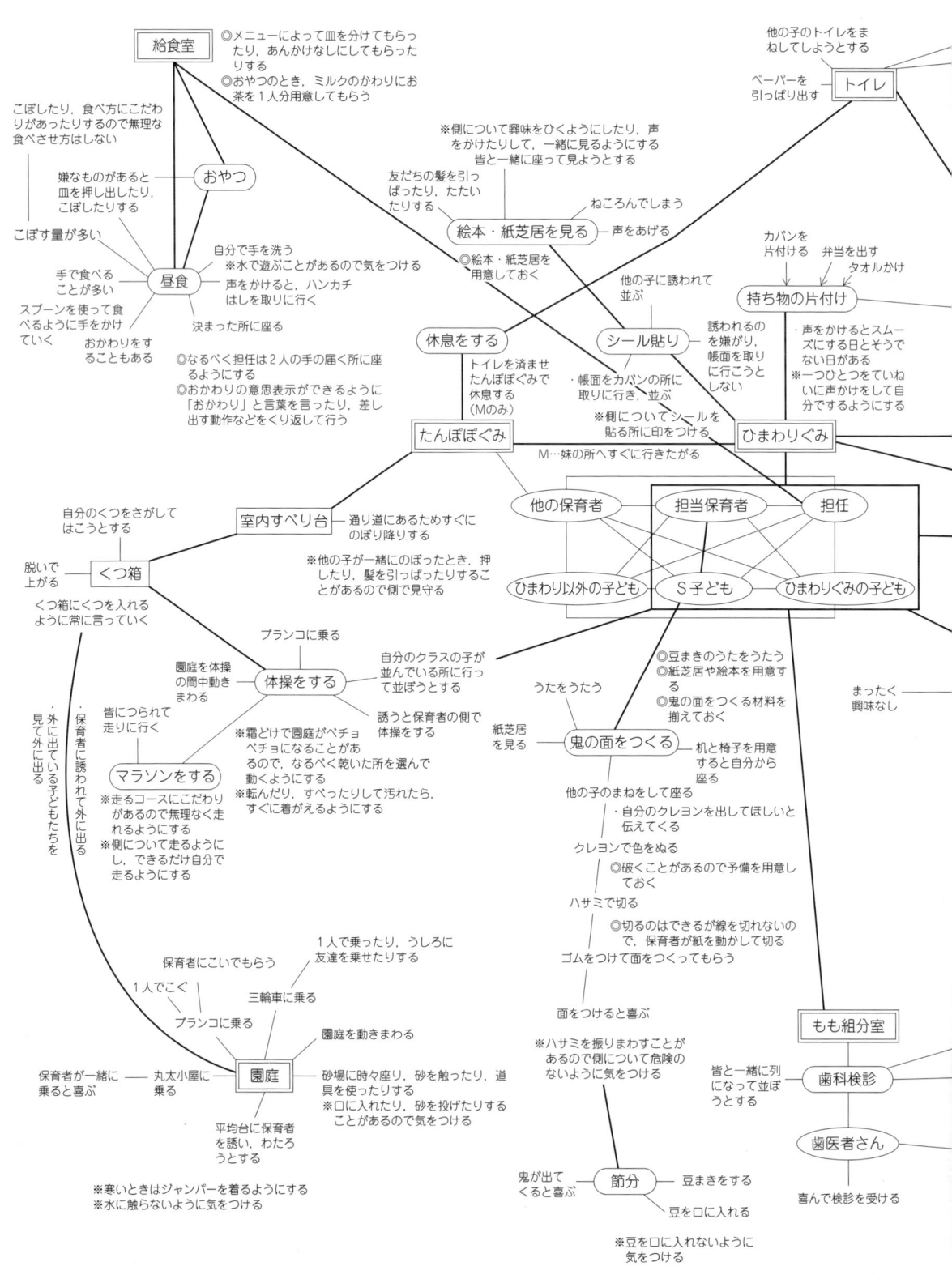

図10-2 障害児保育のウェブ

第10章　保育課程の見直し

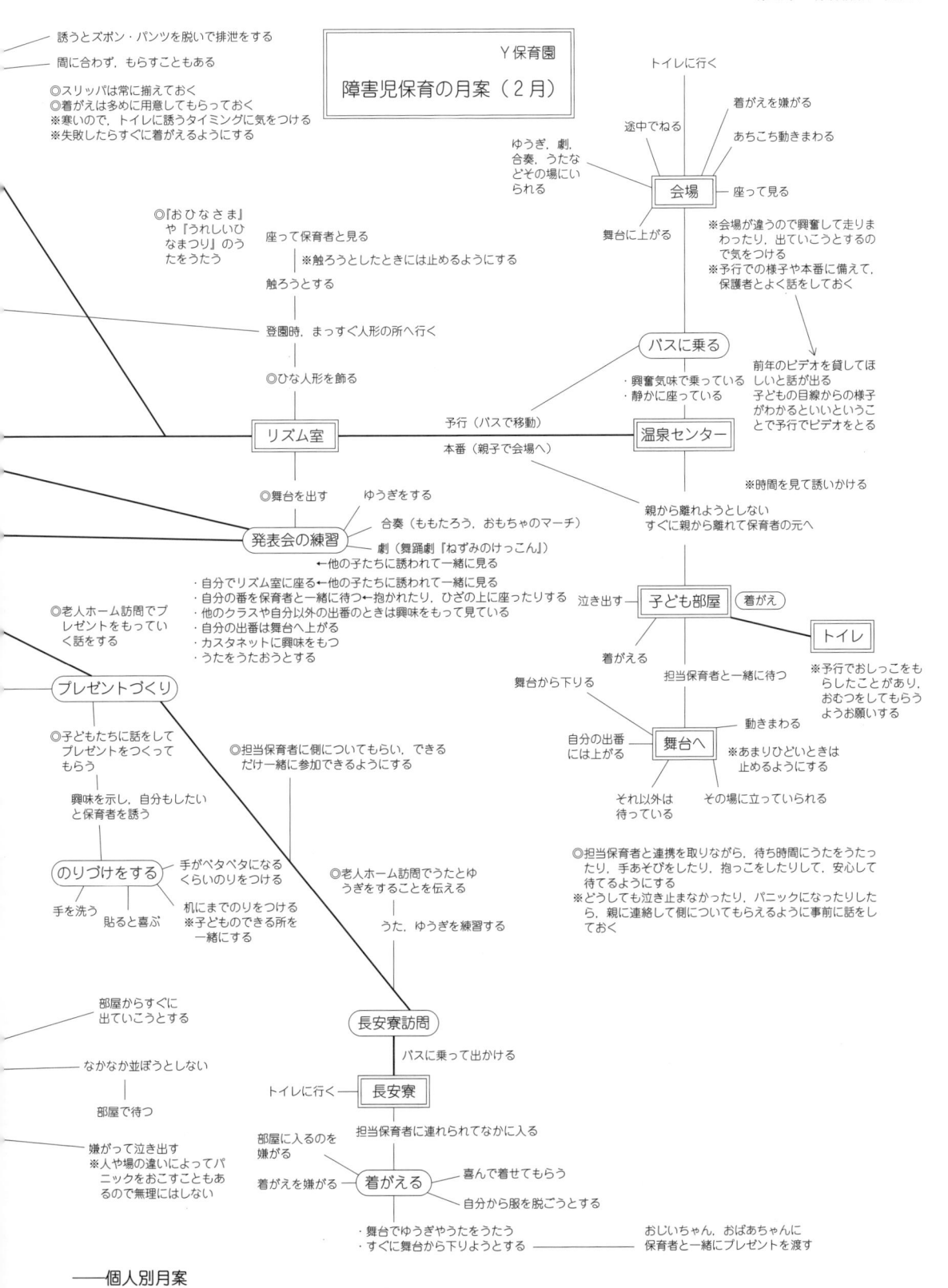

```
                                    Y保育園
                              障害児保育の月案（2月）
```

- 誘うとズボン・パンツを脱いで排泄をする
- 間に合わず，もらうこともある
- ◎スリッパは常に揃えておく
- ◎着がえは多めに用意してもらっておく
- ※寒いので，トイレに誘うタイミングに気をつける
- ※失敗したらすぐに着がえるようにする

【会場】
- トイレに行く
- 途中でねる
- 着がえを嫌がる
- あちこち動きまわる
- ゆうぎ，劇，合奏，うたなどその場にいられる
- 座って見る
- 舞台に上がる

※会場が違うので興奮して走りまわったり，出ていこうとするので気をつける
※予行での様子や本番に備えて，保護者とよく話をしておく

○『おひなさま』や『うれしいひなまつり』のうたをうたう
- 座って保育者と見る
- ※触ろうとしたときには止めるようにする
- 触ろうとする
- 登園時，まっすぐ人形の所へ行く
- ◎ひな人形を飾る

【バスに乗る】
- 興奮気味で乗っている
- 静かに座っている

前年のビデオを貸してほしいと話が出る
子どもの目線からの様子がわかるといいということで予行でビデオをとる

【リズム室】ーーー予行（バスで移動）ーーー【温泉センター】
　　　　　　本番（親子で会場へ）

※時間を見て誘いかける

- ◎舞台を出す
- ゆうぎをする
- 合奏（ももたろう，おもちゃのマーチ）
- 劇（舞踊劇『ねずみのけっこん』）
- ←他の子たちに誘われて一緒に見る

【発表会の練習】
- ・自分でリズム室に座る ←他の子たちに誘われて一緒に見る
- ・自分の番を保育者と一緒に待つ ←抱かれたり，ひざの上に座ったりする
- ・他のクラスや自分以外の出番のときは興味をもって見ている
- ・自分の出番は舞台へ上がる
- ・カスタネットに興味をもつ
- ・うたをうたおうとする

親から離れようとしない
すぐに親から離れて保育者の元へ

泣き出す → 【子ども部屋】ー【着がえ】ー【トイレ】

※予行でおしっこをもらしたことがあり，おむつをしてもらうようお願いする

- 着がえる
- 担当保育者と一緒に待つ
- 舞台から下りる
- 動きまわる

【舞台へ】
- 自分の出番には上がる
- それ以外は待っている
- その場に立っていられる

※あまりひどいときは止めるようにする

◎老人ホーム訪問でプレゼントをもっていく話をする

【プレゼントづくり】
- ◎子どもたちに話をしてプレゼントをつくってもらう
- 興味を示し，自分もしたいと保育者を誘う

【のりづけをする】
- 手を洗う
- 貼ると喜ぶ
- 手がベタベタになるくらいのりをつける
- 机にまでのりをつける
- ※子どものできる所を一緒にする

◎担当保育者に側についてもらい，できるだけ一緒に参加できるようにする

◎担当保育者と連携を取りながら，待ち時間にうたをうたったり，手あそびをしたり，抱っこをしたりして，安心して待てるようにする
※どうしても泣き止まなかったり，パニックになったりしたら，親に連絡して側についてもらえるように事前に話をしておく

◎老人ホーム訪問でうたとゆうぎをすることを伝える
うた，ゆうぎを練習する

- 部屋からすぐに出ていこうとする
- なかなか並ぼうとしない
- 部屋で待つ
- 嫌がって泣き出す
- ※人や場の違いによってパニックをおこすこともあるので無理にはしない

【長安寮訪問】
- バスに乗って出かける

【長安寮】
- トイレに行く
- 担当保育者に連れられてなかに入る
- 部屋に入るのを嫌がる

【着がえる】
- 着がえを嫌がる
- 喜んで着せてもらう
- 自分から服を脱ごうとする

・舞台でゆうぎやうたをうたう
・すぐに舞台から下りようとする ーーー おじいちゃん，おばあちゃんに保育者と一緒にプレゼントを渡す

―――個人別月案

きでしたので，普段の園生活と行事との関係も相互的に書き表しています。

S君の活動を時間を追って予測するのではなく，S君から生まれる動きとそこへの保育者のかかわり，さらに食事，排泄，休息などの生活活動，これらが重層的な構造をもっていることに，試案の作成を通して意識させられました。

❹他の計画への応用

その後，保育園で作成しているすべての月案，週案などをウェブで作成しようということで，園内研を通して，職員全体でウェブ方式の理解を図りました。

初任から主任に至るまで全員が，自分の担当する指導計画をウェブ方式で作成してみました。そして，それぞれについて検討を深めていきました。

取り組み始めの第一印象は，わかりやすく，書きやすそう，というものでした。それまでの文章を書き連ねる計画と比べて，図にすることにお手軽感をもったようです。

しかし，実際に作成してみると，見かけほど容易ではないことがわかってきます。そして，検討を進めることで，保育者の思考プロセスの違いが明らかになってきました。

ある保育者のウェブは，子どもの生活が重層的に浮き彫りになるような仕組みになっています。保育の捉え方が子ども中心であることが明確です。

一方，時間のスムーズな流れを強く意識している保育者の計画は，見かけはウェブになっていますが，よく見ると時間の順番に網の目を広げているだけにすぎません。つまり，見かけの形式が変わっただけで，内実は保育者主導の姿勢が強く表れています。

このような違いは，それまでの計画作成でも見られていましたが，ウェブ方式ほど明確ではありませんでした。

つまり，ウェブ方式は，保育者の思考プロセスをよく反映しているといえます。言い換えれば，計画の作成は，保育をどのように考えるかということと関連するということです。

そのことは，「カリキュラムはプランニングの過程（プロセス）を意味してい」るという指摘と呼応しています。つまり，カリキュラム

➡9　共通カリキュラム作成部会　特定非営利活動法人　保育総合研究所「第2期　高知のこどもをどう育てるかを考える会──『共通カリキュラム作成部会』報告書」2005年

（保育の計画）は，作成されたものを単に意味するのではなく，保育をプランニングする思考プロセスの反映されたものであるということなのです。

ウェブ方式が，保育をプランニングする思考プロセスの反映であるならば，子育てサークルの保育についての計画も作成できるはずであることに気づきました。

そこで作成されたのが，図10-3のようなものです。

子育てサークルでは，その日になるまで参加者が不確定です。雨模様で少ないときもあれば，お天気に恵まれ思いがけず大人数になることもあります。

しかし，子育てサークルにおいても，子どもの興味・関心を大切にし，子ども自身の動きを尊重しつつ保育者がかかわるという当園の保育理念を基盤におきつつ，プランニングすることは可能です。この例は，晴れた日の戸外での子育てサークルを念頭におきながら，そこでの子どもの動き，保育者のかかわり，子どもに体験してほしいこと，などを描き出そうとしたものです。

このように考えていけば，子育てサークルのほかに一時保育も計画を作成することが可能だということがわかります。それだけでなく，保育所の保育者がかかわる保育は，すべて指導計画として作成することが可能です。そして，それらを統括するのが保育課程です。

もちろん，計画の作成の方法や手段は，ウェブ方式でなければならないと主張しているわけではありません。ほかにもよりよいプランニングがあると思います。重要なことは，保育をどのように考えるかということが計画に反映されるのであって，保育はすべて保育課程の射程内にあるということを理解することです。

第3節 実際の保育に生きる保育課程のポイント

❶保育実践のあり方を示す保育課程

保育課程については，『保育所保育指針解説書』に次のように述べ

Ⅱ 計画の作成の実際

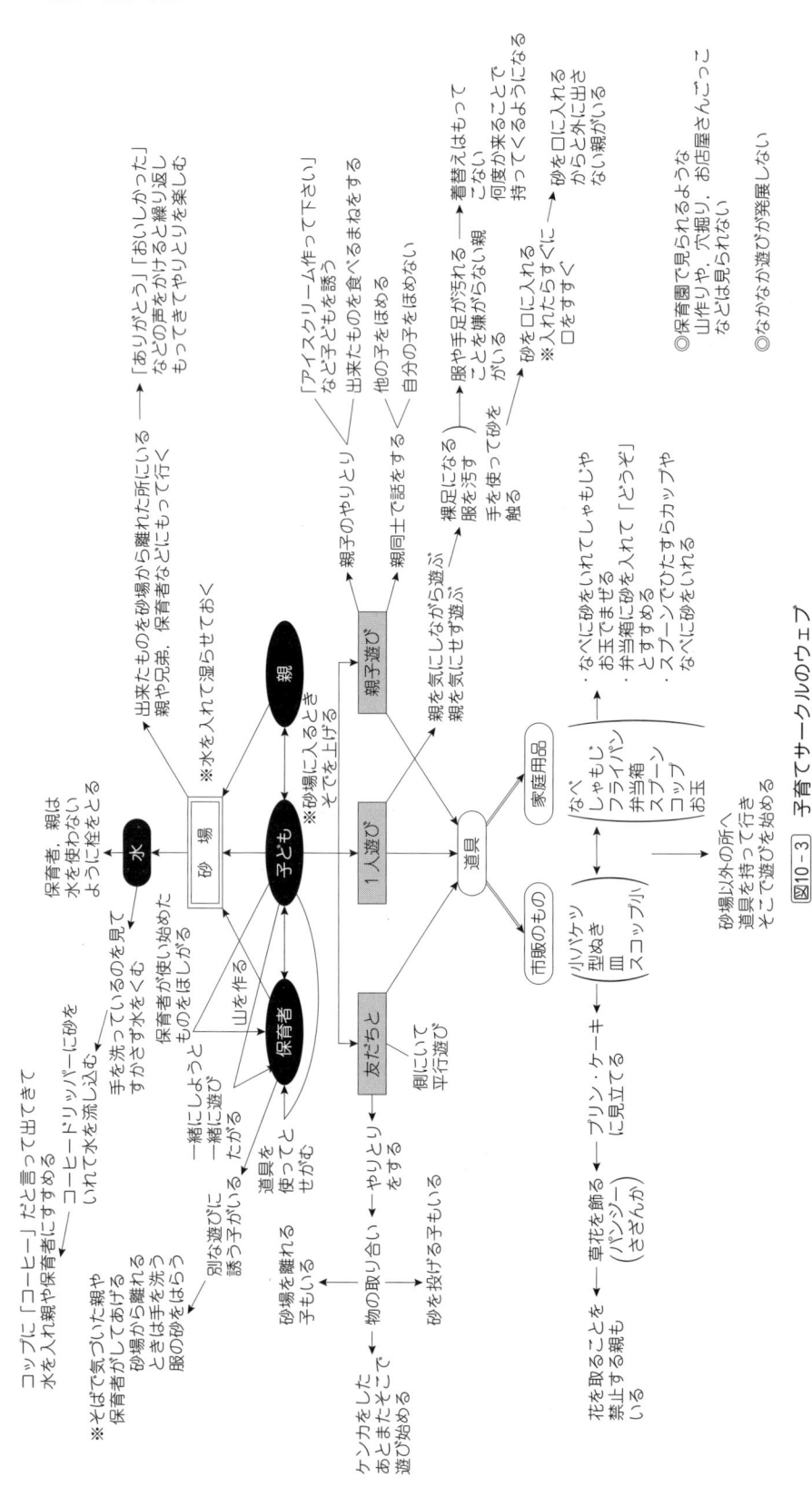

図10-3 子育てサークルのウェブ

出所：前原寛「合同自主研修で保育カリキュラムを見直す」『保育の友』4月号, 全国社会福祉協議会, 2006年

第10章 保育課程の見直し

られています。

> 保育の実施に当たっては，保育課程に基づき，子どもの発達や生活の状況に応じた具体的な指導計画やその他の計画を作成し，環境を通して保育することを基本とします。

ここにあるように，環境を通して保育するという基本は，保育課程に示されることになります。それに基づいて，指導計画などが作成され，実践が展開されるのですから，保育課程が根幹であることになります。そして，保育課程に表現された保育の姿勢は，基本姿勢として維持される必要があります。

どういうことかというと，定型的な保育実践であろうと，特別保育対策という枠で行われる実践であろうと，保育課程に編成される以上，保育の基本から逸脱してはいけないということです。

❷定型の保育実践と特別保育の実践を一つにする保育課程

しかしながら，近年の保育所を取り巻く状況の変化とそれへの対応によって，定型の保育とそれ以外の保育とが，違うものであるかのような捉え方がなされることがあります。

たとえば，子育て支援の一環として展開される子育てサークルでは，親が一緒にいるから入所児の保育と同じようにはできないということで，子どもをお客さんにして楽しませてあげるような活動をすることがあります。

これでは，保育者主導型の保育になってしまいます。

そうならないために，保育課程が重要になるのです。つまり，保育課程に基づいて，指導計画やその他の計画は作成されるものですから，入所児の保育の指導計画も，子育てサークルの保育の計画も，保育課程を具体化したものでなければならないのです。そしてそれは，環境を通して行う保育を基本とするものです。

定型の保育実践であろうと，特別保育の実践であろうと，保育の基本は変わりません。保育所の保育者が展開するすべての保育が，一貫性をもつものでなければなりません。そのために，保育所の保育を貫いて一つにするのが，保育課程なのです。

▶10 ミネルヴァ書房編集部（編）『保育所保育指針　幼稚園教育要領［解説とポイント］』ミネルヴァ書房，2008年，p. 156.

さらに学びたい人のために

・阿部和子・前原寛（編著）『保育課程の研究——子ども主体の保育の実践を求めて』萌文書林，2009年

　本書では，保育課程の射程を明らかにし，子ども主体の実践の具体化のために創発カリキュラムによる指導計画を作成することの意味を，豊富な具体例を通して展開しています。

・カッツ・チャード，小田豊（監修），奥野正義（訳）『子どもの心といきいきとかかわりあう——プロジェクト・アプローチ』光生館，2004年

　本書は，創発カリキュラムではありませんが，プロジェクト・アプローチにおいてウェブ方式を採用しています。ウェブ方式について，若干相違はありますが，日本語で学べる数少ない文献の一つです。

演習問題

1. 保育課程には保育の基本が反映されます。あなたが考える保育の基本を文章で書いてみましょう。
2. 何か特定の保育場面を想定してください。それについて，ウェブ方式での計画を作成してみましょう。そして，気づいたことを書き出してみましょう。

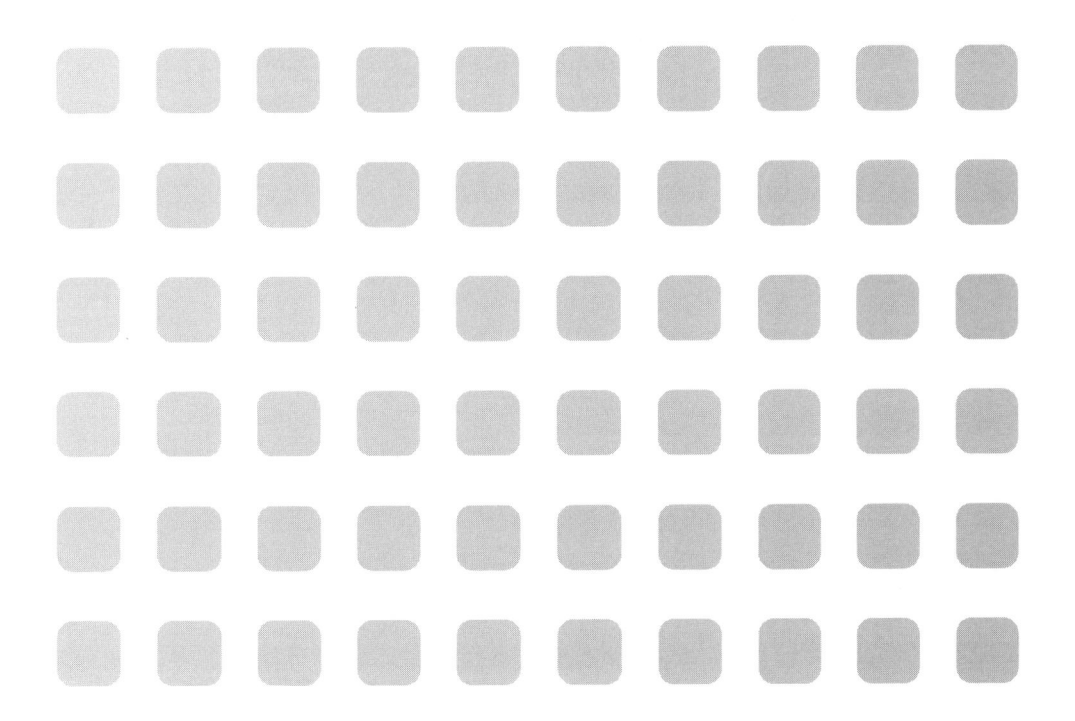

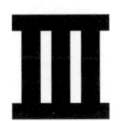

III 指導計画の実際

第11章

0,1歳児の指導計画の実際

　0,1歳児は，一人ひとりの発達の様子も違いますし，その日の状況によっても生活する姿や遊びも違う展開を見せます。その時々の子どもの姿をていねいに読み取り，繊細さをもってかかわっていくことが大切です。保育者の読み取りや援助，雰囲気によって，子どもたちの生活の豊かさや広がりが変わってきますし，そのことは，子どもたちの育ちにつながっていきます。0,1歳児の指導計画では，計画をつくること以上に，子ども一人ひとりへのていねいなまなざしがあることとその記録が大切だと考えています。記録では，エピソードが大切です。エピソードのなかには，保育者の捉えた今のその子の育ちの姿やその子の思いのエッセンスが入っています。そのようなわけで，エピソードから次の保育の計画が生まれてくるのです。

　この章では，そのような0,1歳児の記録から，どのように指導計画が生まれてくるのかを見ていきましょう。エピソードとその読み取り，そこから保育者としてどのような願いをもってかかわろうとするのか，そのためにどのような配慮をしようとデザインしているのか，それは，一人ひとりに対する指導計画そのものです。

「Tちゃんは自分の片足を器用になめていました。」
チュッチュッ
状況の記録は書けるけど、1歳児の「指導計画」って…？

翌日—
Tちゃん、今日は両足にチャレンジよっ
こうっ
あれ？
イタタタ…
「『指導』という言葉にとらわれるあまりA保育士の混乱する姿が見られました」
↑
エピソード記録？

低年齢の子どもには，個別の指導計画を立てなければならないとされていますが，ただ，個別の欄を設けてあればそれでよいというわけではないでしょう。本当に一人ひとりの姿をていねいに読み取り，その姿に合わせて保育者はどのような願いをもって，保育を工夫していこうとしているのか，具体的にはどのような配慮をしようと考えているのかを，一貫性をもって考えてこそ個別の指導計画になるのです。

また，エピソード記録を核にした短期の指導計画は，そのクラス全体の年間指導計画や一人ひとりに合わせた月ごとの指導計画といった長期の指導計画に支えられています。ここでは，0歳児の10月と1歳児の7月に焦点をあてて，具体的に紹介していきましょう。

第1節　記録・指導計画

筆者の勤めるナースリールームの記録と指導計画には以下のものがあります。

❶記　録

【連絡帳】
　毎日保護者とやりとりする。生活の様子を時間軸に沿って記入し（食事，おやつ，睡眠，便など），日中のエピソードを書く。

【保育日誌】
　その日の生活の様子を時間軸に沿って記入していき，同時に成長・発達など気がついた事項を簡潔に記録していく。

【事例記録】
　毎日起こるさまざまな出来事のなかで，一人ひとりの印象的なエピソードの経過と状況をできるだけ客観的に書き，その事実に対する自分なりの読み取りをこまかく行う。加えて子どもに対する願いとかかわりの配慮点を考える。

【個別発達記録】
　運動発達，遊び，人間関係，言葉，生活，健康，家庭との連携，その他，の項目別にその月のその子の姿を簡潔に記録する。

III 指導計画の実際

書いていくうちに記録に偏りが見えてくる場合があるので（この子には人間関係ばかりを書いているなど）時々見返して，バランスをもった目で子どもを見て，記録できるように意識をします。

❷指導計画

【年間のクラス指導計画】
　年度の初めにその年の長期のクラス指導計画を作成する。乳児期は特に家庭との連携が大事な時期であるため，保護者に対する細かい配慮事項を入れている。

【月ごとの個別指導計画】
　前月の記録全体からその子の"今"の姿を捉え，健康・人間関係・環境・言葉・表現に関してバランスを考えながら計画を立てる。また，年間の指導計画と照らし合わせて，抜けている事項がないかを確認するようにする。

第2節　0歳児の事例記録

　記録のなかから翌月の個別の指導計画へのつながりがわかりやすい事例記録を3つ紹介したいと思います。

❶哺乳瓶に慣れない　ゆうき（7か月）

経過・状況　　　　　　　　　　　　　　　　9月19日（金）
　ゆうきは8月に入園。それまでは母乳しか飲んでおらず，家庭で何回かミルクを試したときにも嫌がって飲まなかったとのこと。慣らし保育の間，家庭で使っていた哺乳瓶とミルクを試してみた。口に入れると乳首を転がすようにするだけでほとんど飲まず，すぐに嫌がって舌で押し出した。ミルクを少し温め直して再びあげてみるが，口にふくんでいる時間は多少長かったもののやはり飲まない。そこでカップに移し変えてスプーンであげてみた。口を大きく開けて飲み，こぼした量を差し引くと35cc程飲んだ。その後授乳の際には乳首の形，あげる場所や姿勢等

> 安心して飲むことができる形を探りながら試してみた。乳首をヌークにしてみたところすぐに吸い始め，吸ったり遊んだりを繰り返しながら85 cc 飲んだ。ぬるくなると飲まなくなるが温め直すと再び吸い出す。上体を少し起こした姿勢で膝に座らせると周囲の様子を見ながら落ち着いて飲むことができるようだった。

①読み取り

　入園するまで母乳だけで過ごしてきたため，初めは身体全体でさまざまな違いを感じて受けつけることができなかったのであろう。しかしミルクをスプーンであげると飲み，ミルクの味が嫌だったわけではないことがわかった。いろいろ試してみたが乳首の違いが大きかったようだ。また温度にも敏感なことがわかった。少しずつ保育者との関係もできてきてその安心感も加わり，落ち着いて飲むことができるようになったのだろう。静かに一人で飲むよりも他児の様子が見える方が落ち着けるようだ。

②願　い

　哺乳瓶やミルクに対して嫌なイメージがつかないようにしたい。

③配　慮

　ミルクの温度やあげる場所，姿勢等を細かく配慮しながら担当の保育者がゆったりと授乳する。嫌がるときには授乳は止めて，そのときの哺乳量から次にお腹がすく時間を予測しておく。

❷豊かな感性を大切に　まゆみ（9か月）

> 経過・状況　　　　　　　　　　　　　　　　9月10日（水）
>
> 　這い這いが上手になったので，初めて遊び着を着て庭で遊んだ。砂場の外側に座らせると，座ったとたんに砂場の方に両手を伸ばし腹這いになった。両手を左右に大きく動かしたり，指先に力を入れて砂をかくようなこともしている。表情は真剣。その後「お砂気持ちいいね。じゃあこっちはどうかな？」と抱っこをして砂場のなかに座らせた。再び両手を動かして周りの砂に触れた後両手で砂をつかんだ。つかんだ手からこぼれる砂をしばらく見つめ，手のなかのものがなくなると再び砂をつかんだ。そして片手を開いてもう片方の手でその砂をつまみ，パラパラと落ちる様子を見つめていた。3～4回同じことを繰り返した後ため息を1回，そして初めて静かな笑みを浮かべて拍手をした。
>
> 　砂場にいる間，一度も砂を口にすることはなかった。

Ⅲ　指導計画の実際

①読み取り

　下ろしてあげたとたん腹這いになりすぐに砂に触れ始めた姿からは，その興味の深さを感じる。手の平・指先で初めての感触や感覚を味わっていたが，そのうちつかんだ砂が手からこぼれたことでさらに知的好奇心が掻き立てられ，砂をつまんで落ちる様子を観察することにもつながったのではないだろうか。初めて出会った"砂"というものを，身体全体，頭もめいっぱい使って味わい考えていたことが真剣な表情とその後のため息から感じとれる。ため息の後，それまでのおもしろさがじんわりと湧いてきて，自然に静かな笑みと拍手が出てきたのではないだろうか。遊んでいる間，一度も砂を口にしなかったことにも驚かされる。触れて遊ぶなかでこれは口にするものではなく，別の楽しみ方があるものだということが自然にわかったのだろう。

②願　い

　今もっている豊かな感性をそのまま育てていってほしい。自分の興味あることに積極的に取り組み，全身を使って感じながら満足するまで遊ぶことを大切にしてほしい。

③配　慮

　一人でさまざまなことを感じ考えているときには余計な言葉はかけず，側で静かに見守りながら，様子に合わせてその楽しさやおもしろさに共感する。集中して遊んでいるときには他児の遊ぶ場所にも配慮し，まゆみの世界をできる限り守れるようにする。

❸思いの伝え方　あや（1歳4か月）

経過・状況　　　　　　　　　　　　　9月17日（水）

　あやは他児が大好きで，毎日嬉しそうに側に行っては頭や顔に触れたりおでこをコツンと当てたりとさまざまなかかわりが見られている。
　りえ（6か月）がやってくるといつものようにおでこを当てて挨拶をする。勢いよくかかわることも多く，りえはあやが側に来るだけで泣き顔になって嫌がることもあったが，今日は表情を変えずに受け入れている。またあやは人差し指だけで顔に触れることも多かったが，今日は初めから手を広げて頭をなでていた。ところがその後，急に保育者の方を見ながらりえの頭を1回叩いた。表情は笑っている。「頭は大事だからね」「大好き〜のムギューがいいと思うな」と言うと保育者の言ったように抱きつき，その後離れて自分の遊びを始めた。

①読み取り

　一人っ子で，入園するまで家族以外の人に触れる機会がほとんどなかったため，入園後今まで経験したことのないかかわりの刺激を他児から受け，同じくらいの月齢の子どもたちとかかわることの嬉しさ・楽しさを感じながら毎日を過ごしているのだろう。思いは人一倍あるが，かかわり方の加減がわからなかったのだと思う。しかし少しずつかかわり方がわかってきて，相手にもあやの好意が伝わってきたのだろう。また頭を叩く姿からは保育者の気を引きたい気持ちが感じ取れる。改めて考えてみると，あやが自分から保育者に甘えることはあまりなく，保育者からの積極的な働きかけも少なかったように思う。直接的に甘えが出せていないことがこのような姿につながっているのかもしれない。

②願　い

　あやの思いが他児に伝わり，友達とかかわることの嬉しさや楽しさを十分に味わってほしい。頭を叩くことで保育者の気を引くのではなくストレートに甘えを出せるようになってほしい。

③配　慮

　他児へのかかわりが見られるときにはさりげなく側につき，「あやちゃん，りえちゃんが大好きなんだよね」「会いたかったよ～ってしてるんだって」と本人の他児への思いを言葉にしていくことを心がける。また，かかわり方が危ないときにはその都度間に入り，「ペンッはびっくりしちゃうね」「なでなでが嬉しいみたい」「おはようのときは握手にしよう」など，動作とともにかかわり方を具体的に伝えていくようにする。また一方で，あやが安心感のなかで自分の思いをまっすぐに出したり自然に甘えることができるように，積極的に触れ合いかかわることを大切にしていく。

　どうでしょう。個別の指導計画は単に個別の記録があればよいのではなく，0歳児といえども，一人ひとりの内面に迫る保育がなければならないことが理解できたでしょうか。上にあげたのは9月の1日のものにすぎません。こうした記録からを基にした保育の工夫をイメージすることで，10月の計画ができました。この3つの記録がどのように10月の計画につながったかを見てみましょう。

Ⅲ 指導計画の実際

表11−1　0歳児

0歳児　10月　ポイント　○一人ひとりが興味のあることを十分に楽しむ。
○秋の自然に触れながら気持ちよく過ごす。

	子どもの生活する姿	目　安
ゆうき（8か月）	・仰向けで両足の先をもった姿勢を好む。足を突っ張らせるようになり、脇を支えて立たせると非常に喜ぶ。 ・おもちゃを見るとすばやく手が伸びつかむ。振ったり両手のおもちゃを当てて音を出して遊ぶ。 ・自分から他児や保育者に対して手を伸ばし顔や身体に触れることがある。 ・家庭では母乳だけで、ミルクは嫌がる。園では少しずつ哺乳瓶で飲めるようになる。離乳食に慣れてきて口を大きく開けて食べる。	・さまざまな姿勢や動きを楽しむ。 ・ひとり遊びを十分に楽しむ。 ・人とかかわることの心地よさを感じる。 ・安心したかかわりのなかでミルクを飲み、離乳食を食べる。
まゆみ（10か月）	・ひとり立ちをするようになる。時々牛乳パックの台等高いところに登って立ち上がることもある。 ・遊び着を着て、庭に下りて遊ぶ。砂に触れながら積極的に遊ぶ姿が見られる。 ・はっきりとした人見知りや後追いが見られる。家庭では母がその泣きに困っているという話がある。 ・涼しくなるとともに頬が赤くかさつき始める。	・部屋のなかを自由に動きながら、探索活動を楽しむ。できるようになったことを安全な環境のなかで楽しむ。 ・さまざまなものに触れ、身体全体で感じ考えて遊ぶ。 ・保育者との1対1のかかわりのなかで安心して生活する。 ・肌を清潔に保ち気持ちよく過ごす。
あや（1歳5か月）	・歩行が安定し靴を履いて戸外で歩くことを楽しむ。時々バランスを崩して転ぶこともある。 ・かばんを腕に下げて手を振りおでかけごっこを楽しむ。 ・他児に対する好意的なかかわりが日々見られるが、時々勢いよく頭を叩き、その後保育者の様子をうかがっているようなことがある。 ・「〜してくれる？」と頼むとその通りに行動する。 ・食欲旺盛でもっと食べたいものがあると調理室を指差しおかわりを欲しがる。	・自然に触れながらいろいろな場所を歩き動きのバランスを取っていく。 ・好きな遊びを十分に楽しむ。 ・保育者と触れ合ってかかわるなかで安心感を覚える。 ・少しずつ思いの伝え方やかかわり方の加減を知り、他児とかかわることを楽しむ。 ・保育者や周りの大人に自然に甘えを出す。 ・生活のさまざまなことを楽しむ。

個別の指導計画

かかわりと配慮点	家庭との連携
・機嫌のよいときにいろいろな姿勢が楽しめるようにする。また好んでいる姿勢や動きに合わせて，怪我につながらないよう周囲の環境を整える。 ・静かにそっと見守りながら，場面に合わせて「いい音だね」「おもしろいね」など，共感する声をかけていく。 ・「〜ちゃんが大好きなのね」など，相手への興味を言葉にして，他児に対してもその好意を伝えていく。 ・安心して飲める形を探りながらゆったりと授乳する。離乳食は食べ方や口の育ちに合わせて積極的に進めていく。	・家では父がつくった手づくりおもちゃを使ってよく遊んでいるとのことなので，写真で見せてもらい参考にする。 ・保護者・栄養士・保育者で話をする時間を取り，離乳食の進め方やその見通しについて確認し合う。
・少し高さのある場所は，周りにマットなどを敷いて危なくないように環境を整え，保育者も側につく。 ・遊びのおもしろさに共感しながらそっと見守る。じっくりと遊ぶことができるように遊ぶスペースを保障する。 ・不安にならないように余分な動きは避け，なるべく担任が側にいられるようにする。どうしても離れなくてはならないときには「すぐに帰ってくるから待っててね」など，言葉を添えて，すぐに戻るように心がける。 ・食前食後に頬や口の周りにワセリンを塗って荒れないようにする。その他様子に合わせての保湿と爪のケアを心がける。	・後追いや人見知りの意味や園で配慮していることを伝えながら，今の時期にできるだけ安心できるまで応じることの大切さを共通理解できるようにする。 ・皮膚科での見解もその都度尋ね，家庭と同様にこまめなケアができるようにしていく。
・自分でバランスを取る体験もできるように側について見守り，歩きたい気持ちを大切にする。 ・「いってらっしゃい」「〜買ってきてね」など，さらに遊びが広がるように言葉をかけながら一緒に楽しむ。 ・かかわり方が危ないときにはさり気なく間に入りながら他児への思いを代弁していく。同時に「ムギューが嬉しいみたい」「大好きの握手がいいかな」など，心地よいかかわり方を伝えていく。 ・積極的に触れ合って遊ぶ時間をつくり，気持ちを緩める。 ・自分から気がついてやろうとすることをていねいに受け止め，楽しみながらできることをまかせて生活を楽しんでいく。	・小さな傷でもきちんと保護者に状況を伝える。家庭でも園でもヒヤリとしたことやハッとしたことは伝え合う。 ・園でのエピソードを具体的に伝えていくなかで，保育者の視点や意味づけを添えながら成長をともに喜んでいく。

Ⅲ 指導計画の実際

第3節 1歳児の事例記録

ここでも，記録のなかから翌月の個別の指導計画へのつながりがわかりやすい事例記録を3つ紹介したいと思います。

❶こだわりをもつ　りお（1歳3か月）

経過・状況　　　　　　　　　　　　　　　　　　6月23日（月）

　保育室にある換気扇に気がつき，指をさして「クルクル」と言っている。「換気扇クルクルするの？」と尋ねると「うん」とうなずくのでスイッチを入れると喜び，「クルクルおもしろいね」の言葉に「アハッ」と笑う。しばらくして「じゃあそろそろおしまいにしてもいいかな？」と聞くと首を振って嫌がる。その後扇風機にも気がついて「クルクル」と指をさすので回すと笑顔を浮かべていた。しばらく見続けていたが他の遊びを始めてかなり時間が経つのでスイッチを切った。ところがすぐに気がつき「クルクル」と言って再び回してほしいことを保育者に伝える。眠くなってきてからも換気扇と扇風機のことが気になり「クルクル」と言いながらぐずっていた。

　寝起き後に普段遊んでいるおもちゃを回してみたところ「クルクル」と言い一緒になってやり始めた。後日，回すと色の変化が楽しめる手づくりのこまを用意すると気に入り，繰り返し自分で回して楽しんでいた。その他自分から手にしていたおもちゃを投げ，首をかしげながら「クルクル〜……」と回らないことを残念がることもあった。

①読み取り

　視野が広くなり，今までは気がつかなかったものがいろいろ目に入るようになったのだろう。そのなかで"回る"ことのおもしろさを知ったのだと思う。以前から乳母車のタイヤをじっと見るなど，回るも

のへ興味は示していたが，繰り返しじっと見続ける姿からは単なる興味だけではなく"こだわり"が出てきたことを感じる。換気扇や扇風機だけに興味が集中しているときはいつもそのことが気になって仕方がない様子であったが，おもちゃでも回ることのおもしろさを味わううちに，そのこだわりをさまざまなもので試すようになったのだろう。

②願　い
　はじめてもったこだわりを十分に楽しんでほしい。こだわりから生まれるさまざまな発見や好奇心を大切に育ててほしい。

③配　慮
　こだわりをていねいに受け止め，そのおもしろさに共感する。回して遊ぶおもちゃをつくったり，ままごとで水や砂をクルクルかき混ぜるなど，楽しんでいることをさまざまな形で味わい広がるように，遊びの内容や環境を考える。遊びのなかで出てくる気づきに「色がきれいだね」「そうすると上手に回るんだね」など，言葉を添えていく。

❷イライラした気持ち　りょうすけ（1歳8か月）

経過・状況	6月26日（木）

　昨日から鼻水が出て風邪っぽい症状が見られている。今日は何となくイライラすることが多く泣き声もよくあがっている。少し落ち着いていた嚙みつきだが，今日は頻繁に口を出そうとする姿が見られている。

　保育者と一緒に積み木で道路をつくり，大好きな車を走らせて遊んでいた。途中でひろし（1歳10か月）がやってきて同じように車を走らせ始めたところ，「めー」（だめ）と言って素早く側に行き，急に肩の辺りに嚙みつこうとした。保育者が手を挟み，「そうか，これは今りょうくんが使ってた道路だったんだよね。でもひろしくんもブーブの運転手さんやりたかったみたいだね。じゃあこっちに新しい道路つくろうか」とひろしと保育者がその場を離れ，隣で道路をつくりだすと再び遊び始めた。しかし側に来るだけでまた口が出そうになるという場面が数回見られた。「何だか狭いもんね。もう少し広くして遊ぼうか」と間をあけ，お互いのスペースを広く取って遊ぶことにすると安心して遊んでいた。

Ⅲ　指導計画の実際

①読み取り

　この日は体調が優れず，いつも以上にイライラしていたため，普段ならば"まあいいか"と思えることも受け入れられないでいたのだと思う。保育者と2人で楽しんでいたところに急に他児が加わったことに納得いかず，思わず口が出たのだろう。保育者がお互いの気持ちを代弁しつつ，りょうすけのエリアは守り，ひろしには別の道路をつくるということで，一旦気持ちは落ち着いたようだ。しかし，イライラしていることもあり，側にくるとまた自分のエリアを侵されるのではという気持ちが湧き，嚙みつこうとしていたのだろう。それぞれが安心して遊べるスペースを確保することで，納得できたようだ。

②願　い

　早く体調が回復して，気持ちよく過ごせるようになってほしい。経験の積み重ねと言葉が伴うようになってくることで，少しずつ別の表現方法で自己主張ができるようになってほしい。

③配　慮

　体調が優れないときは他児とのかかわりのなかでいつも以上に思わず嚙んでしまうことがあるので，そのことに気をつけながら，いざというときには止められる場所で子ども同士のやりとりを見守る。また保育者が間に入ってお互いの気持ちを代弁し，新たな方法や考え方を提案していく。

❸気持ちをまっすぐに表現する　ちひろ（2歳）

経過・状況　　　　　　　　　　　　　6月19日（木）

　この頃いろいろな言葉を覚え，よく話をするようになってきた。でも相手と目を合わせることが少なく，一方的に状況を話していることがほとんどである。夕方お迎えの前に紙芝居を2つ見た。終わった後に「おもしろかったね。また見ようね」と片付けを始めるとちひろが「もういっかいみるー」と泣き始めた。「そっかぁもっと見たかったのか……そうだよね。でもね今日はママたちがそろそろお迎えに来るみたいだから絵本でも読んで待ってるっていうのはどうかな？」と言うと，怒ったように激しく泣く。そ

> してそのうち泣きの理由が変わり「シャンプーしない」「おばあちゃんがくるんだったー」と泣き出す。保育者が抱っこをして「残念だったんだよね」となぐさめしばらく過ごすうちに落ち着く。

①読み取り

　非常によく話をするようになってきたが，心を通わす手段としての言葉が少なく，表面的に言葉だけを次々覚えて使っているようだ。言葉に思いが合わさっていないように感じる。

　本当は"紙芝居をもう1回見たい""残念だ"という思いから泣き始めたのだが，激しく泣くうちに本当の理由がわからなくなったのだろう。しかし気持ちがおさまらず，まったく関係のない理由が単なる言葉として出てきたのではないのだろうか。

②願　い

　そのとき感じたままの思いをまっすぐに出せるようになってほしい。言葉を交わしながら人と心を通わすことの心地よさを感じてほしい。

③配　慮

　自分から一方的に話をするだけでなく質問を投げかけ，目を合わせながらゆったりと言葉と心のやりとりを積み重ねていく。そのなかで状況に合わせながら「きれいだね」「わあおいしい」「つめたーい」など，感情を豊かに表現することを心がける。また触れ合って遊ぶことを大切にし，気持ちが緩み自然な甘えにつながるようにする。

　0歳児の時と同様，上に述べた，日々の記録，そして，その記録のていねいな①読みとり，②保育者の願い，③配慮は，その時期の子どもの姿と保育の工夫を表わします。そして，それらを総合的に考慮することで，翌月である7月の指導計画へとつながったのが，次のページの表になります。

　月の計画をはじめて見ると，なぜ，りおは「回転するもの」であり，「興味をもったことを十分楽しむ」なのに，ちひろは言葉について書かれているのだろうかと疑問に思うかもしれません。月齢による発達の違いももちろんあるのですが，そこには，今を，その子らしく生きていく一人ひとりの子どもの存在があるのです。個別の指導計画を見たら，そこから，その子どもの様子をイメージしてみましょう。指導計画からその子の姿とそこに展開する保育を想像し，なぜ，そのような保育が計画されているのだろうと考えてみることが大切です。

Ⅲ 指導計画の実際

表11-2　1歳児

1歳児　7月　ポイント
○水分補給や肌の清潔を心がけ、快適に夏を過ごす。
○夏ならではの遊びを通して活発に遊ぶ。

	子どもの生活する姿	目　安
りお（1歳4か月）	・あごの下におもちゃを挟んだり、つま先立ちをする等おもしろい動きを楽しむ。 ・回転するものに対して興味をもち、毎日「クルクル」と言いながら扇風機や換気扇を指さして回してほしいことを伝える。 ・担任が他児とかかわっていると怒って泣いたり大の字になって訴えるなど、今までは見られなかったはっきりとした自己主張が出てくる。家庭でもどのように対応したらよいか困っているとの話がある。 ・汗をよくかくようになり、背中やお尻にあせもができる。	・身体の動きをさまざまに楽しむ。 ・興味をもったことを十分に楽しむ ・保育者とともに心地よい経験を積み重ねながら、思いをまっすぐに出すことを大切にする。 ・肌の清潔をはじめとして夏を健康に過ごす。
りょうすけ（1歳9か月）	・音楽や保育者の歌に合わせて、両手の平を上に向け上下に動かして踊る。 ・他児に対する嚙みつきは少し落ち着いていたが、体調が悪くなり、再び頻繁に嚙みつこうとする姿が見られる。 ・「おちちゃった」「いっちゃった」「おそといく」など、言葉が急に増える。また、休日中の出来事を尋ねると「タンポポ　フー」と経験したことを伝えることがある。 ・保育者が洋服の着脱など身の回りのことをしようとすると嫌がり、自分でやりたがることが増える。	・楽しく身体を動かして遊ぶ。 ・言葉や仕草など、さまざまな方法で気持ちを表現する。 ・心を交わしながら言葉のやりとりを楽しみ、それとともに遊びを広げる。 ・身の回りのさまざまなことを自分でやってみる。
ちひろ（2歳1か月）	・ソファや椅子の上など、高い場所に上ることを好む。 ・タライに水を入れるとなかに入り、お尻をつけたり行進して水しぶきをあげるなどし、大胆に遊ぶ。 ・言葉数が多くよく話しているが、一方的に話し、保育者が質問を投げかけると動きが止まって答えが返ってこない。目が合わないことも多い。 ・食欲が落ち、好きなものを食べると終わりになることが多い。	・よじ登る、力を入れて引っぱる、もち上げるなど、身体を大きく動かしながら遊ぶ。 ・体調に合わせて大好きな水遊びやプール遊びを思いきり楽しむ。 ・保育者とゆっくり言葉をやりとりしながら気持ちを交わす心地よさを味わう。 ・無理せず食事を楽しむ。

個別の指導計画

かかわりと配慮点	家庭との連携
・気づきのおもしろさに共感し，場合によっては静かに見守ったり保育者もともに楽しむ。 ・こだわりをていねいに受け止め，その興味がさらに広がるように"回転"を楽しむことのできるおもちゃを考えて用意する。 ・かかわりを求めている時にはスキンシップをはかりながらていねいに応える。 ・自分を抑えているような時には場面に応じて「今のは嫌だったね」など，後押しする言葉をかける。 ・汗をかいたときにはシャワーで流し，肌を清潔に保つ。また，お茶がいつでも飲めるように調理室で用意しておいてもらい，こまめな水分補給を心がける。	・この時期の自己主張の大切さを伝え，思いを出せるようになってきたことを喜ぶ。また具体的なエピソードを連絡帳に書いたり送迎時に伝え，家庭でのかかわりの参考にしてもらう。 ・栄養士から夏の水分補給についてのプリントを出してもらい，共通認識をもつ。あせもの様子については細かく確認し合い，ひどくしないようにする。
・様子に合わせて気持ちを発散させながらおもしろさや楽しさを十分に味わえる活動を考え，ともに楽しんでいく。 ・イライラした気持ちを十分に受け止める。他児とのかかわりが見られるときには何かあったらすぐに止められるように側につく。気持ちを代弁しながら言葉を添えて間を取りもつ。 ・話したい気持ちをゆったりと受け止める。また，連絡帳や母との話のなかから家庭で楽しんでいることを把握し，言葉と遊びを広げていく。 ・やりたがっている意欲は大切にし，様子に合わせてさり気なく手助けをして自分でできた喜びが味わえるようにする。	・個人面談をして，家庭での様子（父，姉，祖母とのかかわりなど）を詳しくうかがい，園でのかかわりの参考にする。 ・さまざまなことを自分でやりたがるようになってくる時期であることをエピソードとともに伝え，待つことの大切さなどを保育者の視点も添えて話す。
・やりたがっていることを十分にできる環境を整える。 ・ペットボトルや透明のプラスチック容器など，水遊び用の道具を用意し，プールの他ままごとや色水遊びなど水を使ってさまざまに楽しんでいく。 ・保育者との1対1のかかわりを大切にし，触れ合って遊ぶことから気持ちの緩みや甘えにつなげる。そのなかで心地よさを言葉にしていくことを心がける。 ・水分の摂り方や室温にも配慮し，食欲に影響しないようにする。また夏ならではの食の楽しみを栄養士と一緒に考える。	・最近の遊び方や保育者とのかかわりの変化を伝え，園においては担任がこれまで以上に思いにていねいに応えていきたいと思っていることを伝える。 ・家庭での食事の様子についても詳しくうかがい，食欲が落ちている原因を全体的に考える。

第12章

2歳児の指導計画の実際

　生活のなかでできることが増えてきて自信をもつようになった子どもたち。成長への意欲が顕著に表れてくるのが2歳児です。できないときや思い通りにならなかったときには葛藤を経験しますが，達成感や満足感を味わうことが成長には欠かせません。興味や関心をもてるさまざまな活動を経験し，意欲を育むことが重要です。

　また子ども間の関係が言語の獲得に伴い，深まってきます。大好きな友達，一緒にいたい，遊びたいと思うようになりますが，トラブルも多くなります。保育者の仲立ちによって相手を理解することも少しずつできてきます。集団保育の力，効果がよく見えてくるのが2歳児保育といえます。集団が子どもたちを成長させることを意識し，十分に生かしながら保育を考えていくことは重要なポイントになります。

1歳に近い子と 3歳に近い子で 発達に大きな違いの ある2歳児さん
計画もその分 念入りに立て ないと！
お散歩は ここでオムツ 替え
おもちゃは 何を…
さっみんなで お外に行こうか！
やだーっ
SAY NO
“やだーっ” だけは 一致したり するのよね 〜
ああ 手ごわき2歳児 terrible two！

第1節 2歳児の保育

　保育所の4月から次の年の3月までの生活を考えていくと，2歳児クラスには，2歳から3歳過ぎの子どもが混在していることになります。まだかなりの月齢差はあるので，生活習慣や遊びにもかなりの違いが見られます。主に2歳半までは，個人的な配慮を必要とするので，指導計画については個別計画とクラスまたはグループなどの計画とが同時進行することになります。もちろん，2歳半を過ぎても個別配慮が必要な子どもについては継続をします。おおまかに年度の終わりが近づく頃には，個別計画よりもクラス（グループ）計画が主になってくることが多いようです。

　2歳児の発達の特徴と保育上の援助としては，次のようなことがあげられます。

❶生活への意欲と達成感

　基本的な運動機能の発達により，自分でできることが増えると同時に何でも自分の力でやってみようとしますが，うまくいかないというような葛藤を経験することにもなります。生活習慣においても毎日の生活のなかで自分でできることが増えてきます。また，生活の見通しがつき，自分から積極的に生活に取り組もうとする気持ちも出てくるので，保育者が必要以上に指示することなく，子どもの力で生活ができるよう環境や動線に工夫をする必要があります。やってみようとする意欲とできたことの満足感を十分に感じられるようにしたいものです。

❷コミュニケーションとしての言語表現

　語彙も増え，場に応じた言い回しなども適切になってくるのですが，まだ十分ではないので，保育者が修正したり補ったりする必要があります。自分の要求を言葉ではっきりと伝える経験（自己主張）をしながら，相手に伝わった喜びを感じ，うまく伝わらなかった経験をする

ことで相手（多くは他児）にも要求があることに気づき，調整をしようとする気持ちも出てきます。保育者がうまく子ども間の仲立ちをすることが重要です。

❸イメージと生活の再現

　象徴機能の発達は言語面だけでなく，遊びにも反映され，個々のイメージを表現しようとします。お店やさんごっこやおうちごっこなどのごっこ遊び，動物や身近な人になりきって遊ぶなど，保育者の援助で生活の再現をしたり，大きな子の遊びを自分でもやってみようと試みたり，興味をもったことにとことんこだわったりもします。遊びの場では，子どものイメージがより豊かになるような環境設定が望まれます。

　このような発達の特徴や援助が考えられますが，個々の園の状況により，1歳児後半の計画や3歳児の計画も参考にし，子どもの現況に合わせたものにしていかなければなりません。発達を2歳児だけの部分を取り出したような計画ではなく，これまでの保育経過やどのように育てるべきなのかという見通し，連続性が重要です。

　「養護」という側面に関しては，まだ一人ひとりの気持ちの安定や甘えを十分に理解して受け止めたり，長時間の保育や季節によっては休息を取るなど健康管理も大事なので，配慮は欠かせません。十分な養護体制のなかで教育が実現されるような生活環境が最も重要でしょう。

　また，この時期「自我のめばえ」，「反抗期」などど表現されるように家庭での対応に困る保護者も多くいます。生活習慣についても同様ですが，保護者の迷いや悩みに答えていく必要があります。連絡帳のやりとりや保護者会・個人面談などの機会を設けて話し合うようにすると，保護者同士の情報交換や交流ともなるので，効果的です。その際，園での様子を知らせていきながら，日々変化する子どもの様子にうまく付き合っていく方法について話し合うような機会があると家庭の育児への支援になります。

第12章　2歳児の指導計画の実際

第2節 子どもの発達を見通して，保育のねらいや内容を考えていく
──長期の計画（発達別），短期の計画（週日案）

　長期の計画は，園の保育課程に基づき作成されるものですが，1年間の生活を見通して作成されるもの（年間指導計画）や発達の区分（段階）に合わせて作成されるものなどがあります。3歳未満児においては，個人差や月齢差が大きいので，同年齢集団として計画を立てることが難しい場合があります。また発達の変化も早いので，より細やかに発達に対応していくために，発達別の長期の計画を立てている園もあります。

　その例として東京都A区B保育園の2歳児（1年間で，2歳〜2歳6か月，2歳6か月〜3歳，3歳〜3歳6か月，3歳6か月〜4歳という発達区分を参照することになる）の計画を紹介します。この園では，発達に対応する援助をかなり詳細に計画に載せていますが，もっと大まかな内容にして短期の計画で発達の詳細を載せている園もあります。

　B保育園ではこの発達別の計画に沿って，週日案を作成し，実践後，記録，評価・反省をします。ここで紹介する7月の例では，主な遊びの活動は2歳児の集団，個人の様子として記録され，生活習慣や家庭との連携などについては個人別に週の計画を立てて，評価・反省しています。子どもの状況に合わせてですが，年度末に向かうほど集団での計画が主になり，個人別配慮が少なくなってきます。

　表12-1は，発達別の計画の一部です。例として2歳〜2歳6か月の部分を掲載しました。保育者の対応ポイントや環境構成の配慮などにも触れているのが特徴といえるでしょう。

　表12-2は，週のねらい・内容，活動予定とその日の実際の保育の様子を記録しています。保育はハプニングや予想もしなかったことが起きることもあり，予定通りには進まないことも多くありますが，なるべく週のねらいからは外れないように活動内容を変更していきます。また記録では，子どもの様子から次のねらいとして捉えるべきこと，生活環境上配慮すべき点なども記入しておくと，次週の週案に生きてきます。

　表12-3は，個人別の現況と週の計画，そして実際の保育の記録です。言葉のやりとりを楽しんでいる子もいれば，まだうまく伝えられ

ずに葛藤する子というように月齢差や個人差がまだ大きい2歳児前半期です。その間をていねいにつなぎながら、一人ひとりが満足感や達成感を味わいながら生活ができていくような援助が保育者に求められているのです。

　そして表12-4は、翌週の計画です。計画と実際を検討し、子どもの実態（現況）を考えながら、達成できなかったねらいは継続するのか、時期を改めるのか、そして新しいねらいが必要かどうかを判断します。その上で具体的な内容を考えることになります。このように、計画―実践―反省・評価―次の計画という一連の流れによって保育は成り立っています。

　図12-1は、2歳児クラスの保護者に向けた保育だよりです。保育者が計画した保育内容の実践状況（子どもの様子）を保護者に伝え、子どもの園での生活に関心をもってもらうとともに保育への理解と協力を得ることが目的です。すべての保護者からの了解が得られれば、写真掲示等は効果的です。家庭との連携は必要ですが、年齢が小さいほどより重要になります。子どもの姿を詳細に伝えるとともに家庭での育児に役立つような情報なども載せていくことで、保護者は園や保育者に信頼を寄せ、結果的に家庭の子育てを強力に支援できることにもつながっていきます。このように保育の計画は、保護者への連携をも視野に入れて展開されます。

第12章 2歳児の指導計画の実際

表12-1 発達と保育（育てたい内容と保育） 2歳～2歳6か月

B保育園

		ねらい	目指す子どもの姿に向けて育てたい保育内容	保育者の対応ポイント	環境構成および教材
健康		・意欲的に生活できる。 ・身の回りの清潔や安全の習慣を知る。	・戸外で十分身体を動かす。 ・衣服が汚れたことに気づき取り替えようとする。 ・手洗いをしっかりする。 ・ブクブクうがいをする。 ・鼻汁を拭いたり、かもうとする。	・一人ひとりの健康状態を細かく観察し異常のあるときは適切に対応する。 ・清潔には十分注意し、安全で心地良い生活が送れるような保健的環境を整える。 ・体調、気温に応じ、室温や衣服の調節をこまめにする。 ・探索活動が十分できるように環境を工夫し、危険のないように見守りを子どもの遊びがのびのびできるようにする。 ・生活面ではやりやすそうな工夫をし、興味をもたせながらゆっくり時間をかけて自分でしようとする気持ちを育てていく。	・探索活動が十分できるように環境を整える。（手の届くところに教材を設定する。見やすく、片付けやすい教材の動線に配慮し、子どもが見通しをつけやすく、なるべく自分の力でできるような工夫をする。 ・生活環境は子どもの動線に配慮し、子どもが見通しをつけやすく、なるべく自分の力でできるような工夫をする。 （着替えは1セットずつまとめてカゴに入れておく、汚れ物を入れる容器を置くなど）
生活	食事	・いろいろな種類の食べ物や料理を味わう。 ・食生活に必要な基本的な習慣や態度を知る。	・いろいろな食べ物に関心をもち、自分で進んで食べる。	・苦手なものやや慣れないものを食べるのに対して抵抗感が強い子どもに対しては、食べることで自分の身体が元気になるという具体的な話をしたり、「今度は食べてみよう」など目安を言ってやり、どうしても食べてみようとは思わないときも、子どもがトライする姿勢を大事に、保育者が望む姿勢も大事。	・食べ物の実写や絵本等を見て、食べ物の原型を知り、興味がもてるようにする。 ・おままごとやお世話をする真似事遊びをするなかで、食べることに興味をもつ。
	排泄	・尿意を感じ知らせる。	・尿意、便意を言葉や態度で保育者に知らせる。 ・保育者にタイミングを知らされ、トイレで排泄をする。 ・日中はパンツで過ごしていく。 ・排尿後、女児は保育者と一緒に紙で拭く。 ・月齢の高い子は日中パンツで過ごしてみる。	・子どものしぐさや言葉のサインを見逃さない。 ・言葉で知らせたときや活動の節目のときは、便器に座ることができるようにする。 ・一人ひとりの排尿感覚を知り、ぬれていないときはパンツにしていく。 ・間隔がもつようであればパンツにしていく。 ・トイレでできたときは、褒めて一緒に喜ぶ。 ・排尿おむつ拭き、1時間程度を目安にする。 ・排泄後は保育者が拭き、きれいにすることを知らせていく。 ・危険のないように、保育者は常に配慮する。	・トイレにズボン、パンツがはきやすいように腰掛けを用意する。 ・1回に使用する分のトイレットペーパーを用意し、子どもが取りやすいようにペーパーホルダーに1枚ずつ入れておく。 ・散歩に行く際は、おもらし時の着替えに、シツケおしり拭き、着替えをもっていく。 ・床が濡れないように、マットを敷く。
	着脱	・安心できる保育者との関係の下で、生活に必要な基本的な活動を通して、自分でできることは自分でしようとする気持ちが育つ。	・着脱はやれるところは一人で着たり脱いでことを経験する。 ・汚れていること、きれいなことの区別に気づくようになる。 ・自分で靴を脱いだり手伝ってもらいながらはいたりする。 ・ボタンを自分ではずしたりはめようとする。	・一人ひとりの発達に合わせて自分でしようとする気持ちを大切にし、必要に応じて援助したり、気長に見守ったりしながら、生活習慣が少しずつ身につくように援助していく。 ・汚れていることに気づかせ、手伝いながらはいたりしようとする気持ちを大切に、手伝いながらはいたりすいようにする。自分で脱ぎ気持ちよく過ごせるよう連絡をとる。	・トイレにズボン、パンツがはきやすいように腰掛けを用意する。 ・生活習慣が身につくようにする。（カバーはまめに交換する）
	睡眠	・落ち着いた雰囲気のなかで十分眠る。	・保育者が近くにいることで、安心して一人で眠ろうとする。	・一人ひとりに適した接し方をして、室内の採光、室温、換気に留意し、寝汗など、健康を観察し、十分睡眠が取れるようにする。 ・子どもが安心して眠れるよう、そばについたりスキンシップを図る。	・心地よい静かな音楽をBGMにする。

201

Ⅲ 指導計画の実際

(表12-1のつづき)

	ねらい	目指す子どもの姿に向けて育てたい保育内容	保育者の対応ポイント	環境構成および教材
全身運動	・遊びのなかで移動運動（歩く、走る、階段の昇降）や基本運動（飛ぶ、押す、引く、転がる、ぶら下がるなど）を十分に経験し、安定した動作のなかで身体を動かすことを楽しむ。	・功技台を使って全身を動かして遊ぶ。 （段差のある功技台によじ登る、高さのある所から跳び降りる、梯子を上り降りする、平均台や一本橋を手を添えてもらいながら渡る、マットの上で転がる。 （横に転がる、傾斜のある所を転がる。功技台や大型積み木などの上から転がる） ・保育者や他児の姿勢と紐を引っぱったり、紐の付いた箱を引いて運ぶ。 ・相撲ごっこで保育者を押したり、コンビカーや大きな箱などの乗り物に乗って足で地面を蹴って動かすなどして遊ぶ。 ・三輪車を押して運んだり、コンビカーや大きな箱などの乗り物に乗って足で地面を蹴って動かすなどして遊ぶ。 （ペダルを踏んで進めるようになる） ・保育者と一緒にブランコや滑り台などの固定遊具で遊ぶ。 ・戸外での散歩時にさまざまな物理的条件のなかを歩く。 （狭い所を歩く、少し高さのある所を歩く、決められた線の上を歩く、つま先立ちで歩く、物につかまって歩く、紐をもって電車ごっこをしながら歩く など） ・目的に向かい合って、ボールを蹴ったり、投げたり、受け止めたりして遊んだり、追いかけっこをしたり、箱や段ボール箱に投げ入れたりして遊ぶ。 ・リズム遊びや動物の真似（うごぎ、かえる）をしながら、その場で両足跳びをしたり、両足で前へ飛んだりする。 ・目的の場所にボールを蹴る。 ・足を交互に出して鉄棒にぶら下がる。 ・両足揃えて鉄棒にぶら下がる。 ・園庭で泥んこ遊びをする。 ・水遊びをする。	・歩行の発達に伴って行動範囲が広がり、探索活動が活発になるので、事故防止に心がける。 ・1つの遊びを何度も繰り返し経験しているさまを十分に見守り、行動に対する自信や満足感が得られるよう褒めたり一緒にやったりする。 ・高さのある物を設定するときには周りにマットを置くなどして転倒などに十分注意する。 ・功技台を使用しての遊びでは、ジャンプをしたり、転がったりしながら身体を動かしている。ときには支えたり手を添えたりするなど十分に一緒に喜んだり褒めたりして一緒に楽しみ、満足感を与えていく。 ・功技台が慣れてきたら、歩く、走る、くぐる、跳ぶ、跳び乗る、跳び降りる、ぶら下がる、くぐるなどさまざまなバリエーションを組み合わせて設定し徐々に種類を増やしていく。 「よいしょ、よいしょ」などリズミカルに声をかけながら、押したり引いたりすることを誘っていく。 ・コンビカーと同様、三輪車に慣れてきたらトンネルや坂み切り道などを設定して遊びを広げていく。 ・固定遊具を使用するときは、子どもの発達に合った物を選び、我慢しないように十分に配慮する。 ・園周辺をさまざまに探検しようと声をかけ、さまざまな発見をしながら行う。 ・ボール遊びのときはひろげながら箱などを用意しておと声をかけながら遊びを楽しむ。入ったら一緒に喜んだり褒めたりしながら遊びを展開していく。 ・保育者が率先して手遊びやサイや柔軟体操を行う、「上手だね」など声をかける。 ・動物になりきって、鳴き声を真似たりしながら、楽しさを誘っていく。 ・リズム遊びでも子ども同士が手をつないだりかかわりをもって遊ぶように誘っていく。 ・鉄棒遊びのときはぶらゆっくり左右に足を出してのぼり降りすることを知らせる。また、友達を押すことがないように注意する。 ・鉄棒を真似てぶら下がっている気持ちを十分に汲み取り、危険のないようにする。 ・保育者はすぐそばについて、適切な援助をしていく。	（環境） ・伸び伸びと全身の動きができるよう、広いスペースを確保する。 ・子どもから見えたり、触れたりする位置に興味をそそる玩具を用意する。 ・功技台を使用する際は、滑り台の降り口に広くスペースを取り、高さのある所にはマットや布団を置く。（転倒時は衝突がないよう、仕切りをつくって進めるようにする） ・戸外では他クラスとの連携を図り、十分に動き回るクラスもっとスペースを使用する。 （教材） ・上り下りの斜面や階段。 ・椅子、一本橋、平均台、戸板などの遊具。 ・飛び降りができる低い鉄棒。 ・子どもの発達に合った固定遊具。 ・引く、押す、運ぶなどの運動的玩具。（ぶらんこ、すべり台、三輪車、コンビカーなど） ・大きなボールと小さなボール。（ボールを入れる箱や袋など） ・砂、木、泥
手指の操作	・自分のしたい遊びを楽しむ。	・なぐり描きをする。 ・粘土、積木、ブロックなどを使って遊ぶ。 ・紙を折る、丸める、のばす、ちぎる、やぶるなどして手や指を思うように動かして遊ぶ。 ・パズル、かたはめをする。 ・水、砂、砂や泥に触れて遊ぶ。 ・はさみで1回切りをする。 ・のりを使う。	・自分のしたい遊びを十分に見つけられる環境を整え、適切な環境設定をする。 ・少し大きいずの遊びが身近にあるような環境で十分に模倣行動が展開できるようにする。 ・したい遊びができるようにいくつか玩具を設定しておく。 ・保育者が砂や泥に触れるなかでやってみたいと思うような動きを心がけていく。砂や泥に触れることが苦手な子には無理することなく変化する様子を見せながら少しずつ興味がもてるようにしていく。 ・のりの使い方や指先などで興味を認知らせて知らせていく。	・集中してじっくり遊べるような場所をつくったり、ついたてを用意する。 ・いろいろな素材や遊具を使って十分に遊ぶ。（パズル、型はめ、ひも通し、ブロック、クレヨン、マジック、大きな紙、のり、はさみなど変化する素材） ・砂場の玩具を取り出しやすい場所に用意する。 ・椅子やテーブル、シャベル、カップ、型抜き、お皿などを用意する。

第12章 2歳児の指導計画の実際

領域	ねらい	内容	配慮事項	環境構成
自我および人とのかかわり関係（模範意識含む）	・他児と遊ぶ楽しさを知る。 ・「自分で」やりたい気持ちを受け止めてもらうことで、いろいろなことに興味をもつ。	・保育者や他児と一緒に模倣や簡単なごっこ遊びを楽しむ。 ・「かして」「どうぞ」など、玩具を通してやり取りをする。 ・同じグループや隣のグループの子の名前を言う。 ・保育者の仲立ちによって、共同の遊具や玩具などを使って遊ぶ。 ・甘えるときもあるが、簡単な身の回りのことを自分でやりたがる。	・子どもが見立てているイメージしている姿を理解し、イメージが広がるような遊びが発展できるように道具を用意する。 ・わかりやすい言葉かけや友達とのかかわり方をその都度知らせていく。 ・一緒に遊ぶなかで少しずつ保育者が友達の名前の呼び方を言いながら取りもちしやすいように仲介する。 ・順番に貸し借りが少しずつわかるように知らせていく。 ・子どもができることを把握しながら、危なくないことは十分に認め、やろうとする姿を認め、十分に誉める。 ・「はやく」とせかさず、できる限りチャレンジしていることを見守る。	・ごっこ遊びが十分楽しめるように、各コーナーに子どもの遊びに合わせて再現できる物を用意していく。 ・イメージをふくらみ出せる道具。（ぬいぐるみ、人形、ベッドや布団、テーブル、椅子、電車、車、粘土、段ボール利用の家、乗り物ごっこの道具、おうちごっこの道具等） ・巧技台など数名で遊ぶときは子ども同士衝突したりしないよう、遊ぶ場所を分かりやすくする。 ・他グループと連携をし、どのグループの子でも受け止められるようにする。
環境	・生活に必要な基本的な活動を通して、自分でできることは自分でしようとする。 ・身の回りのものや動植物への興味や関心をもつ。 ・自分の物と人の物との区別に気づく。 ・色や形、数量に興味をもつ。 ・大小や形の違いに気づく。	・毎日の生活の繰り返しのなかで次の見通しがもてるようになる。 （外に行く前に帽子をかぶる、食事の前に手を洗う） ・身の回りの小動物、植物、事物などに触れ、それらに興味や関心をもち模倣などをして遊ぶ。 ・保育者や友達と一緒に模倣や簡単なごっこ遊びをする。 ・友達のしていることに興味、関心をもったり、側で同じことをして遊ぶ。（友達の名前を呼び合ったりする） ・自分のものの置き場所がわかる。 ・折り紙、葉っぱなど集めたり数えたり、クレヨンなどで色、形に興味をもつ。 ・ままごと、小さなものにも興味をもち、遊びに使ったりする。	・子どもの様子を見て予想される遊びの展開を考え、イメージが広がったり支えられるような遊びにする。タイミングを見て設定したり、出したりする。 ・歩行の発達に伴って行動範囲が広がるので、その先の興味の発達に伴って探索活動が活発になるので、その先の行動を注意して見る。事故防止に心がける。 ・自然物や身近な事物などへの興味や関心を十分に広げていくにあたっては、安全衛生面に留意し、保育者が十分に触れる機会を保障する。それらに触れる経験を十分にしながら、保育者が一緒に確かめたりする。 ・固定遊具、ままごと遊具などの遊び方、遊具の安全な遊び方、危険なことをわかりやすく話し危険のないように見守る。 ・少し大きいずれのごっこ遊びが展開近にあるような環境で十分に模倣が展開できるようにする。（朝夕の遊びやグループ間の交流） ・自分の遊びやグループ間の交流。 ・自然物と人の物を言葉かけをしながら保育者と一緒に確かめながら分け片付けるようにしていく。 ・色別に集めたり、形に集めたり、形に集めたりして、色や形を意識できるような活動を取り入れていく。	・生活が自分の手で力できるような工夫をする。（出し入れしやすい玩具、自分の帽子や靴などがわかりやすい収納） ・戸外遊びでは、遊ぶ前に危険なものを排除したり、安全面を確認したりする。 ・集中してじっくり遊べる場所をつくる。（ままごとコーナー、絵本コーナー、手先の遊びコーナー等） ・定期的に子どもの興味や成長に合った玩具の入れ替えをする。 ・玩具も同じ物を3～4個用意する。 ・絵本の入れ替えをする。 ・家庭が再現できるままごと家庭（リアルなもの） ・いろいろな素材や遊具を使う（パズル、型はめ、ひも通し、はさみ、クレヨン、マジック、大きな紙、粘土、水、砂などの素材）
言葉	・自分の思ったことや感じたことを言葉で表し、保育者や友達との会話を楽しむ。	・単語の数が増え、二語文が言えるようになる。 ・思考要求して必要な簡単な言葉を理解し自分の意志を言葉や態度で伝えられるようにする。 ・物を指さして「なーに」と言って遊ぶ場所などの名前や他児と言葉のやりとりをする。 ・身近な保育者の名前が言える。 ・絵本を見ながら本のなかの絵について、尋ねたり、尋ねられたりのやりとりをする。	・保育者は子ども同士の間に立ち、伝え合いたい気持ちを感じ取って言葉にし、状況を見ながら言葉の楽しさを伝えていく。 ・話したい気持ちはあるが、はっきりとした言葉にならないので、ゆったりと話を聞くようにする。「ちょうだい」など伝えて訴えるように子どもには、気持ちを汲み、言葉で伝えるよう物と言葉に結びつけて知らせていく。 ・一緒に遊びながら、行動と言葉、行動などを結びつけて知らせ、気づかせていく。好みの絵本や、手遊び歌の絵本など。	・玩具同士のかかわりが自然に生まれるような環境を工夫する。（玩具の数や設定、ごっこなど役割遊びや日常会話が再現できる遊びや絵本など）

203

(表12-1のつづき)

	ねらい	目指す子どもの姿に向けて育てたい保育内容	保育者の対応ポイント	環境構成および教材
表現	・友達と一緒に歌ったりリズムに合わせて体を動かすことを楽しむ。	・身近な音楽に親しみ、曲に合わせてからだを動かして遊ぶ。 ・知っている歌や好きな歌を歌う。 ・動物の鳴き声や動きを真似して遊ぶ。 ・音楽に合わせて歩く、走る、動物のまねをする。	・保育者も一緒に体を動かし楽しい雰囲気のなかで表現できるようにする。 ・同じ曲であっても時々リズムを変えたり音の変化をつけるなどして曲に変化が感じられるようにする。 ・ピアノなどで低い音、高い音、強い音、弱い音を出し、音の違いで面白さが感じられるようにする。 ・テンポなどして表現することの面白さを感じられるようにする。 ・その場に合わせて自由に表現できるような大きさの紙を用意しておく。	・リズミカルな曲や親しみやすい体操の曲。（ディズニー体操、アンパンマン体操、へつらポンチ） ・リズム遊び。（とんぼ、おふね、ギャロップ、金魚、カメなど） ・季節に関する歌。
	・経験したことや興味のあることや遊びのなかで保育者と一緒に表現する楽しさを感じる。	・興味のある絵本を保育者と一緒に見ながら簡単なやりとりをしたり、イメージを広げる。 ・保育者や友達と一緒に模倣や簡単な言葉を使ってイメージを楽しむ。	・子どもの思いを受け止めイメージを支えるような言葉かけをする。 ・絵本を楽しんで表現できるようにする。 ・振りや音を言いながらイメージをもって遊んでいるときは見守り、イメージを支えるような言葉かけや遊びの展開が共有できるような教材を用意しておく。	・動物やおっこ遊びに出てくる身近な人物になりきって遊べるようにエプロン、お面、ドレス、スカートなどを用意する。 ・バスごっこ、動物園ごっこ、おうちごっこ、レストランごっこなど。 ・お話。 （大きなかぶ）
	・いろいろな素材を使って遊ぶことを楽しみ感じる。	・砂や泥の感触を味わう。 ・はさみ、のり、絵の具などを使って描いたりすることを楽しむ。 ・好きな人、物、動物などを模倣や簡単な言葉でイメージしながら描くことを楽しむ。	・教材の使い方などもちゃんと知らせ、特にはさみなどについては危険のないように十分注意する。 ・身近な教材を取り入れ出しやすい場所に用意し、いつでも使えるようにする。	・粘土、水、砂、泥など変化するもの。 ・大きな紙、クレヨン、はさみ、マジック、のり、絵の具、折り紙など。

	春	夏	秋	冬
歌	「ちゅうりっぷ」「つくしのほうや」「はるがきたんだ」	「しゃぼんだま」「ぶーぶーぶ」「あひるのさんぽ」「みずであそぼう」「たなばた」「あいすくりーむのうた」	「やさいもぐもぐ」「どんぐりころころ」「もみじ」「うんどうかいのうた」「とんぼのめがね」	「あわてんぼうのサンタクロース」「まめまき」「おしょうがつ」「ひなまつり」
絵本・紙芝居	「のせてのせて」（2歳から2歳半） 「ひとりでうんちできるかな」（2歳から2歳半） 「ノンタンぶらんこのせて」「はらぺこあおむし」「じどうしゃ」「ちいさなねこ」「りんごくだい」「らくじどうしゃ」「おんなじおんなじ」「楽しいなサファリバス」「あたらしいしんかんせん」「おんなじおんなじ」「たまごのあかちゃん」「だいすきなおにいちゃん」「あかいおふろ」「にんごにゃん」「だいすきなんだ」「ノンタンタンおねしょでしょん」「ノンタンタンおねしょでしょん」	「どうんに」「こちゃちゃん」「のんたんのんたんはーい」「かたつむりのおへんじ」「ぐりとぐら」「のばすぎればいいのかな」「かかかかか」「あめぼしない」「きんぎょさんのさんぽ」「うごきをつけよう」「もおすかないから」「おるすばんごと」「かぶってだいすき」「わたしのだいすき」	「なかまをとてあり」「こちゃちゃんのんたん」「どんぐり」「とんぼのめがね」「とんぼのとうちゃん」「くりくり」「ぽんこつのかに」「がんばれ！」「あれれれれ！」「きんぎょがにげた」「うさぎをぽんとり」「おさかなもぐもぐ」「おさかなどうぞ」「だっしゅ」「ねずみくんとおてがみ」	「てぶくろ」「おばあさんとこどもさん」「だるまちゃんとてんぐちゃん」「だるまちゃんとてんぐちゃんのえんそく」
行事	はじめましての会	なつまつり　たなばた	運動会	おたのしみ会　節分　さよならの会

第12章 2歳児の指導計画の実際

表12−2 2歳児 週日案（7月7日〜7月12日）　　B保育園

	7日（月）	8日（火）	9日（水）	10日（木）	11日（金）	12日（土）
ねらい	・友達との言葉のやり取りを楽しむ。 ・水の感触や変化を楽しみながら夏の遊びを楽しむ。 ・プール遊びの前後、着替えなどの流れを覚える。					土曜保育日誌参照。
内容	・色水をペットボトルに入れてジュース屋さんごっこやさまざまな容器に入れて遊ぶなど。 ・水着を着たり、シャワーを浴びてからの着替えや片付けをする。	・プールのなかで座って足をバタバタさせてみる。 ・容器を使っての遊び。 ・水着を着たり、シャワーを浴びてからの着替えや片付けをする。	・スーパーボール、おもちゃくいを楽しむ。 ・容器を使っての遊び。 ・水着を着たり、シャワーを浴びてからの着替えや片付けをする。	・スーパーボール、おもちゃくいを楽しむ。 ・容器を使っての遊び。 ・水着を着たり、シャワーを浴びてからの着替えや片付けをする。	・スーパーボール、おもちゃくいを楽しむ。 ・容器を使っての遊び。 ・水着を着たり、シャワーを浴びてからの着替えや片付けをする。	
評価・反省	雨だったため、室内でブロックを粘土遊びに変更し、廊下でコンビカー遊びと並行して行う。30分以上やっている子もいる。へらや伸ばし棒を伸ばす、切ってみたり、伸ばしてみたり。保育者が一緒に話しながら、イメージを広げていけるよう援助していくようにする。コンビカーは、いつも10cm くらいの傾斜で設定しているが、今日は気をつけながら、20cm で設定した。いつもよりよく滑るのでとりをとても楽しんでいる姿が見られた。コースの真ん中に仕切りをつくることで、回って列の最後につくことを理解しているようだった。 （欠）H.Y	またも雨で室内で滑り台、一本橋を出して遊ぶ。はじめは50cmコンビカー遊び台を設定して行う。ほとんどの子は上がれるが、2人はどは自分で上がれない。少しずつ援助しながら60cmにしてみる。何とか自力で上がろうとすると、皆何とか自力で上がろうと一生懸命に経験したところで一度座らせて、今度は順番に一人ずつ滑り台と一本橋をやってくる。みんなに見てもらっていることが意識されている子もいるようだ（食べるお皿をつくってあげるなど）。 （欠）Y. K （個人面談、保育参観）S	やっと晴れになり、色水遊びに変更する。プール遊びとテラス前にござを敷いての色水遊びを並行して行う。色水は2色のみ設定するが、ゲームボックスを用意してそこにペットボトルに入れて遊べたり、ちょうどよい高さのごとの上でやらせたり、お店やさんの前などの見られた姿見せるように場所も意識する。保育者が「○○ジュースください！」と言うと「はい、どうぞ」と味もあるよ！」という姿も見られた。今後も少しずつ色水遊びをいろいろな形で取り入れていくようにしたい。プールでは泳ぎなどを楽しむようになっている子もいる。不安のある子には無理のないように誘っていく。 （欠）K （保育参観）U	プール遊びは、皆が期待している様子。活動の流れもプール遊びの準備だととてもスムーズに行く。本日の活動の流れを話すことで、次に何をするのか理解できているようで、今後も見通しがもてるように声かけを行っていく。シャワー後もござの上で分け時間を持った、衣服の前後なとを知らせていくよい機会になっている。プールでは、おもちゃを使っての遊びだけでなく、身体を使っての二泳ぎやバタ足、プールに座ったり、歩いたり走ったりをしていく。 （保育参観）U	プールサイドで広いスペースを取っておもちゃを使っての遊びを充実させたかったが、夏祭りの準備のため、スペースが十分取れずに残念。来週は子足を確認してプール後の身体拭きをしっかりさせたい。プール、シャワー後にござの上でタオルを待たせている時間が少なくあるので、タオルを子どもたちに渡して顔や頭を自分で拭くように声かけをしたり、やり方をプール前にやってみたりして身につけられるようにしていきたい。 （欠）A	

Ⅲ 指導計画の実際

表12-3 2歳児 週日案（個人別）（7月7日〜7月12日）

B保育園

氏名	子どもの状況	ねらい	内容	対応のポイント 家庭との連携	評価・反省
T・T 2歳4か月	A児の遊びのまねをしたり同じように遊びたがる姿がある。言葉より手が先に出てしまうことが多い。	自分の気持ちや思いを言葉で伝えようとする。	遊びや生活のなかで、自分の気持ちを言葉で相手に伝えようとする。	本児が言葉でうまく伝えられないときには「〜したかったんだよね」など気持ちを受け止めながら、一緒に相手に伝えるよう援助する。	言葉で伝えるようにはなってきたが、まだいきなり玩具を取る姿もある。「かして」などと言うように伝えていく。
	以前はトイレで排尿できていたが、最近はできていない。	トイレで排尿することがわかる。	保育者にタイミングを知らされて、トイレで排尿してみる。	園での排泄の間隔や様子を聞きながら、家庭での排尿の様子を聞いて、無理にトイレに誘わないようにしながら援助する。	友達とはだいぶスムーズに言葉のやり取りができてきた。トイレでは嫌がるような姿はないが、排尿することは少ない。
H・Y 2歳5か月	自分の気持ちを言葉で伝えようとすることが多くなり、手が先に出たり泣いてしまうことが少なくなる。	友達と言葉でやりとりすることを楽しむ。	自分の気持ちはその場に合った言葉で伝えていくようにし、自分が玩具を使っているときは「まってってね」だけ使うように伝える。	本児には場に合った言葉を知らせていくようにし、うまく相手に伝わらないときには気持ちを保育者のせいにすることが多くなる。「○○ちゃんがしたい」と友達や保育者のせいにすることができなくなる。自分でしたいができなくなる、という葛藤があるようになる怒ることが多い。すぐに援助せず見守っていくようにする。	言葉のやり取りはできるようになるが、自分が失敗したことなどを「○○ちゃんがした」と友達や保育者のせいにすることが多くなる。自分でしたいができない、という葛藤があるようで怒ることが多い。すぐに援助せず見守っていくようにする。
	なかなか着替えようとせずに遊んでしまい、注意されることが多い。	身の回りのことを自分でやろうとする。	自分で引き出しから着替えを出そうとする。	保育者も一緒に引き出しから着替えを出すようにし、自分でできたときは褒めたり、するように声かけしていく。	
M・M 2歳5か月	保育者に「せんせー」と呼びかけるようになった。「○○先生はどこ？」と聞いても自分を指差している。	物と名前が一致してわかるようになる。	保育者に物の名前を知らされたり、絵本や紙芝居のなかで物と名前を一致させるようにする。	1対1で、絵本を見ながら物の名前を知らせたり、遊びのなかで意識して声かけをしていく。	以前より身だいたい物の名前がわかってきた。担任以外の言葉（おかたづけなど）もわからないこともあるので、繰り返し伝えていく。
	給食の味にも慣れてきていて、一口食べてみて味がわかると自分で全部食べられるようになってきた。	いろいろな食材の味に慣れる。	どのメニューでも一口は食べてみる。	園で少しずつ味に慣れてきたことを伝えながら家庭での様子も聞き無理なく慣れるよう援助する。	生活上の言葉（おかたづけなど）もわからないこともあるので、繰り返し伝えていく。食事は味がわかれば食べるようになる。
S・Y 2歳5か月	自分から言葉で話しかけることが多くなってきたが、玩具の取り合いなどのトラブルがあると泣いて怒ることがある。	友達と言葉でやりとりすることを楽しむ。	自分の気持ちを言葉で相手に伝えようとしたり、自分が玩具を使っているときは「まってってね」だけ使うように伝える。	本児にはその場に合った言葉を知らせていくようにし、うまく相手に伝わらないときには気持ちを保育者が代弁していく。	自分から一生懸命言葉で話そうとする姿が多くなる。登園の際に泣いているなど少し不安定な姿もあるが、家庭とも連携し、うまく気分転換が図れるようにしていく。
	自分からやろうとすることが多くなり、保育者が手伝ってもらうまで待っている。	身の回りのことを自分でやろうとする。	自分で洋服を着脱する。	洋服の着脱方法を具体的に伝え、援助しすぎないようにしながら見守り、できたときは一緒に喜び合う。	着脱は自分から「これにする」など言ってきて少しずつ合わせる意欲が見られる。

第12章　2歳児の指導計画の実際

B保育園

表12-4　2歳児　週案（7月14日～7月19日）

	子どもの姿	ねらい	家庭との連携	評価・反省
	・着脱は「自分で」という意識が芽生えてやろうとする姿が見られる。保育者の援助を嫌がるときもあるが「半袖」や「ズボン」などからわかるようになり、ロッカーから出す姿が増えてきた。 ・食器を前にもってくることも少しずつわかってきているようだが、まだ忘れて遊くこともある。食事用のエプロンは「大きくなったから使わない（使いたくない）」という気持ちが芽生えている姿がある。「こぼしていてないよ」と自分から気にする姿も増えてきた。 ・シャワー前後の着脱を流れがわかってきているので、自分の水着を探したり、タオルを片付ける姿がある。 ・プールのなかで座ったりワニ泳ぎをすることには抵抗がある子もいるが、水を嫌がる子はいない。色水遊びなどでは自分なりのイメージをもち友達に言葉で伝える姿が見られる。	・身の回りのことを自分でやってみようとする。 ・保育者や友達とかかわること楽しむ。	・保育参観や個人面談などで家庭での様子を開いたり、園での様子を話しながら、コミュニケーションを多くもち信頼関係をつくる。	

経験する内容	保育者の援助	環境構成	保育資料
（生活） ・洋服の着方、脱ぎ方を知る。 ・食器を前にもってきて食べる。 ・正しいスプーンのもち方を知って食べる。 ・シャワーを浴びたり、終わった後の過ごし方を知る。 ・生活遊びのなかで「順番」や「待つ」ことなどの気持ちがあることを知る。 （遊び） ・プール遊びをする。 ・色水遊びをする。 ・つまみ草花や砂遊び、ままごと遊びをして遊ぶ。 ・森の道で草花を見たり虫を探して遊ぶ。 ・手先を使って遊ぶ。（絵の具、ひも通し、ひも結び、など） ・歌を歌ったり、紙芝居を見たりする。 ・保育者や友達とのかかわりをもちながら遊ぶ。	・洋服の着方（裾をもって頭からかぶるなど）や脱ぎ方（袖口をもって手を抜くなど）具体的に知らせたり、手を添えて繰り返し伝えていく。 ・食べているものが入っている食器を自分の前にもってくることを伝え、前にもってくる方法を知らせたりする。 ・繰り返し正しいスプーンのもち方を知らせたり、手を添えて上手にもてたことを一緒に喜ぶ。 ・シャワーを浴びた後の着替えを一緒にして、着替えや片付けの仕方を繰り返し言葉で伝えていくようにして、プールの外で水遊びをするときや、始めから無理に受け止めたり、転倒なりには十分気をつける。 ・一人ひとりが苦手なことには無理をさせないように見守る。水遊びはジョウロやバケツのほかに、 ・水遊びが苦手な子には無理をすることを始めからないようにし、転倒や怪我のないように見守る。 ・天候や気温を考慮して戸外遊びをするようにする。 ・手先の遊びは十分に時間をとり、少人数でできるようにする。 ・玩具の取り合いになったときは「かして」「まってて」「つかってて」「いいよ」など、言葉でのやりとりの仕方を、友達のかかわり方を知らせていく。 ・友達とのトラブルをすぐに止めず、様子を見ながらお互いの話を開きながら援助する。保育者と一緒に遊びながら信頼関係をつくっていく。	・グループ全体で活動せず、大グループと小グループに分かれて活動する。 ・食事のテーブルは保育者が配膳、指導しやすくセッティングする。 ・食事中、姿勢が不安定な子には背もたれを使えるように用意しておく。 ・シャワー後の着替えは十分な時間が取れるように時間配分を考える。 ・シャワーや着替え中の保育者の位置は、全体を見渡せる位置にいる。 ・水遊びはジョウロやバケツのほかに、ペットボトルやプリンカップを用意する。 ・色水遊びになったりしないように数を揃えたり、怪我のないように見守る。 ・ひもは人数分用意し、取り合いにならないように用意し、友達とコースをゆっくり歌う。 ・ピアノに合わせてゆっくり歌う。 ・まごと道具の破損がないかどうか、前もって点検しておく。	歌・手遊び 「しゃぼん玉」 「プールのうた」 紙芝居 「あのね」 絵本 「ぞうくんのさんぽ」 「のんたんプールできんだ大すき」 「おふろだいすき」

7:30～10:00	15:30～17:00	17:00～19:30
不安な気持ちを受け止め、落ち着いて受け入れができるようにする。	天気のいい日はプール遊びや泥んこ遊びをする。	友達とのやり取りでトラブルが予想される子は、保育者がすぐに対応できる場所につくようにする。

III 指導計画の実際

○○年7月15日
B保育園

7がつ スマイル！

　7月に入り，汗ばむ日が多くなってきました。子どもたちは「今日はプール入れる？」と毎日外を見て，保育者に聞いています。梅雨が明けて，思いきりプール遊びができるといいですね！
　今月は色水を使って『ジュース屋さん』ごっこを楽しんでいる様子をお伝えします。初めは「ピンク」はいちご味，「黄色」はバナナ味，「水色」はブルーハワイ味とそのままの色でジュースをつくっていました。ペットボトルで水を汲んだり出したりしているうちに色が混ざり，違う色ができました。その色を使って「ぶどう味！」とまた新しいジュースをつくり出しています。ペットボトルやカップを使って楽しむ姿が伝われば，と思います。

『順番！』『待っててね』

　おもちゃの貸し借りや，食事前の手洗いの時などに「使ってるよ」と言葉で伝える姿も，友だちの間に割り込もうとする姿も見られます。この時期は"きまり"がわかり，"待つ"ことができるようになってくる時期でもあります。
　保育園では「順番」や「交代」をこのように子どもたちに知らせています。

*「○○ちゃんは△△ちゃんの次だよ」
　「順番」を意識できるように，誰の次に並んでいるのかを一緒に確認しています。

*「1回使ったら交代しよう」
　友だちも使いたくて待っていることを伝え，1回使ったら交代することを提案しています。友だちと「1回使ったら交代」することを繰り返すことで「友だちと一緒に使う」ということを伝えています。

*「"ダメ"じゃなくて"待っててね"，ってお友だちに言おうね」
　友だちに「貸して」と言われると「ダメ！」と怒ることもありますが，そうではなく「今使ってるから待っててね」と伝えられるように話をしています。

♪『プールのうた』♪
① プールで泳ごう　1，2，3！
　ぼくたち　クジラになっちゃった
② プールで泳ごう　1，2，3！
　ぼくたち　真っ黒けになっちゃった

＊お願い＊
暑くなり，汗をかくことも多くなってきました。着替える回数も増えますので，少し多めに着替えをロッカーに入れていただくよう，お願いします。

図12-1　2歳児クラスだより

第13章

3歳児の指導計画の実際（幼稚園）

　本章では，幼稚園の3歳児の日常の様子からどのように指導計画を作成し，それをどのように実際の保育に生かしていくのか，その一例を示してあります。
　指導計画の形式や保育の実践方法は一つではありません。形式にとらわれて，計画と子どもの必要としている援助がかけ離れてしまうことのないように，よりよい指導計画を目指し，記入の仕方やその実践を見直し，工夫を重ねていくことが大切です。ここで紹介した指導計画も決して完成形ではなく，実践を積み重ねながらより保育に生かせる形を目指し，変化を遂げる発展途上の指導計画ともいえるでしょう。
　この例をひとつの材料にしながら，保育実践に生かせる指導計画とはどのようなものかを考えていきましょう。

コマ1	
身近な自然に興味を持ち始めてる3歳児さん	自然にかかわる記録に♥マークをつけました

「ウン これだと計画も立てやすいね」
「5月×日 リス組」

コマ2	
じゃあ、より身近にする計画と実践は先輩にお任せしますっ！	♥Dくんたちミミズを発見して大喜び！ ♥キャベツの青虫に興奮！ ♥カナヘビの…

「捜したり」「飼ったり」

第1節 前週までの子どもたちの姿

　指導計画を立てる際の重要な材料となるのが,「前週までの子どもの姿」です。
　ここでは,幼稚園に入園してからしばらくたった6月の頃の3歳児クラスの子どもたちの具体的なエピソードを紹介します。

Episode 1　砂や水を使って遊ぶ

　天気のいい日には,登園するとすぐに「おそとにいってきま〜す」と飛び出していくようになった子どもたち。砂場でバケツに砂を集めたり,水を入れてかき混ぜたり,その時々に変化する感触を楽しみながら遊んでいた。
　また,並べた樋の上に水を流す水路づくりも保育者と一緒に楽しんだ経験から,自分で並べてつくってみようとするようになり,関心を寄せてやってきた友達と入れ替わり立ち代わり水を運んできては流して楽しみ始めた。
　水路の先にできた水たまりに,初めは手をつけてぴちゃぴちゃと音をさせたり,できた泡をすくいあげてみたりしていたが,保育者が「はだしになってもいいよ」と声をかけると,早速靴と靴下を脱いで,水たまりへ。ピシャピシャと水たまりの上で足踏みをして,はねる水しぶきの様子を面白がっていた。

Episode 2　「あーいうのがほしい！」——空き箱を使ってつくる

　年長組の子が空き箱でつくった武器をもっていたのを見かけたC男「ぼくもあーいうのつくりたい」と言いにきた。
　入園した頃から,ブロックで遊ぶ以外のことにはなかなか関心を示さなかったC男が,はじめて自分から「これをしたい」と言いにきた。
　保育者はその変化を大切に受け止め,銃を空き箱やトイレットペーパーの芯で3歳の子どもたちにも簡単に真似できるような形でつくって見せた。
　目新しい素材（空き箱,セロテープ）を使った遊びに次々とほかの子も関心を寄せてやってきた。同じものをつくってもらったことで「バンバン」と撃ち合う真似など,ヒーローになったつもりで,友達と一緒に遊び始めた。

Episode 3　この子はクラスの友達

　登園時間になると，先に登園した子たちが玄関の様子を見に行っては「せんせい○○ちゃんがきたよ！」と知らせる声が多く聞かれるようになった。カバンがカバンかけにない友達に気づくと「○○ちゃんはおやすみ？」「どうしておやすみなの？」と聞きにきたりもするようになった。
　また，遊びでも友達に「い〜れ〜て〜！」と声をかけたり，保育者からなかなか離れられなかった子が砂場で遊ぶ友達の姿を見て，一人で外に出ていったり，友達のもっている遊具やつくったものと同じものがほしいと保育者に頼みにきたりするなど，クラスの友達の存在や友達のしていることに関心が向くようになってきた。

Episode 4　新しい経験を広げて——自分の道具を使う

　父の日のプレゼント製作のなかで幼稚園に入って初めてハサミとのりを使う経験をした。折り紙の細い帯をちょきんと切り落とし，切ったものをのりで貼って模様にするという製作。ハサミを使った経験のある子とない子の差がまだまだ大きく，保育者がついていないと心配である。しかし，目新しい自分の道具を使ってみたい気持ちは強く，友達がプレゼント製作をしていると，製作の終わった子も再び「またやりたい」と言ってテーブルに座って，好きな色の紙を選び，ハサミでチョキンチョキンと切ることを楽しんでいた。
　全員のプレゼント製作が終わった後も，材料を机に残しておき，"ハサミでの切り落とし"が楽しめるようにしておいた。また小さなペットボトルも用意しておいた。子どもたちは切ったものを入れて，シャカシャカと振って色を楽しんだり，ジュースに見立てたりして遊んでいた。

Episode 5　新しい経験を広げて——身近な自然に関心を寄せて

　梅雨の時期，きれいに咲くアジサイを目にすることも多くなった。子どもたちにも梅雨という季節を感じ取ってほしいという願いから，園庭でアジサイの咲いている場所を一緒に訪れてみたり，絵本でカタツムリや雨に触れたお話を読んだりしていた。
　子どもたちからも登園時に「ピンクのアジサイがさいてたよ」という声が聞

かれたり，園庭に出たときに自分たちで花を見に行ったりする様子が見られるようになった。週末，保育者は保育室の壁にアジサイの葉っぱに似せてつくった色画用紙の葉をたくさん貼っておいた。登園してきた子どもたちは「あれ〜おへやがちがう」と環境の変化をキャッチした。「お部屋の壁にもきれいなアジサイが咲くといいね」「おやすみの次の日にアジサイのお花をみんなでつくろうか？」と保育者が声をかけると「わ〜い！」「やりたい！ やりたい！」と子どもたちは喜んだ。

第2節 子どもたちの姿から大切にしたかったこと──計画を立てた意図

　前週の子どもたちの様子から，次の週で意識的にどのような部分を大切に，子どもたちとかかわっていきたかったのかを，以下にまとめました。
　このポイントが，週日案の「ねらい」につながります。

① 園生活の安定とともに，行動範囲が少しずつ広がり，自分から外に出て行って遊ぶ姿が見られるようになる。
　気温があがり始め，水の冷たさが気持ちよく感じられる季節にもなってきた。
　また梅雨ならではの自然にも園庭で出会える。

> **戸外で心を開放しながらのびのびと過ごせることを願って……**
> ・水や砂の感触，心地よさを全身で感じ取りながら遊べる経験を大切にしたい。
> ・週の後半に迎えるプールびらきへの自然な形での導入となるよう，水との触れ合いを大いに楽しめるようにしていきたい。
> ・一方で梅雨の季節感も感じとれる工夫をしたい。

② クラスの意識も芽生え，クラスの友達の存在が気になり始めている。
　友達と同じことをしてみたい興味関心の高まりや友達と同じことをするのが楽しいという気持ちが強くなってきている。

III 指導計画の実際

> 友達と一緒にいることの楽しさを味わえることを願って……
> ・友達と同じ格好や同じものをもって，同じように行動するなかで友達とつながるうれしさ，楽しさを十分に味わえるようにしたい。
> ・友達や保育者とやりとりしながら何かになりきってごっこ遊びを楽しむなかで，「友達と遊ぶのは楽しい！」と感じてほしい。

③　子どもたちは園生活にもだいぶ慣れて，安定して過ごせるようになってきた。
　　安定とともに少しずつ視野も広がってきている様子がうかがえる。
例)・プレゼントづくりで初めて使ったハサミとノリに興味をもち始める。
　　・年長児や年中児のしていることにも関心を寄せて，取り入れようとする。

> 新しい経験をすることで，園生活がより楽しく，充実することを願って……
> ・アジサイの花づくりで初めての絵の具での描画を楽しんでほしい。
> ・ハサミやノリを遊びのなかで積極的に利用できる機会をつくっていきたい。
> ・空き箱などの廃材を使ってつくることを楽しめるように働きかけていきたい。
> ・プールでの水遊びを楽しんでほしい。

第3節　指導計画作成時の工夫のポイント

　指導計画が実際の保育に生かせなかったり，反対に作成した計画に縛られ，計画通りに進めようとする意識が強くなりすぎたりしては望ましい指導計画とはいえません。保育者が「その週（日）の保育で大切にしたいこと」を心に留めおき，柔軟に子どもとかかわることができるような指導計画であることが重要です。
　表13-1で紹介する指導計画は，これまで指導計画作成と実践を繰り返すなかで，「こうするとより実践に生かせるのではないか」と見直しと工夫を重ねてきたものです。ここではその工夫のポイントをま

とめました。

【週日案】

・登園すると,それぞれが自由にしたいことを見つけて遊び始める形態の保育であるため,1週間という大きな枠のなかで,子どもたちの大切にしていきたい場面を予想し,援助を考えています。

・年齢や時期にもよりますが,この時期には課題活動も一斉で取り組むのではなく,コーナーで用意し,興味をもった子から取り組むという形態をとっています。

【先週の子どもの姿】

　子どもたちのどの部分に着目したのかという視点が一目でわかるように記号をつけています。こうすることで着眼点を整理でき,子どもたちの様子やクラスの方向性を大まかに見ることができます。反対に,保育者自身の視点の偏りを意識し,改めて見ていなかった部分への注目を促すことにもなります。

〈記号の種類〉

◆興味関心…「どのようなことをして遊んでいたかな？」
「どのようなものに興味があるのかな？」など

●人とのかかわり…「保育者とはどのようにかかわっているかな？」
「友達には関心があるかな？」
「もめている場面の裏にはどのような心情があったのかな？」など

★生　　　活…「生活面でフォローが必要な部分はどこかな？」
「生活習慣で身についてきている部分はどこかな？」など

▲心の安定…「元気がない様子だけどどうしたのかな？」
「友達とうまくいかずに悩んでいるようだな……」など

【ねらい・内容と援助内容】

・援助内容にタイトルをつけ,枠で囲むことで,そこに書かれている援助内容が一目でわかるようにしてあり,週の「ねらいと内容」につながる援助はどれにあたるのかがわかるようにアルファベットをつけてあります。

・枠の線種で戸外での援助とそれ以外の援助がわかるようにしてあります。

Ⅲ 指導計画の実際

表13-1　3歳児1学期11週目の週日案

1学期—11週　6月18日〜6月22日　　〇〇組

期のねらい	*日常繰り返される活動が理解でき、自分から取り組もうとする。	*周りの友達に気づいたり、遊具・自然などを通して友達とかかわったりしながら、遊びを十分楽しむ。	*保育者と一緒に遊びやさまざまな活動をするなかで、自分の思ったことや気持ちを出したり、友達とかかわったりして生活する。
先週の子どもの姿　◆興味関心　●人とのかかわり　★生活　▲心の安定	◆クラスの友達への関心が高まっており、先に登園した子が友達がくると「せんせい、〜ちゃんがきたよ」と知らせに来たり、迎えに出て行ったりする。欠席の友達がいることにも気づき、「なんで休みなの？」と問う声もよくあがる。 ◆友達のしていることを同じようにしたい、「自分も同じようにしたい」という要求が多く聞かれる。新しい経験にも興味津々で取り組み始める。 ◆D男は友達と一緒にごっこ遊びをするようになったり、周囲の友達の遊びが気がかりで、室内での遊びを外に出て行ってしまうために一人になってしまい、それがつまらない様子だった。 ●水の感覚が気持ちいいのか、裸足になって喜ぶ姿がみられる。 ★友達と一緒に水たまりに足を入れて喜ぶ姿がみられる。 ★先週末幼稚園ではじめてハサミを使った（プレゼントづくり）。個々それぞれにはさみを使う経験に差が見られる。もち方やはさみの開閉の仕方がわからない子もいる。		◆空き箱など廃材を使っての遊びのきっかけをつくったところ、C男、H男、A男、I男らが関心を寄せることができた。A男は自分の発想で空き箱製作を楽しんでいた。 ★はじめての防災訓練があったが、落ち着いて取り組むことができた。訓練以後も登園すると防災頭巾をかぶる練習をするなど意識の芽生えを感じる。 ★昼食時、友達と話が合い、おどけ、ふざけが見られるようになる。心がほぐれてきたこともとれるが、食べることに集中できなくなってくる。ようすをみて食べる。食べこぼしも多い。 ★排泄の気になっていた子たちが自ら尿をもよおして、トイレに行くようになった。お漏らしは一度も見られなかった。 ▲担任から離れて過ごすことのできなかったA男が友達のそばにいって遊ぶようになった。しかし、A男に親しみを寄せるI男が同じことをしたり、話しかけたりしてくるのをいやがる様子も見られる。友達とのかかわり方がまだわからない様子。 ▲G男は、園生活に対する緊張や不安の表れからなのか、急に泣きだしたりするなど不安定な様子が見られるようになった。担任がていねいにかかわるようにしている。
週のねらい	◎戸外に出て身体やしをのびのび動かしながら過ごす（A） ・園庭の環境を見て回り興味のある場所で気持ちを開放して遊ぶ。 ・園庭に出て砂や土、水に触れて遊ぶ。 ・園庭の植物や生き物との出会いを楽しむ。（→アジサイづくり） ・園庭の遊具に挑戦しながらその使い方、ルールを覚える。	◎なりきって遊ぶ楽しさを味わう（B） ・友達と同じ格好をしたり、同じものをもったりしながらイメージを広げて遊ぶ。 ・友達や保育者との会話からイメージを広げて遊ぶ。	◎全身で水に触れ、その開放感やのびのびさを味わう（C） ・プールでの水遊びをのびのびと楽しむ。 ・水とさまざまな形で触れ合う。（苦手な子も少しずつ） ・プール前後の支度や片付けを保育者に手伝ってもらいながら自分でしようとする。 ◎絵の具で描くことを楽しむ（たんぽで描く）（D） ・たんぽを使ってあじさいの花の模様をつける。 ・描かれる模様の面白さを楽しみながら、繰り返し描く。 ・したい子は点描だけでなくたんぽでの線描も楽しむ。

内容（◎）（・）

216

第13章 3歳児の指導計画の実際（幼稚園）

	18日（月）	19日（火）	20日（水）	21日（木）プールびらき	22日（金）
保育者の願い（○） 援助（●） 環境構成（□）	※ごっこ遊びを楽しんで（B） なりきってイメージがどんどん広がる楽しさを味わう。 ○ごっこ遊びに必要な小道具をつくり出す楽しさを味わう。 ●子どもたちの遊びの仲間に入り、言葉に耳を傾けながらやりとりをする。（言葉やりとりを刺激するためにも必要に応じて、ごっこに必要な小道具を用意する。 □見立てのの面白さを味わえるように、他の単な物のつくってみたい大道具を見立てて物を巻き込んで遊ぶ。	※あじさいの壁面づくり（D）～たんぽぽ模様を描く経験～ 6／18から ○初めての絵の具の色彩を楽しむ。 ○たんぽで描ける模様の面白さを感じる。 □使い方がわかりやすいように、たんぽと同じ色の絵の具で遊ぶ様に各色のビニールテープでしるしをつけておく。 □遊びのスペースで楽しめるよう丸テーブルを使用する。 ●子どもたちの自由な表現に任せる。 ●できたアジサイから壁に飾り付ける。 ●繰り返しやってみたい気持ちに応えられるように素材を準備。	※はさみとノリを使った遊び ※遊びのなかではさみやノリを使う経験が積み重ねられるように、自然な形で遊びのきっかけづくりをする。 ●使い方を同じに遊ぶこと（紙の切り落とし…お金、符、冠など） ●使うたびに、使い方や注意事項を繰り返し伝える。 ●はさみに関しては、担任のみかかわる約束をしておく。	※友達と一緒に遊ぶ楽しさを味わう ○友達がそばにいることの楽しさを味わう。 ○仲良く遊べたときの満足さを経験する一方で、友達との意いが通じ合うとからを友達が身近に感じ取れるように働きかける。 ●まずは一緒にしてそこから友達を近に感じ取れるよう働きかける。 ●思いがうまく伝えられない（自分では橋渡し役として言葉を補っていく（Z男と周囲の友達／R男とD男／U子とF子）
保育室 全体的なこと	※砂や水の感触を味わいながらその特性などに気づく（A） ○水がしみこんでいく不思議さ、水を含んだ砂と乾いた砂の特徴の違い、水の流れ方など砂と遊びながら全身の感覚で感じ取っていく。 ●課足で遊びたくなった時の対処の仕方は一人ひとりにわかりやすく説明。（タライで足をよく洗うことなど） ●水路つくりには担任がは発展のきっかけを働きかける（長くつなぐ、物を流すなど）	※個への対応 N子…気に入った遊びを見つけて自分で動き出せるように。 Y男…かかわる時間を増やし、好きを見つけ、安心できる関係をつくっていく。 R男…不安が強くなりすぎないように一緒に行動。友達と遊ぶ楽しさを味わえるように援助する。	（教室図） 水道 飼育物 机 机 ドア 机 ままごと 絵本 教材棚	※プールでの水遊び（C） ○プールと一緒に広いプールを開放しての遊びを楽しむ。 ○水に触れる期待を知り、それを守りながら遊ぼうとする。 ○水遊びをする際の諸注意を知り、危険なく遊ぶことができるようにする。 ●前日にプールまでの流れがわかりやすいように絵本を見せたり、話をしたりする。 ●初日はプールに入るゆとりをもって準備を始める。 ●プールに入るときに気をつけることを事前に約束しておく。 ●プールに入っているときには視野を広くもち、危険なさまざまなアイデアを用意しておき、かけっかけをつくる。（ホースのトンネル、プラフープ、宝探しなど） ●水遊びのさまざまな体調に注意し無理をせないようにする。 ●一人ひとりの体調に注意し無理をさせないようにする。（水遊びのゆったりと過ごせるような環境の工夫をする。	※プールは休み
戸　外					
先週から引き続くもの					
集まり	【帰りの会】降園13：00 歌・手遊び 「できつなごう」「ことりのうた」「かたつむり」「ながぐつマーチ」など	【帰りの会】降園13：00 ※個への対応 ○防災頭巾をかぶってみる ○防災訓練を踏まえて、頭巾をかぶる練習をする。明日の登園時に頭巾をかぶって遊びに使っている姿も認める。	【帰りの会】降園11：30 絵本「おふく」	【帰りの会】降園13：00	【帰りの会】降園13：00

Ⅲ　指導計画の実際

第4節　保育の実際

❶ねらいに基づいた援助

　計画のなかでは細かな言葉がけやかかわり方には触れてはいません。しかし，実際の保育のなかでは，計画を地図のように頭のなかにイメージしながら，その週のねらいや内容に基づき，それぞれの場面に対応をしています。以下にその具体的な例をあげます。

◎戸外に出て身体や心をのびのび動かしながら過ごす
・園庭の環境を見て回り興味のある場所で気持ちを開放して遊ぶ。
・園庭に出て砂や土，水に触れて遊ぶ。
（このねらいに対応する援助内容も参照）

6／19（火）【砂場で遊ぶ】
　不安定になりがちなG男と一緒に砂場に出て行って遊び始めた。樋で水路をつくると，G男は喜んでじょうろに水を汲んで流し始めた。できた水たまりに保育者が裸足になって入ってみせ誘いかけると，G男も抵抗感をもつことなく同じように裸足になって砂場で遊び始めた。保育者とG男が遊んでいると，三輪車に乗っていたA男とI男が関心を寄せて砂場にやってきた。そのうち，2人もそれぞれに自分の樋やパイプを運んできて，「自分の水路」をつくり始めた。はじめはそれぞれに自分の水路に水を流すだけだったが，だんだんと3人で言葉を交わすようになり，3人でパイプや樋をどんどん長くつなげていく遊びへと発展していった。

◎なりきって遊ぶ楽しさを味わう
・友達と同じ格好をしたり，同じものをもったりしながらなりきって行動する。
・友達や保育者との会話からイメージを広げて遊ぶ。
（このねらいに対応する援助内容も参照）

6／18（月）【粘土で遊ぶ】
　アジサイづくりがひと段落したD男，A男，C男，G男は机に座っ

て，粘土をし始めた。粘土のための遊具（フライパンやボール，皿，おたまやフライ返しなど）を自分たちでもってきて，入れ物に粘土を引きちぎって入れるなど料理をするイメージで遊ぶ。保育者に「できたよ〜たべて〜」ともってくる子たちに応えて「これおいしい。何でつくったんですか？」「たまご！」「もうすこし塩をかけてもらってもいいですか？」「いいよ！　パラッパラッ，はい！」などとなりきって，言葉のやり取りをしていた。

　しばらくして，保育者が空き箱の表面に「ごとく」を描いて簡単なガス台をつくって渡すと，「がちゃ！」と火をつける真似をしたり，フライパンで炒める真似をしたりするなど，より本格的にコックさんになりきっての動きや言葉が活発になった。一人がガス台を手にすると，他の子たちも「ぼくもそれほしい！」「じゅーじゅーってしたい！」と次々と保育者のもとにやってきた。友達と同じガス台を手にすることで，それぞれに自分の好きな食べ物を料理しながらも会話が生まれた。友達からの刺激を受けて，自分では思いつかなかった楽しみ方を見出すことができたようだった。

❷計画に基づいて柔軟に対応する

　実際の保育においては，子どもたちの関心や思いなどに添って，計画には書かれていない臨機応変な対応（保育者のかかわりや環境構成）で，遊びや経験を発展させていくこともあります。以下に示した「たんぽでの造形活動」はその一例です。

6／18（月）【たんぽでアジサイづくり】
　登園してきた子どもたちは，部屋の一角にセッティングしてあった絵の具とたんぽを見つけて口々に「あじさいつくるの？」「これでするの？」「どうやるの？」と興味を示した。
　先週末に話をしていたこともあり，子どもたちも覚えていて，環境の変化をすぐにキャッチしたようだ。身の回りの支度を終えた子から次々と「やりた〜い！」と言って集まってきた。自分のしたい遊びに集中しがちだったＳ男も，友達の集まる様子を見て「ぼくもする」と自ら言いにきた。
　アジサイの形に切った紙にぽんぽんと色がついていく様子を楽しむなか，Ｅ子が「○○組さん（隣の年少クラス）もやってるかなぁ」とほかのクラスの子も同じ活動をしているかどうかを気にかける言葉が聞かれた。「○○組さんもつくったからお部屋がきれいになってるよ」と保育

> 者が声をかけると，テーブルでたんぽをしていた女児みんなが隣のお部屋をのぞきに行っていた。

（保育者の思い）
> 描くものをアジサイに限定せずに，クレヨンとは違う描き心地や色の風合いをもっと自由に楽しませてあげたい！

> 6／22（水）　発展【たんぽでぬたくり】
> 　アジサイの花はピンクと水色と紫の三色の絵の具でつくっていたが，経験した子どもたちから「ほかのいろは？」という声があがっていたので，今日は，赤・青・黄の絵の具でも描くことが楽しめるように画用紙を多めに用意しておいた。A子，E子，F子，D子，D男，G男らが登園するとすぐに関心をもって描き始めた。思い思いに色を選び，ぽんぽんと点を描いたり，線を描いたり，画用紙一面絵の具で塗ったりして楽しんだ。少々不安定な様子が見られたG男も楽しそうにたんぽでのびのびと線を描いて楽しんでいた。たんぽで描く遊びもひと段落した頃，担任が水道で絵の具の容器を水で流していると，A子とF男が「うわ〜あかいみずぅ！」「きれい！」と流れていく色水に触ってみていた。

（保育者の思い）
> 水に溶ける絵の具の特徴を生かして，描くだけではなく「混色」「濃淡」を楽しんでみたらどうだろうか？
> 色への興味から「水」にも自然と触れ合うことができるだろう。

> 【色水遊び】
> 　そこで，先ほどまで絵を描くのに使っていた容器や筆の絵の具を透明のバケツの水のなかで洗い，色水になったものを取っておいた。外に小さなテーブルと透明の小さなペットボトルやプリンカップをたくさん用意した。小さなペットボトルにそれぞれの色の色水を入れておき，カップのなかに自由に調合できるようにすると，子どもたちは，その色の鮮やかさに興味をひかれ次々とテーブルの周りに集まり始めた。さまざまな色を組み合わせてみながら「ぶどうジュース」「オレンジジュース」と見立てていく子もいれば，じっと容器を見つめて色の変化を楽しむ子もいた。色水入りのペットボトルをもつ友達に「ここにもいれて」「ありがとう」などという言葉のやりとりが見られたり，「ぼくにもちょうだいよ！」ともめたりするなど，友達との直接的なかかわりも多く見られた。

ペットボトルやプリンカップはもともと用意しておいたものではなく，そのときのとっさの判断でもち出してきたものです。日頃から「こんなことに使えるかもしれない」という素材をさっと出せるところにしまっておき，子どもたちの思いに寄り添いながら臨機応変に利用しています。

　計画はあくまでも「心づもり」のようなものであり，実際に幼稚園で生活する子どもたちは保育者の予想にはない行動を見せることが多くあります。
　そのなかで大切なのは，計画通りに保育を進めることではなく，保育者が子ども一人ひとりをどのように受け止め，その育ちをどのように願うのかということです。また，どのような経験を大切にとらえ，新たにどのような経験を保育のなかに散りばめていくのかということです。指導計画を意識しながらも，目の前の子どもたちに寄り添える柔軟さを保育者が兼ね備えていることも重要です。
　樹木の枝葉の部分のように光を求めて四方八方に伸びていくのが子どもたちの姿であるならば，指導計画はそれを支える太くて大きな幹のようなものかもしれません。

　参考にこの2週間後の週案も載せました（表13-2）。
　前週の子どもの姿や行事に合わせて，ねらいが少しずつ変化しているのがわかると思います。

III 指導計画の実際

表13-2　3歳児 1学期13週目の週日案

1学期—13週　7月2日〜7月6日　　○○組

期のねらい	*日常繰り返される活動が理解でき，自分から取り組もうとする。	*周りの友達に気づいたり，遊具・自然などを通して友達とかかわったりしながら，遊びを十分楽しむ。	*保育者と一緒に遊びやさまざまな活動をするなかで，自分の思ったことや気持ちを出したり，友達と楽しく生活する。
先週の子どもの姿　◆興味関心　●人とのかかわり　★生活　▲心の安定	●クラスの友達への関心が高まっており，友達と同じ行動をとりたがる姿が見られる。集まりの際に誰かがふざけるとそれを真似する場面も増えてきた。 ▲C男，登園時元気がなく，遊びが始まると明るい表情も見受けられるが，帰りの支度などはボーッとしていることが多い。プールでの水遊びも始まり，疲れてきているのだろうか。 ▲F男，登園時に元気がなく，くたーっと保育者にだだをこねるようなしぐさを見せる。登園時に自分のことは自分ができて，話もよくわかるが，何らかの理由で気分がのらないようで，身の回りのことを保育者に手伝ってもらうことが増えている。 ★プールの流れがだいぶわかってきたようで，担任の言葉を聞きながら行動することがずいぶんスムーズになってきた。園服の後ろボタンを友達同士で助け合うことや，黙々と自分の洋服を脱いだり着たりをするC子やE子，E男など洋服の着脱を楽しむ姿も見られる。一方「できないー」とほぼすべて保育者に助けを求めにくるG男，E男など洋服の着脱に差が見られる。 ◆水の苦手な子はいないようで，顔に水がかかっても喜ぶ子がほとんどだった。プールの時間を楽しみにしている様子。	◆普段の遊びでは少々な声を出しめたすが，プールでの水遊びで気持ちを開放して大きな声を出したり，身体をのびのびと動かして楽しむ様子が見られた。 ◆A男，I男を中心に，つくってもらった剣でヒーローになりきって動くことを楽しんでいた。 ●H男，B男も剣を身につけていることがうれしいようだが，恥ずかしく思うのか，なりきって遊ぶ様子は見られない。 ◆A子，D子はお姫様になりきって，ままごとコーナーでお城に見立てて，料理を作ったり頼みにしたりと遊ぶことを楽しんでいた。また，音楽に合わせて踊ることを好んで，「曲を流してー」と頼みにくる。また，ままごとコーナーをもって遊ぶことが増え，パーティーのイメージをもって遊ぶことを楽しんでいた。 ●女児がお姫様になっているのを見て，G子がその格好をしたいと要求してきたすぐに他児に気をとられ，どこかへ行ってしまう様子が見られた。金曜日には冠をつけ，それを身につけてみんなと遊ぶところまで楽しむことができた。 ●D子とE子がもめだした。E男とI男がけんかしたりするなど，友達同士要求がぶつかって言い合いになる場面が増えてきた。友達とのかかわりが密になってきたことで，遠慮することなく自己主張できるようになってきたのかもしれない。	
週のねらい（◎） 内容（・）	◎なりきって遊ぶ楽しさを味わう（A） ・友達と同じで遊ぶしたり，同じでものをもったりしながらなりきって遊ぶ。 ・友達や保育者との会話からイメージを広げて遊ぶ。 ・必要な道具や衣装を保育者と一緒につくって楽しむ。 ◎友達と一緒に遊ぶ楽しさを味わう（B） ・遊びを通したり，保育者を介したりしてさまざまな友達とかかわる。 ・友達のなかで自分の気持ちを表現しようとする。 ・トラブルなどを通して，友達と自分の思いに違いがあることを感じる。	◎全身で水遊びに触れ，その開放感や気持ちよさを味わう（C） ・プールでの水遊びをのびのびと楽しむ。 ・水とさまざまな形で触れ合う。 ・プールの支度や後始末を自分でしようとする。 ◎年中行事の「七夕」を知り，七夕飾りづくりを楽しむ（D） ・絵本や紙芝居を通して「七夕」という行事について知る。 ・七夕のりを使って七夕飾りをつくる。 ・はさみやのりを使って七夕飾りをつくる。	

第13章　3歳児の指導計画の実際（幼稚園）

	2日（月）	3日（火）　プールは休み	4日（水）　誕生会	5日（木）	6日（金）
保育者の願い（○） 援助（●） 環境構成（□）	※七夕飾りづくりを楽しんで（D） ○絵本や紙芝居を通して七夕の行事について知り、興味をもつ。 ○七夕飾りづくりを通して、改めてはさみやのりの使い方を知る。 ○はさみやのりの使い方に慣れ、三角つなぎ、輪つなぎなどの材料の使い方、切る経験をする。 ＊四角を三角形に半分に折り、順番を考えながらつなげていく経験。 ●七夕に関する絵本や紙芝居を見ることで、七夕への興味関心が高まるようにする。 ●一緒につくりながら、はさみやのりの使い方や約束事をやりとりを繰り返し伝えていく。 ●出来上がったときの満足感が味わえるよう、認めの言葉がけをする。 ●一人ひとりの意欲をもてるよう、誘いかけチャレンジすることを楽しんだり、輪飾り（2色交互に）づくりを楽しめるようにする。	※〈遊戯室〉 ○並んで移動（2列・1列）する経験をする。 ○舞台に上がり、歌うことに慣れる。 ●遊戯室への移動時「こことここに並ぶよ」と子どもたちが経験できるようにする。（男女で2列、みんなで1列など） ●舞台上がったとき言葉をかけながら、繰り返しチャレンジすることを見守りながら、リラックスした雰囲気づくりを心がける。	※6・7月誕生会 ○誕生児の子どもたちをクラスでみんなでお祝いする。 ○ルクロス（テーブル）などの誕生会の雰囲気を感じる。 ●みんなでテーブルクロスをかけて、みんなでお祝いをする雰囲気をつくる。 ●誕生児の一人ひとりのインタビューの時間は、落ち着いて話を聞けるよう促す。 ●おやつを食べ終わってからの片付けを自分でしてみる。	※ごっこ遊びを楽しんで（A） ○ごっこ遊びのイメージがどんどん広がる楽しさを味わう。 ○ごっこ遊びに必要な小道具づくりを楽しむ。 ●子どもたちの遊びの仲間に入り、言葉に耳を傾けながらごっこで遊ぶやりとりを刺激するかかわりをする。（言葉を引き出す） ●必要に応じて、ごっこに必要な小道具、大道具を用意する。友達と一緒に楽しいと思えるように声をかける。 ●見立ての面白さなどを伝えながら友達とのふれあいを味わって遊べるように楽しめるようにする。 ●周囲にいる子を巻き込んで遊ぶ。	※友達と一緒に遊ぶ楽しさを味わって ○絵本ごっこをはじめ友達と一緒に共通の楽しさを味わう。 ○友達と遊ぶことを経験する一方で、仲良く遊ぶために同じことを味わう。 ●まずは一緒に遊んでいることを共感し、取り組めるように引き出す。 ●それぞれの思いを出し合えるように、共通の思いの場面を経験することから友達に身近に感じるよう動きかける。 ●友達との関心をもつように言葉がけを工夫する。 ●友達が実感にいるということでもたち同士の喜びや言葉などを大切にして伝える。 ●やりとりがうまく（伝える）役立とうとして言葉を補っていく。 ※プールと一緒に広場でのびのび遊びを楽しむ ○友達と一緒にプールでの水遊びを楽しむ。 ●水に触れる気持ちを開放しての遊び楽しさを知り、それを毎日味わう。 ●水遊びをする際の遊びの諸注意が身につくようにする。 ●同じ流れを繰り返す。 ●時間的なゆとりをもって準備しにつくり始める。
			※箇所への対応 B子…気に入った遊びを見つけて自分から動きを出せるように。 B男、F男…ていねいにかかわるなかで生活のリズムが身につくように。	※素材を使ってつくろう（A） ○もってきた廃材などを使ってつくることを楽しむ。 ○道具の使い方を知る。（はさみ、セロテープなど） ●使ってみたくなるような道具や素材を工夫する。 ●子どもたちの遊びのイメージに合わせてさまざまな素材を提案する。 ●合わせた小道具づくりに興味をもって何かつくっている姿を見守る。 ●うまくいかないところを手伝いながら自分でつくった満足感を味わえるようにする。	●プールに入っているときには視野を広くもち、危険なことに注意する。 ●一人ひとりの体調に注意する。 ●プールのあとはゆったり着替えるよう、コツを励まし自分で脱いだり助け合うことを促していく。 ●環境の工夫をしたり、コツを促し友達同士助け合うことを促していく。
保育室 全体的なこと					
	戸外				
先週から引き続くもの					
集まり	【帰りの会】降園13：00 歌・手遊び さまざま遊びを楽しもう！ 「たなばた」「かたつむり」「ながつつのマーチ」「おふろじゃぶじゃぶ」「せっけんさん」など 紙芝居「たなばた」	【帰りの会】降園13：00	【帰りの会】降園11：30	【帰りの会】降園13：00	【帰りの会】降園13：00 絵本「たなばた」

（環境構成の図：飼育物、机、机、プール、教材棚、水道、まごと、絵本、机）

第14章

4歳児の指導計画の実際（保育所）

　日常生活がほぼ自立し，自分でできる部分が多くなってくると子どもはいろいろなことに目を向けられるゆとりが生じるようになります。そして，自分から外へ向かって自分の世界を広げていこうと活動していきます。友達と遊ぶことが少しずつ楽しくなり，友達とのかかわりのなかからがまんすることや自己主張すること，約束を守ることなどを自分の心の葛藤を通しながら学び，社会生活を営む上での基礎を培っていきます。
　保育時間の長い子どもたちの情緒の安定に配慮し，日々の生活の積み重ねを大切にする保育内容としていきたいものです。
　ここでは，「しるし探し」を中心に週案の実際について見ていきます。

指導計画（週案）
散歩によい季節
できるだけ園外に出る
交通標識、地域マップ、植物図鑑…全部覚えるんですか!?
世界の広がる4歳児さん全力で援助よっ
はいっ
ドサッ
なんとか堂
ちょっと…計画の見直しが必要かも…
先生あの店何?
あっお店変わってる!!
あのマーク何?
何だっけ?
何の虫?
虫?

第1節 クラスの実態を把握しよう

❶今年のクラスは

　3歳クラスより22人の子どもが進級，新たに2人の子どもが仲間入りし，子ども24人，保育者2人でスタートした今年のひまわり組です。保育所の庭は狭いながらも周囲は自然環境に恵まれ，公園もたくさんあり，遊ぶ場所の行き先には困らないくらいです。しかし，2系統の駅から至近距離にあり，大型集合住宅に近接しているという利便性の良さと，保育時間が朝早くから夕方まで長いこともあり，長時間保育（7：15～19：15）の子がクラスのほとんどの割合を占めています。そのため，保護者とは連絡帳や登・降所時の伝え合いなどを通して子どもの育ちを一緒に楽しもうとしてきました。また，個別の配慮に心がけながら，子ども一人ひとりの思いや発想を大切にし，家庭的な雰囲気のなかでゆったりとした保育を進めてきたのですが，新たに2人の子どもが加わったこともあり，クラスの雰囲気も少し変わりました。

❷大切にしたいものは何か

①子どもには
- 今まで継続して大切にしてきたその時々の子どもの思いや考えをきちんと聞き，受け入れていく。
- 保育所が家庭生活の延長線上であると自然に感じられるように配慮をし，日々の生活にメリハリをつけ楽しく登所できる保育内容を心がけていく。
- 友達や保育者に自分の思っていることを伝えたり，相手の話を聞き入れたりする姿勢をもってほしい。
- いろいろな友達（異年齢も含む）との遊びを楽しみながら，友達とのかかわりを広げ，人との付き合い方や相手の気持ちに気づきやさしさをもってほしい。
- 保育所の給食を通して，食べる楽しさや，食材の名前，体に果

III　指導計画の実際

す役割，食事のマナーなど，食育に関することを学んでほしい（保育者も食に関心をもつ）。
・2人の新入所児も含めて，社会のなかにはいろいろな人がいて，その人にあった対応（援助や協力など）があることを知る。

②保護者には
・保育所の日常生活は連絡帳等を使用しながら伝えられる範囲できちんと知らせ，子どもの育ちを保護者とともに共有していく。特に今取り組んでいる保育内容についても知らせ，子どもたちの取り組みに関心をもてるようにしていく。
・保育所生活のなかで子どもの様子など，疑問を感じたりするときはどのような些細なことでも保護者から連絡してもらう。また，家庭でのトラブルについても共に考え合うように連携を図る。
・集団のなかで育ち合っていく姿を理解することで，子どもの育ちを共有できるようにする。

③職員には
・職員会議等の場でその時々の子どもの様子を具体的に伝え，状況を理解し合い，必要に応じて協力をしていく。
・クラス内でいろいろな問題が生じたときには，抱え込まないように努力し相談をする（特に保護者との諸問題など）。

第2節　24人の子どもたちの育ちを捉えて

❶散歩に行こう！　その1──6月のある日

➡ 以下，「　」は子どもたちの言葉，『　』は保育者（大人）の言葉として示していきます。

「先生，またあれを探しに行こう！」というY紀の先週末からの要望もあり，久しぶりの晴れのおとずれを喜びつつ，『今日はしるし探しの散歩』に行こうと子どもたちに提案しました。
「どこ行くの？」
「しるし探しって……何？」など，子どもたちも喜んではいるものの〈しるし〉が何なのか思い出せずにいるようです。
『ほら！　スミレ組（3歳児クラス）のとき，お散歩に行って歩きな

がらいろいろなしるしを見つけたでしょう，あれだよ！』と言うと，
　「わかった，あれだね」
　「いろんなのがあるよね！」
　「しるしがいっぱいあったよね」
　「東京のしるしでしょ！」🎈
　「水道のしるしでしょう！」🚰
など，思い出してきたようでした。
　『今日は歩きながらみんなが住んでいる所にどんなマークや看板があるか探しに行く散歩です』と伝え，歩行中の注意を確認し，町のなかへと出かけて行きました。子どもたちは早くしるしを探したい気持ちからか何となくいつもより目がランランと輝いているように見えます。早速店の看板を見つけると，まだ看板とマークの違いに気がつかないようでしたが，
　G哉「マークだ！」
　S子「しるしだ！」と言い，
　Y紀「違うよ！　あれはお店のしるしだけど看板っていうんだよ」
　G哉「フーン！　看板なんだ，じゃあこれは？」
　Y紀「これがマークだよ」と言いつつも他の子どもたちが，
　「これは，なあに！ ♿」「車椅子のマーク！」
　「これは，なあに！ 🚹」「トイレのマーク！」
　「これは，なあに！ 〒」「郵便局のマーク！」
と，次々と町のなかに表示されているマークを見つけていきます。もう少し上に目をやり道路標識にも気づき始めました。
　　🚫 ⬅ 🚶 🚲 ⛔
　子どもたちが「これはなに？」と言うたびに保育者が『これは○○です』と伝えながら散歩を進めていきました。R輔は〈電〉という看板の字を〈雨〉と読んでいます。どうやら形で字を覚えているようです。また，東京ガスのマークを見て「ガスパッチョだ！」という声もあがります。TVのコマーシャルを覚えているのでしょう。
　「俺っぽいマークを見つけた」
　「リサイクルのマーク教えてあげようか！」
など，子どもたちは自分の身の回りでかかわりのあるマークを次々と見つけ，マークの意味を考える充実した散歩となっていきました。しかし，🚫の所に駐車している車を見て，
　「なんで止まってんの？　車，止めてるじゃん！」

「あっ，本当だ。いけないんだよね」
「止めちゃいけないの知らないのかな……」
「えっ！　大人だよ」
「約束やぶっちゃいけないんだよ……」
などの言葉に大人として答えに窮してしまいましたが，
『きっと何か急な用事があって駐車しているのかもしれないよ』と，子どもの気持ちを傷つけないように返答してみたものの，しるし探しの散歩は子どもにとって社会のルールを知ると同時に大人のモラルのなさに気づいた散歩となってしまい，保育者として大人のこのような行為を残念に思いました。

❷散歩に行こう！　その2——保護者の保育参加

　子どもからしるし探しの話を聞き関心をもった保護者2人（Y紀とR輔の母親）が保育参加することになり，一緒に散歩に行くことになりました。Y紀は母親が参観することで少し甘えている様子がうかがえるものの，ほぼ日頃と変わらず過ごしていました。R輔は散歩中，興奮してしまい友達と何度も手を離すので，何度も注意を受けます。母親の表情もだんだん険しくなり，注意をするのですが，R輔は友達と手つなぎをしようとしないため，保育者がなぜ手つなぎの必要があるのか話かけると納得し，素直に手つなぎを始めました。母がいることではしゃいでしまったようです。

　他の子どもたちは何回も経験しているしるし探しですが，今日は2人の母親が同伴していることで少しはしゃいでいるように見えます。
「あのしるしは×××なんだよ！」
「あれは××だね！」
　しるしの名前を言う度に目はキラキラとし，なんだか声のトーンもいつもより高く聞こえます。その様子を聞いていたY紀の母が，
『あれは何のマーク？　🚶』
「あれは歩いてもいい所なの！」
「おばちゃん大人なのに知らないの？」
『あれはなあに？　🚫』
「車を止めてはいけないの」
「この前の散歩のとき，車が止まっていたんだよね，ネェ？」
と，このときばかりは子どもたちの声が大きくなりました。

保護者同伴の今回の散歩はマークの意味を保育者に聞くというより，前回覚えたマークの意味を子どもたち同士で確認しあう姿が多く見られました。社会のルールを少しずつではありますがマークを通して理解しているように思える散歩となりました。2人の保護者にとっても子どもたちの日常生活を垣間見ることで何か得るものがあったのではと感じました。

　後日2人の母親より保育参加の感想が寄せられました。

> R輔の母より
> 　他の子どもたちがきちんと手を繋いでいるのに，すぐ手を離すわが子の姿に大人気もなくついカッとなり何度も怒ってしまいました。R輔のことを考えると先生がおっしゃるとおり本当に母と一緒にいることが嬉しかったのだと感じました。これからはR輔の気持ちをしっかりと受け止めていきたいと思いました。

> Y紀の母より
> 　しるし探しの散歩についてはY紀より聞いてはいましたが，あのようにたくさんのマークの意味を理解しているとは思っていませんでした。それに例の車の話には大人として心が痛みました。私も社会のルールだけは守っていきたいと子どもから再度教えられたような気がしました。

　ここまでくるにはいろいろありましたが，保育参加を通してクラスの子どもたちの様子，そしてわが子の姿をしっかりと見つめてくれたことを担任として本当に嬉しく思いました。

　保育所の場合は保育時間も長く，生活のほとんどを保育所のなかで過ごすということを考えるとき，保護者への子育て支援と保護者の協力が必要とされます。保護者の気持ちの安定が子どもの心身の安定につながると考え，これからも子どもを通して保護者とともに子育てを楽しんでいきたいと思います。

❸子どもたちの興味・関心を計画に

　実はこの活動は今回が初めてではありませんでした。6か月前（3歳児クラス当時）に散歩中の子どものつぶやき「先生あれなあに？」から出発したしるし探しの遊びでした。生活習慣の自立とともに自分の世界から外（まわり）の世界へと子どもたちは関心を示すようにな

ってきました。この子どものつぶやきを大切にしながら、散歩を通して社会のなかで必要なしるし探しへと遊びを発展させていきました。

　当初、まだ4歳児なのでマークの名前と意味を覚えるくらいかと保育者は思っていたのですが、回数を重ねていくうちに、子どもたちは社会生活を営む上でのルールやモラルを理解していくのだということを改めて教えられました。今後も外へ向かって発信し続ける子どもたちのつぶやきに耳を傾け、子どもの心の育ちを大切に保育を進めていきたいと再確認した遊びでした。

　保育は日々、子どもの実態をよく見て記録することからスタートします。今、子どもは何に興味・関心をもっているのかしっかりと保育者の目で観察し、指導案を作成します。月の指導計画のなかで大まかに立案したものを週案のなかでは今の子どもの姿と照らし合わせながら具体的に記入していきます（表14-1，表14-2）。保育者の思いのなかで子どもたちは主体的な活動を通してはどのように変化していったのかを記録し、反省しながら次週の計画へと展開させていく必要があります。保育者の思いのみが先行するのでなく、主体はあくまでも子どもにあるということを自覚することが大切です。

第14章 4歳児の指導計画の実際（保育所）

表14-1　6月　指導計画　　　　　　　　　　　　　　　　　　　4歳児　ひまわり組

ねらい	・しるし探しを通して友達とかかわりながら遊ぶ楽しさを味わう。 ・梅雨期の健康で安全な生活に必要なことを知り，自分でしようとする。	行事予定	・歯みがき指導　4日 ・プール前健康診断　18日 ・食育集会　18日 ・避難訓練　20日	家庭連絡	・園だより，献立表の配布。 ・歯みがき指導のお知らせ。 ・プールについてのお知らせ。

子どもの活動	保育者の配慮
・室内外で簡単なゲームを友達と一緒に行う。 （ドーンチッケッタ，オセロ，箸を使った遊び） ・戸外でいろいろな遊びを楽しむ。 （虫さがし，しるし探し，大縄，散歩，色水，シャボン玉など） ・いろいろな曲を聞いたり，歌や手遊びを楽しむ。 ・野菜の栽培を行う（トマト，ナス，ひょうたん，など）。 ・いろいろな材料や用具を使い，つくることを楽しむ。 （粘土，折紙，ハサミ，のり，など） ・砂，土，泥，水などの感触を楽しむ。 ・気温の変化に気づき衣服の調節をしたり，汚れや汗をかいたときは自分で衣服を替えようとする。 ・手洗い，足洗いをしっかりと行う。 ・楽しい雰囲気のなかで，食事をする。	・室内外での遊びをくり返し行い，友達と一緒にかかわって遊ぶ面白さを感じられるようにしていく。友達とのかかわりから生じるいろいろな葛藤には，きちんと向き合い，援助しながら本人が納得するように解決していく。 ・遊びを楽しめるように子どもの要望を聞き入れたりしながら，遊び場の設定や遊ぶ道具を用意していく。必要に応じて言葉かけや援助を行う。 ・事前にしるしがありそうな道や場所などを下見しておく。 ・子どもの気づきを大切にし，共感しながら興味・関心を広げていく。 ・水やりを通して子どもの発見を大切にし，野菜の様子を絵などで描き子どもたちに知らせながら継続して野菜の生長に興味・関心をもてるようにしていく。 ・製作コーナーに必要な材料を用意し，興味のある子からつくり方を知らせ進めていく。色，数，形にも気づけるように声をかけたり，製作した作品は飾ったりしながらつくり上げた満足感を味わえるようにする。 ・汚れてもよい衣類に着替え，全身を使った遊びが楽しめるようにする。ときには自分の衣類を洗ったりする洗濯ごっこへと発展させていく。 ・気温の高低差などのなかで，身体にとってどのような方法をとったらよいのか衣服の着がえ，汗を拭くなどを通して知らせ自立へと促していく。 ・調理員，看護師などから食についての重要性を話してもらったり，日々の食べることを通して食に関心をもたせていく。

Ⅲ 指導計画の実際

表14-2　6月　週案　　　　　　　　　　　　　　　4歳児ひまわり組

	第3週（6／16〜6／21）	第4週（6／23〜6／28）
ねらい	・しるし探しを通して友達とのかかわりを広げていく。 ・食に興味，関心をもつ。	・しるし探しを通して友達とのかかわりを広げながらそれぞれの気づきを伝え合う。 ・身近な材料や用具を使い製作を楽しむ。
子どもの活動	・散歩に行く（しるし探し）。 ・○○君の誕生会を行う。 ・食育集会に参加する（幼児クラス）。 ・色水遊びを楽しむ。 ・プール前健康診断を受ける。 ・栽培物の生長に関心をもち喜んで世話をする。 （ひょうたん，トマト，ナスの水やり） 　　　　　　　　　　　　　　4週へ→	・散歩に行く（しるし探し，笹をもらいに行く）。 ・七夕飾り製作をする。 （折紙，糊，ハサミ，テープ，など） ・友だちと水を使った遊びを楽しむ。 （泥んこ，シャボン，色水，など） →
保育者の配慮	・いろいろな遊びを通して友達とのつながりが広がっていけるように個別配慮を行いつつ，お互いの良さに気づける言葉かけも行っていく。 ・食育集会，日々の給食，おやつなどの献立から，食に関心がもてるような言葉かけを行っていく。 ・蒸し暑い日にはシャワーを浴び，体を清潔に保つようにする。	・七夕に向けての活動は，子どもの技量を把握しつつ友達関係のなかで，お互いに助け合えるように声かけしていく。色，形，数にも興味をもてるように言葉をかけていく。 ・子どもの気づきを受け止め，他の子どもたちにも伝えていく。子ども同士の遊びが広がっていくように容器はたくさん準備する。
反省・評価	・先週，Y紀の気づきから広がったしるし探しの散歩を取り入れてみたが，今まで気にも留めなかったしるしにも，気がつくようになってきている。 ・献立名を覚えたり，食べる意味を少しずつではあるが理解し，子どもたち同士で声をかけあいながら嫌いな食品を少量でも食べようとする姿が見られるようになった。	

第15章

5歳児の指導計画の実際（幼稚園）

　5歳児は，幼稚園のなかでは，最も大きい学年になります。4歳児の終わり頃から，進級することを楽しみにする姿が見られ，4月に新しい3歳児を迎えると，小さい組の新しい友達に対して世話をしたり，泣いているのを見て心配したり，一緒に遊んであげたりという姿が見られます。

　ここで紹介するⅡ期（5月中旬～7月中旬）は，新入園児の3歳児も幼稚園に慣れてくることもあり，5歳児も，進級に伴う高揚した気持ちが少し落ち着き，5歳児になった自分たちの生活を充実させていく時期になります。

いよいよ来年は小学生ですね～
共同で何かをしたり考えて行動できるよう指導計画立てないとね
せんせいはケガをしてしまいました
トホホ
かたづけしよう
そうじしよう
ソフトブロック
部屋もキレイになるし一石二鳥ね！
でも計画というより策略じゃ…

5歳児は，飼育物の世話をするなど，幼稚園の生活を支えることもできるようになりますし，特に，秋になると運動会などさまざまな行事の中心として活躍するようになります。さらに，次の年には，小学生になるという時期でもあり，小学校と連携していくような活動も計画されます。このような活動のことを，この園では「フレンズタイム」と名づけています。フレンズタイムは，小学校の児童との交流活動をする時間で，幼稚園の5歳児はみんな楽しみにしています。

　こうした5歳児ならではの育ちは，それぞれの時期の生活や遊びを充実していくことで保障されます。たとえば，秋になって，急に行事の中心としての活躍を求めても，単に保育者の要求に合わせるという形だけのものになってしまうこともありますし，フレンズタイムも，小学校へのあこがれの気持ちや小学生と出会うことが楽しいという経験として積み重ねられていかなければ，幼児にとっても児童にとっても，退屈で無意味な時間になってしまうでしょう。まさに，幼稚園と小学校の教師同士の連携と，計画の工夫が必要とされるところです。

　ここでは，5歳児のⅡ期（5月中旬～7月中旬）を取り上げ，この時期の育ちとして長期の指導計画で考えたことを踏まえながらも，この年のこのクラスの幼児の実態をどのように捉えて援助していくかを紹介します。つまり，年間指導計画や期の計画という長期の計画を，週案や日案という短期の計画にどのように具体化していくかを見てみましょう。また，短期の計画である週日案が次の週案にどのようにつながっていくかを見てみましょう。長期の計画と短期の計画が，うまく幼児の実態に合っていくことによって，長い目で見たときの5歳児の育ちにつながっていくということも，少しイメージしながら読んでみましょう。

第1節　5歳児Ⅱ期の期の計画

　まず，5歳児Ⅱ期の期の計画を示します（表15-1）。ここでは，この時期に育ってほしい「ねらい」とその「ねらい」をどのような「内容」によって実現していこうとしているかが書かれています。ねらいの◎と内容の○が対応していることに注目してみましょう。

Ⅲ 指導計画の実際

表15-1　5歳児Ⅱ期（5月中旬〜7月中旬）

ね ら い	◎自分なりに目的をもって，試したり工夫したり挑戦したりする楽しさを味わう。 ◎友達と一緒に遊ぶなかで，遊びのテーマを共通にして遊びを進めたり，相手の思いや考えを受け入れたりするようになる。 ◎保育者の投げかけた学級やグループの課題を自分なりに受け止め，友達と考えを出し合って取り組んでいくことを楽しむようになる。 ◎学級のみんなと一緒にすることを楽しみながら，友達とのつながりを感じたり，自分の力を伸ばしたりするようになる。 ◎生活のなかで自分たちですることがわかり，自分たちで進めていこうとするようになる。
内 容	○自分なりに目的をもって，試したり工夫したり挑戦したりする楽しさを味わえるように ・自分のイメージを実現するためにいろいろな素材や材料を使ったり，つくり方や遊び方を考えたりする。 ・自分なりに課題をもって遊びに取り組み繰り返し試したり工夫したりする。 ・友達のやっていることに刺激を受けて自分なりに取り入れ試してみる。 ・思うようにできなかったり，完成しなかったりする悔しさを味わいながら自分なりに気持ちを立て直し，また挑戦してみようとする。 ・自分なりにできた満足感を味わう。 ・水の性質に興味をもって試したり，自分なりの課題をもって挑戦したりする。 ○好きな友達やグループの友達と一緒に遊びを進めていけるように ・遊びのなかで友達の思いや考えに気づいて，自分なりに受け止めていこうとする。 ・友達との遊びのなかで共通体験などから互いにイメージを出し合う。 ・共通のイメージをもって友達と遊びに必要なものをつくったり遊び方を考えたりする。 ・友達と一緒に遊びを進めていく楽しさを味わう。 ○学級やグループの課題のなかで，自分なりの目的をもって取り組む楽しさを味わえるように ・保育者からの課題を受け止め，自分なりに考えたり工夫したりしながら最後までできあがった喜びや満足感を味わう。 ・誕生会の取り組みに意欲をもち自分なりに工夫してやろうとする。 ・友達の良さに気づいたり，友達の取り組みに刺激を受け，自分もやってみようとしたりする。 ○学級の友達とのつながりを感じながら自分の力を伸ばしていくために ・みんなで季節感を感じられる歌を歌ったり，絵本を見聞きしたりしながら自分の思いやイメージを膨らませていく。 ・みんなで合奏を楽しむなかでいろいろな楽器に触れ，自分なりに試したり合わせる楽しさやつながりを感じる。 ・みんなでおどりを楽しむなかで，自分なりに動きながらリズムに合わせて動く快さや，動きや声が合う楽しさを感じる。 ○生活のなかで自分たちのすることがわかり，自分たちで進めていけるように ・プールを楽しみにし，プールに行く時間に合わせて片付けたり準備したりする。 ・飼育物の世話の仕方がわかりグループの友達と一緒に世話をしたり，不思議に思ったことや疑問に思ったことを自分なりに調べたりしようとする。 ・片付けの時間など，生活のなかで気づいたことを友達と伝え合い，見通しをもって，しようとする。 ・夏休みに期待をもち，園内の片付けや掃除等必要なことをわかってしようとする。

第2節 週日案の作成

❶学級の実態から考える

　期の「ねらい」「内容」を受けて，また，学級の実態から次のように考えて，週案を立てました。

【友達との遊びのなかで】

　みんなで考えを出し合ったり，自分の力を十分に出したりして，「ぼくたちの遊びってすごいよね」という遊びの満足感を味わうとともに，その遊びを一緒につくり出した友達とのつながりを深めていってほしい。また，友達との遊びのなかでまだ十分に自分を出せない幼児，かかわりに自信のもてない幼児にも，友達のなかで自分の思いや力を出していく楽しさを感じてほしい。

⇩

> 援助するうえで大切にすること
> ・友達と一緒にする遊びのなかで，一人ひとりの思いや力が出せるように援助すること
> ・友達と一緒に構成する大型の遊具や，遊びの場を提示すること
> ・一斉の活動のなかでも，グループで相談する活動をたくさん取り入れること

【課題に取り組むなかで】

　自分で見つけた課題に向けて，「こうしてみよう」「もう一度やってみよう」と，繰り返し試したり挑戦したりする楽しさを味わってほしい。そして，その課題を乗り越えて，「できた」「うまくいった」という達成感や満足感を味わってほしい。

⇩

> 援助するうえで大切にすること
> ・友達と一緒にする遊び，自分で選んでする遊びのなかで，その幼児なりの課題を見つけられるように援助すること
> ・自分なりに考えたり試したりできる，または，少し難しいと感じられる素材や活動を提示すること

週日案のすべてについて説明することはできませんが、このように考えながら、表15-2のように週日案を作成しました。週日案では、日々の反省を書きます。それぞれの日の「予想される活動」の下の欄にあるのは、その計画を実践してから書いたその日その日の「反省」になります（表15-3）。

　この週日案とその反省のなかで、ひとつの場面の保育の様子を取り上げて見てみましょう。ここでは、保育者が環境として提示したやまのぼりの場について詳しく取り上げています。やまのぼりの場は、週日案の「環境」の欄にあるように、〈自分なりに課題をもち考えたり工夫したりしていくために〉と保育者が考えて提示した環境です。やまのぼりの場とは、ジャンボマットを壁に立てかけて固定したものをよじ登る遊びで、登りきると、保育室の天井に届きそうになるというもので、5歳児にとってもなかなか力のいる挑戦的な遊びです。

　幼児たちはその環境でどのように遊んでいったのでしょうか。また、保育者はその姿をどのように捉えて、言い換えれば、評価したのでしょうか。以下に、それらを示していきます。なお、保育者の捉えは、枠の外に箇条書きで示してあります。

❷保育者が提示した"やまのぼり"を中心としたこの週の保育の様子

> 6月12日（月）
> 　保育者が先週提示した、やまのぼりの場を気に入った何人かが「今日もやりたい」と言ってくる（壁にジャンボマットを立てかけ、それを山に見立てて登る）。保育者と一緒につくると、さっそく順番に挑戦し始める。ひろしは、真ん中まで行くと、上に登れず落ちてしまい、悔しそうにしている。しかし、次にはもっと遠くから助走をつけたり、手の位置を変えてみたりして、あきらめず何度も挑戦している。何度も繰り返すうち、ようやく上まで登れ、山の上で「やったー」とガッツポーズをする。順番待ちで並んでいた幼児もそれを見て「ひろしくん、やったね！」と口々に声をかけていた。ひろしが成功したのはこの日この1回だけだったが、その後も片付けまで繰り返し取り組んでいた。

・難しいことに挑戦することの面白さ、そして難しいからこそ、できたときの嬉しさを感じられている。
・個々に取り組む遊びだが、この難しさを共有していることが、頑

第15章 5歳児の指導計画の実際（幼稚園）

表15-2 週日案（5歳児 ぞう組 6月12日～6月16日）

	遊びへの取り組み・生活への取り組み	みんなですること・みんなですることへの取り組み（課題）	園行事	12日 安全指導 15日 フレンズタイム
ねらい	・興味のあることに取り組むなかであてをもって繰り返したり、自分なりに考えたり工夫したり試したりする。友達と遊びのテーマを共有して遊ぶなかで、自分の思いを伝えたり、部分的に受け入れられったりしながら面白さを感じる流れをつくっていくことに面白さを感じるようになる。・生活に必要なことに気付き、自分でできることをしたり、友達と一緒にしようとしたりするようになる。	・学級のみんなで一緒に活動するなかで、自分の力を伸ばしたりするようになる。友達とのつながりを楽しみながら、互いに考えを出し合いながら一つのことに取り組む楽しさを感じるようになる。		
内容	・興味のあることにあてをもって繰り返し取り組む。・自分なりのイメージを実現するために、材料や方法を工夫したり、考えたりして実現しようとする。・自分の力でイメージを実現したり、あてを達成したりする喜びを感じる。・共通の遊びのテーマのなかで友達と一緒に考えを出し合い、必要な物など場をつくりながら遊ぶ。・相手の思いに気付きをもって合いながら、遊びの流れをつくっていく面白さを感じる。・学級の仕事に友達と一緒に取り組み、伝え合いながら進める方法や手順を知る。・フレンズタイムやゲームを通して小学生と一緒に行う。・小学生のお兄さんお姉さんに親しみの気持ちをもつ。	〈自分なりに課題を実現したりしていくために〉イメージを実現するための材料（広告紙・割りピン・空き箱・ビニール・ラピー・京花紙・トイレットペーパー・色紙・綿・スポンジなど）船づくりの材料（牛乳パック・ゴム・割り箸・ストローなど）やまのぼりの場（ジャンボマット・ロングマット・三角マット・ひもなど）〈友達との遊びを進めていくために〉まとこと、砂場、音楽テープ、大型積木、巧技台、ビーム、ジャンボ滑り台、マット、ゲームボックス、ついたて、共通の身に着けるもの、忍者ごっこ、レストランのイメージが膨らむ素材など〈自分たちで必要なことを進めていくために〉グループの仕事分担表、飼育物、時間の表示など		
保育者主導の活動	・学級のみんなでゲームや鬼遊びをして自分の力を発揮する楽しさを感じる。・学級のみんなで元気に唄ったり踊ったりするなかで、相手と合わせて声や体を楽しさを学級で歌ったりするなかで、季節を感じる。・絵本を見合わせてイメージを膨らませたりする。・保育者から投げかけられた課題に自分から取り組み、自分の力を伸ばす楽しさを味わう。・グループの友達と相談しながら一つのものをつくったり、相手に考えを伝えるようにしたり、相手の考えを聞こうとしたりする。	〈みんなですることを楽しみ、そのなかで自分の力を発揮できるように〉ゲーム（じゃんけん汽車・猛獣狩り・アルプス一万尺など）〈共通のイメージをもったり話の楽しさを感じたりするために〉うた「たんたんたんけんたい」「はははあははぶり」〈保育者からの課題に取り組み、自分の力を伸ばしていくために〉アジサイづくり（グループ・個）〈グループの友達と相談して進める楽しさを味わう〉グループじゃんけん		

援助のポイント（人的）

・遊びのテーマは共有されているので、そのなかでの一人ひとりのイメージをつなげたり、やり取りのなかで引き出したり膨らませたりし、遊びの流れをつくる楽しさを感じられるようにする。
・遊びのなかでこだわって実現しようとしているところを認め励ましたり、より考えさせたり、新しい材料に触れるところを示したり、その幼児の実態に応じて保育援助しながら満足感を味わえるようにする。
・遊びのなかで課題をもって取り組めるよう、個々の幼児、かたまりに応じて保育者からもどんどん投げかけていく。
・暑くなってくるので、汗をかいたりとの着替え、後始末について知らせ、自分で気づいてできるようにしていく。また、様子によって水に触れて遊べる場を用意する。
・みんなですることを声に出して認めたり、周りに伝えたり、様子を学級のなかで自分の力を出していく喜びを感じられるようにする。
・保育者からの課題に対し、やってみようと工夫する。また、新しいことやって初めてのことに取り組むなかで、できるという満足感を味わい、自分の力を伸ばしていくことにつながっていくようにしていく。
・グループでの活動では、一人ひとりが考えを出しているか、相手の考えや思いを受け止めているかを捉え、必要な援助をしていく。また、今何を決めるのか、次に何をすればいいのか、することがあってちやすいように示し、意識をもって取り組めるようにする。

Ⅲ　指導計画の実際

表15-3　週日案反省（5歳児　ぞう組　6月12日～6月16日）

	12日（月）	13日（火）	14日（水）	15日（木）	16日（金）
予想される活動	登園（8：50） 登園時の活動 遊び　船づくり・色水・やまのぼり・家づくりなど みんなでする活動 アジサイづくり（グループで） 弁当　校庭（12：30～1：00） 降園（2：10） 安全指導	遊び　女アジサイづくり（個） 弁当	遊び　やまのぼりの場を広げる　→ （11：50） 	遊び　フレンドタイム（3校時） 弁当 遊び （2：10）	遊び　みんなでする活動 （アルプス一万尺） 弁当　校庭（12：30～）
反省	○船づくり：とおる、きょうじで男児でアジサイづくりに興味をもつ。とおるは周りの幼児がつくったのを見て自分でどんどんつくっていく。しんじは、昨日よく理解できていなかったようなので、どうしてゴムをつけると動くのか、という仕組みをちゃんとわかっている。保育者のほうから誘い、ていねいにかかわりながら一緒だったが、割り箸が止過ぎてダメだったので、自分で気づき、直しに行く。 ○やまのぼり：先週提示したが、気にほやりたい、と言ってくる幼児が多い。男児が多いが、女児も簡単にやってみる姿が増えた。明日は、子どもたちの様子をていねいに見ていきたい。 ○グループでのアジサイづくり：個々の課題に興味がもてない男児がいるので、一斉に入れる。一斉指導での子どもの姿を見て、いきたい。	○昨日の刺激で男児がアジサイづくりに興味をもち、つくる姿があった（きょうじ・じゅん・けいた・みつる）。しんじには、昨日よく理解できていなかったようなので、ていねいに説明する。きょうじやっている5人のなかでは自分たちの遊び、一緒に遊んでいる仲間としての意識が出ていることを大事にしたい。 ○忍者修行の場：登園後、自分たちのつくり始める。今、けいたが毎日来ているやまのぼりの場、としても楽しくなっている。しかしだけれど、だけども一緒にしていきたい。個々に応じた場の提示も必要だと補感。 ○やはり個別の援助が必要。	○やまのぼり：今日みきが初めてやまのぼりに入る。場が広がったとてやまのぼりをやってみようかな、という気持ちが出てきたのだと思う。（遊びの場のなかではやっている5人と一緒に遊んでいる自分たちの仲間としての意識が出ている遊び、午後につなげる）。 ○ピロティの車の場：今週、けいたはだけが入っている。たけしは初めて一緒に遊びたい、という気持ちが出た。3人の関係、よく見ていこう。 ○おうちごっこ（あや・いずみ）：いずみがみきと仲のよかったことをのびやかに自分のしたいことをのびやかにする姿が見られるようになった。その姿を認め、自信につなげたい。	○フレンドタイムがあるので、午前は十分遊びの時間が取れない。フレンドタイム後、すぐに弁当にし、午後ゆっくりとる時間とることにした（遊びの場はそのまま残しておき、午後につなげる）。 ○フレンドタイム：4年生のお店屋さんに招待、という形だったので、幼児にとってはかかわりよりも、お店屋さんのゲームをしたり、スタンプを集めたり、ということのほうが楽しかったようだ。しかし4年生との一対一でかかわってくれ、幼児と小学生のかかわりは多くとてた。ただ、学級によっての差や幼児にとってやらせるかどうかという共通理解など学校との協議はもっと必要だった。	○やまのぼりの場：こうたが家で手裏剣をつくってきたことから、みんなもつくり始める。他の幼児がやまのぼりへの興味をもってきているので、やまのぼりは共育しきたいな。このかたまりは育てたい。忍者の道具作りから、忍者屋敷づくりへ移行できないか、よ、早く場づくりをしよう。と主張。身に着けるものをつくるよりもと、つくることに対して自信がないのか？　忍者ごっこへの興味が強いから、やまのぼりを援助していく。 ○久しぶりに校庭へ行く。校庭では半数の幼児が助け鬼を始める。助け鬼のなかでも助けられ、個々がたのしんでいるあってのクリアする楽しさを援助していく。

242

張っている友達を応援したり，できた嬉しさを自分のことのように喜んだりする姿につながっている。

> 6月13日（火）
> 　かずおは難しいことにはしり込みしがちだったが，やまのぼりをやってみようとする幼児が増えてきて，自分もやってみたいと思ったようだった。しかし自分にはできないという気持ちが強いのか，見ているだけという日が続いていた。そこで今日，かずおを誘って，やまのぼりの場の近くに巧技台とロングマットで，少し小さめの山をつくってみた。それでも，助走をつけうまくよじ登らないと登れないため，かずおにとってはちょうどいい挑戦の場になったようだ。失敗することもあるが，できるときのほうが多く，その楽しさから何度も挑戦する姿が見られた。
> 　片付け間近の頃，かずおが自分からやまのぼりの方へ行き，保育者に「やってみようかな」と声をかけた。保育者は「そうだよ，向こうの山でいっぱい修行したものね」と答えた。

・その幼児によって，自分の課題としていく活動の難しさの程度を考慮していかなくてはならない。かずおの場合は少し頑張ればできる，できないときよりもできるときのほうが多い，という課題ができたことで，自分から繰り返し挑戦しようとする姿が出てきた。
・そのことが自信となり，もっと難しい活動に対しても取り組んでみようという気持ちが生まれた。

> 6月14日（水）
> 　登園してくると，ひろし・かいと・よしゆき・こうた・たかしが誘い合ってやまのぼりの場をつくり始める。ジャンボマット，ロングマットなど必要なものを運ぶときには，「そっちもって」「わかった」と声をかけ合っている。興味をもった幼児が何人も取り組んでいるが，特にこの5人は毎日続けて挑戦している。場づくりや片付けを一緒にするなかで5人には，自分たちの遊び，一緒に遊ぶ仲間，という意識が出てきているようだ。保育者は，5人が場づくりをしているところに，「だんだんつくるのが上手になってきているね」「よしくんがちゃんとそっち側を押さえてくれているんだね」などと，みんなが力を合わせていることを認め，自分たちで遊びの場をつくり上げていく満足感を味わえるような言葉がけをした。

・個々に挑戦する活動でも，同じ課題に挑戦し，失敗したときの悔しさやできたときの嬉しさを共感することで，友達とのつながり

が生まれてきている。

> **6月16日（金）**
> 　昨日の遊びのなかで、"やまのぼりをすることが忍者の修行"というイメージが出てきたことから、こうたが家で手裏剣をつくってきた。それを見て、ひろし、かいと、たかしが自分たちもつくり始める。さらに、製作が得意なたかしが、手裏剣をもったままやまのぼりに挑戦できるように、手裏剣をしまうベルトを考え出すと、みんな「いいね、それ！」と言い、教え合いながら自分のものをつくっている。よしゆきはみんながつくっているのを見ているが自分ではつくろうとしない。みんながつくり終えてやまのぼりを始めてから「よしくんも忍者になればいいのに」と言われるが、自信なさげに「ぼくはいいよ」と答えた。そこで保育者が「難しいところは先生も教えてあげるよ。よしくんだって、忍者の仲間だもんね」と声をかけた。よしゆきは少し考えていたが、「後にする」と答え、やまのぼりを始めた。

・個々の活動だったやまのぼりに挑戦するうちに、忍者という新しいイメージが出てきた。そのことで、忍者の仲間というつながりがさらに強くなり、また、身につけるものをつくる、という新たな課題も生まれている。
・よしゆきは製作に自信がもてないため、みんながつくっていても自分からやろうとする気持ちがもてずにいる。しかし、この仲間と一緒に遊びたいという気持ちは強いので、仲間からの刺激で、自分もやってみようとする気持ちが生まれていくように援助したい。

　これは、やまのぼりの場を中心としたこの週の幼児の実態といえます。また、その実態の評価から、保育者は次の週の援助の方針を立てます。

第3節 今週の幼児の姿と反省から次の週に向けて

　先に述べたように，幼児の実態とその評価から次の週の援助方針を立てました。それを「今週の幼児の姿と反省から次の週に向けて」としてまとめてみました。

今週の幼児の姿と反省から次の週に向けて
○やまのぼりに挑戦している幼児のなかでも，この遊びをきっかけにしてつながりを感じているかたまりができている。またその幼児たちのなかから，新たに忍者のイメージが出てきている。やまのぼりはやまのぼりで個々に挑戦する場として残しつつ，忍者のイメージから自分たちの遊びをつくっていけるように援助しよう。
○個々の課題への取り組みの意識や，苦手意識等を考えて課題を提示し，援助をしていこう。
○やまのぼりや船づくりなど，難しいことに挑戦したり，繰り返し試したりする姿がだんだん広がってきている。来週はプールが始まるので，水を使った遊びのなかでも自分なりに考えたり，工夫したりできる活動を取り入れていこう。

　もちろん，やまのぼりは幼児の生活のすべてではありません。そこで，別の場面における幼児の姿とその評価や保育者の保育の反省を踏まえ，次の週の週案を作成しました（表15-4）。

　どうでしょう。幼児の姿や保育者の願いは，具体的には次の週へとどのようにつながっていっているのでしょうか。「前の週の週日案」と「やまのぼりを中心としたこの週の保育の様子」から，「次の週の週案」を読み解いてみましょう。

　前の週の記録には，やまのぼりという挑戦する遊びから忍者のイメージが生まれたとあります。これを踏まえて，次の週のねらいと内容，環境，援助等の計画が書かれています。一方，前週の遊びからの連続性がないプールの活動が登場しています。子どもの遊びは季節の変化の影響も大きいものです。このような活動も，単なる思いつきではなく，季節を感じる遊びも時期を逃さず体験してほしいということから，長期の計画で押さえてあると読み取ることができます。

Ⅲ 指導計画の実際

表15-4　週日案（5歳児　ぞう組　6月19日〜6月24日）

	遊びへの取り組み・生活への取り組み	みんながすること・みんなですることへの取り組み（課題）	行　事	
ね　ら　い	・興味のあることに取り組むなかであてもって繰り返したり、自分なりに考えたりあてもって工夫したり試したりする楽しさを感じる。 ・友達と遊びのテーマを共有し、自分の思いを伝えたり、部分的に受け入れ合ったりしていく流れをつくっていく面白さを感じるようになる。 ・プールが始まることを知り、準備や片付け、必要なことを自分ですることができるようになる。	・学級のみんなであてプール遊びをするなかで、自分の力を伸ばしたり、自分なりに考えたり工夫したりする楽しさを感じる。 ・水の面白さや不思議さを味わい工夫することができることがわかり、互いに考えを出し合いながら学級やグループで一つのことに取り組む楽しさを感じるようになる。 ・誕生会に向けて学級やグループで一つのことに取り組む楽しさを感じるようになる。	20日　プール開き 22日　5歳児公開保育 23日　フリータイム参観 24日　　〃	
	環　　境			援助のポイント（人的）
	内　　容	（物的）		
遊び・生活への取り組み	・興味のあることにあてもって繰り返し取り組む。 ・自分なりのイメージを実現するために材料や方法を工夫したり、考えたりして実現しようとし、できたうれしさや満足感を感じる。 ・共通の遊びのテーマのなかで友達と考えを出し合いながら遊ぶ。 ・友達との思いやイメージを出し合うことで、遊びがより楽しくなることを感じる。 ・学級の仕事に友達と一緒に取り組み、伝え合いながら、進める方法や手順を知る。 ・プール遊びに期待をもってプール開きに参加し、プールに入る時の約束を守ろうとする。 ・プール遊びに必要な出し物に取り組み、自分で考え、自分から進んでしようとする。	〈自分なりに課題をもって遊びを工夫したりしていくために〉 イメージを実現するための材料（広告紙・割り箸・空き箱・ビニール・ラビー・京花紙・トイレットペーパー・色紙・綿・スポンジなど）水遊びの材料（牛乳パック・カップ・たらい・絵の具・石鹸・ストロー・園庭の草花・すりこぎ・すりこぎなど） 船づくりの材料（牛乳パック・割り箸・ゴムなど） 染め紙の材料（障子紙・絵の具・新聞紙） 〈友達との遊びを進めていくために〉 まま、砂場、音楽テープ、大型積木、巧技台、ビニール、ジャンボ滑り台、マット、ゲームボックス、ついたて、共通の遊びのイメージが膨らむ素材、音楽、忍者ごっこのもの、絵本など 〈自分たちで必要なことを進めていくために〉 プールに入る時間の表示、プール掃除のための、足ふきの雑巾などプールに入る時に必要なもの		・遊びのなかで、自分の思いを出し、互いに受け入れ合っていくことで、遊びの楽しさを感じられるよう認め、実現するための具体的な材料、やり方などを個々の実態に応じて知らせ、実現できなさを味わえるようにする。個々の実態に応じて課題を見つけられるよう、難しさを考慮して場や活動を投げかけていく。 ・友達との遊びのなかで、自分なりの考えを出して遊びを進めていくことで、遊びの楽しさを感じられるようそのかたまりに応じて援助していく。自分たちで考え出した遊びの楽しさを実感し、友達とのつながりや満足感をもった遊びが広げられるよう、一日の活動の動静を考え計画を立てて援助する。 ・プールが始まるので、プールの準備に必要なものをあらかじめ知らせたり、思い出させたりして、自分たちでできる準備をしたりプールに入る気持ちのために、自分たちで考えて行動できる気持ちをもたせていく。
保育者主導の活動	・学級のみんなに向けてプール遊びを楽しむなかで自分の力を伸ばす水の面白さ、気持ちよさを味わう。 ・学級のみんなと楽しさや不思議さを歌ったり、相手と合わせて歌ったり話したりするなかで、つながりを感じる。 ・季節に合わせて歌ったり、絵本を見たりするなかで、つながりを感じる。 ・誕生会に向けてグループの友達と簡単な相談をして進めるなかで自分なりのグループの友達の考えを伝えようとしたり、相手の考えを聞こうとしたりする。	〈プールのなかで気持ちや自分の力を伸ばしていくために〉 ・小さなきっかけからゴムホース・ペットボトルでつくったビート板・水鉄砲・水鉄砲の修行・水鉄砲のホッケーなど 〈プールのなかで水の面白さや気持ちよさを感じていくために〉 波のプール、流れるプール、ゴムホースの水ホースなど 〈共通のイメージをもったり話の楽しさを感じたりするために〉 うた「だんごのたんけん」「なつだよプールだよ」（先週からの続き） 〈グループの友達と相談して進める楽しさを味わうために〉 誕生会の友達の係り、出し物の相談		・プールのなかで一人ひとりが挑戦している姿、面白さや不思議さに気づいている姿を認め、個々に応じた援助をする。 ・プールの活動では、水への苦手意識に配慮し、その幼児にあってあてられる活動を工夫して提示していく。 ・誕生会の取り組みでは、グループのなかでそれぞれが考えを出し合えているかを捉え、グループ内の力関係にも配慮しながら援助していく。グループのみんなの考えを出し合うことで、いい出し物ができた、という実感をもてるようにステキな出し物ができた、という実感がもてるようにしていく。

246

執筆者紹介 執筆順／担当章

戸田雅美（とだ　まさみ）編者　はじめに　第 2 章　第 4 章
東京家政大学教授。
主著　『保育をデザインする』（単著）フレーベル館
　　　『保育内容「言葉」』（共編）ミネルヴァ書房

柴崎正行（しばざき　まさゆき）編者　第 1 章
元東京家政大学教授。
主著　『カウンセリングマインドの探究』（共著）フレーベル館
　　　『別冊発達29　新幼稚園教育要領・新保育所保育指針のすべて』（共編著）ミネルヴァ書房

増田まゆみ（ますだ　まゆみ）編者　第 3 章
湘南ケアアンドエデュケーション研究所所長。
主著　『保育を創る 8 つのキーワード』（共著）フレーベル館
　　　『乳児保育』（編著）北大路書房

相馬靖明（そうま　やすあき）第 5 章
1962年生まれ。元クラーク学園和泉短期大学准教授。
主著　『子どもとともにある保育の原点』（共著）ミネルヴァ書房

小久保圭一郎（こくぼ　けいいちろう）第 6 章
1971年生まれ。千葉明徳短期大学准教授。
主著　『保育内容・表現』（共著）同文書院
　　　『演習・保育内容　言葉』（共著）建帛社

山下美幸（やました　みゆき）第 7 章
1972年生まれ。文京区立千駄木幼稚園主任教諭。
主著　『保育内容　言葉』（共著）ミネルヴァ書房

田中芙美子（たなか　ふみこ）第 8 章
1980年生まれ。社会福祉法人上尾芙蓉会　こどもの園プラムハウス主任保育士。

阿久津千代子（あくつ　ちよこ）第 9 章
1947年生まれ。台東区立教育支援館研修支援専門員。

前原　寛（まえはら　ひろし）第10章
1958年生まれ。社会福祉法人至宝福祉会理事長。
主著　『保育は〈子ども〉からはじまる』（単著）ミネルヴァ書房
　　　『子育て支援の危機』（単著）創成社

松村千春（まつむら　ちはる）第11章
1974年生まれ。元東京家政大学ナースリールーム保育士。

塩谷　香（しおや　かおり）第12章
1955年生まれ。國學院大學特任教授。
主著　『幼稚園幼児指導要録・保育所児童保育要録　記入ハンドブック』（編著）ぎょうせい
　　　『保育内容「人間関係」』（共著）光生館

本村真弓（もとむら　まゆみ）第13章
1974年生まれ。東京家政大学附属みどりヶ丘幼稚園教諭。

落合洋子（おちあい　ようこ）第14章
1949年生まれ。江戸川大学准教授。
主著　『幼稚園・保育所実習』（共著）光生館
　　　『人間関係』（共著）ひかりのくに

和田万希子（わだ　まきこ）第15章
1964年生まれ。台東区立清島幼稚園園長。

最新保育講座⑤
保育課程・教育課程総論

| 2010年10月20日 | 初版第1刷発行 | 〈検印省略〉 |
| 2019年 1月20日 | 初版第9刷発行 | |

定価はカバーに
表示しています

編　者	柴　崎　正　行
	戸　田　雅　美
	増　田　まゆみ
発行者	杉　田　啓　三
印刷者	江　戸　孝　典

発行所　株式会社　ミネルヴァ書房
607-8494 京都市山科区日ノ岡堤谷町1
電話代表 (075) 581-5191
振替口座 01020-0-8076

© 柴崎・戸田・増田ほか, 2010　共同印刷工業・藤沢製本

ISBN978-4-623-05733-7
Printed in Japan

最新保育講座

B5判／美装カバー

1. 保育原理
   森上史朗・小林紀子・若月芳浩 編
   本体2000円

2. 保育者論
   汐見稔幸・大豆生田啓友 編
   本体2200円

3. 子ども理解と援助
   髙嶋景子・砂上史子・森上史朗 編
   本体2200円

4. 保育内容総論
   大豆生田啓友・渡辺英則・柴崎正行・増田まゆみ 編
   本体2200円

5. 保育課程・教育課程総論
   柴崎正行・戸田雅美・増田まゆみ 編
   本体2200円

6. 保育方法・指導法
   大豆生田啓友・渡辺英則・森上史朗 編
   本体2200円

7. 保育内容「健康」
   河邉貴子・柴崎正行・杉原 隆 編
   本体2200円

8. 保育内容「人間関係」
   森上史朗・小林紀子・渡辺英則 編
   本体2200円

9. 保育内容「環境」
   柴崎正行・若月芳浩 編
   本体2200円

10. 保育内容「言葉」
    柴崎正行・戸田雅美・秋田喜代美 編
    本体2200円

11. 保育内容「表現」
    平田智久・小林紀子・砂上史子 編
    本体2200円

12. 幼稚園実習 保育所・施設実習
    大豆生田啓友・高杉 展・若月芳浩 編
    本体2200円

13. 保育実習
    阿部和子・増田まゆみ・小櫃智子 編
    本体2200円

14. 乳児保育
    増田まゆみ・天野珠路・阿部和子 編
    未定

15. 障害児保育
    鯨岡 峻 編
    本体2200円

新・プリマーズ

A5判／美装カバー

社会福祉
石田慎二・山縣文治 編著
本体1800円

児童家庭福祉
福田公教・山縣文治 編著
本体1800円

社会的養護
小池由佳・山縣文治 編著
本体1800円

社会的養護内容
谷口純世・山縣文治 編著
本体2000円

家庭支援論
高辻千恵・山縣文治 編著
本体2000円

保育相談支援
柏女霊峰・橋本真紀 編著
本体2000円

発達心理学
無藤 隆・中坪史典・西山 修 編著
本体2200円

保育の心理学
河合優年・中野 茂 編著
本体2000円

相談援助
久保美紀・林 浩康・湯浅典人 著
本体2000円

（続刊予定）

ミネルヴァ書房
http://www.minervashobo.co.jp/